그리스로마신화가
말을 하다

그리스로마신화가 말을 하다

1판 1쇄 발행 2016년 07월 25일
1판 2쇄 발행 2016년 08월 30일

지은이 박찬영 **펴낸이** 박찬영 **편집** 정나리, 김은영, 정은경
그림 문수민 **디자인** 이재호, 한은경 **마케팅** 이진규, 장민영
발행처 (주)리베르 **주소** 서울시 성동구 왕십리로 58 서울숲지식산업센터 포휴 1102호
등록번호 제2003-43호 **전화** 02-790-0587, 0588 **팩스** 02-790-0589
홈페이지 www.리베르.com **블로그** blog.naver.com/liber_book
e-mail skyblue7410@hanmail.net
ISBN 978-89-6582-220-2(04080)
세트 ISBN 978-89-6582-216-5(04080)

리베르(Liber 전원의 신)는 자유와 지성을 상징합니다.

그리스 로마 신화가 말을 하다

박찬영 지음

1: 신과 인간의 공존

리베르

신화가 '명화 스토리텔링'으로 재탄생하다!

명화와 끊임없이 대화를 시도하다

그리스로마신화의 거의 모든 이야기는 미술이나 문학 작품으로 표현되어 있다. 최고의 화가들이 경쟁적으로 신화를 묘사했기 때문이다. 신화의 명장면을 여러 화가들이 앞다퉈 묘사할 정도로 화가들은 신화에 꽂혀 있었다. 그리스로마신화는 많은 작가와 학자들에게 창작 영감을 불어넣었다. 작가들은 북받쳐 오르는 느낌을 절절히 작품에 담았다. 신화와 작가의 혼이 어우러진 명작은 보는 사람의 가슴을 뛰게 한다.

명화의 주인공과 대화하는 것은 신화에 몰입하는 가장 좋은 방법이다. 그런데 명화는 신화 책에서 조용히 귀퉁이를 장식하고 있을 뿐이다. 변두리 장식에 그치고 있는 작품을 중앙 무대로 불러내야겠다고 생각했다. 명화 속의 주인공이 하는 말을 직접 들어보기로 했다. 그 결과물이 '그리스로마신화가 말을 하다'이다.

명화에 담긴 작가의 상상력과 감각을 되살리기 위해 명화와 끊임없이 대화를 시도했다. 살아 있는 듯이 묘사된 미술 작품 속으로 깊숙이 빠져들다 보면 명화 속의 신과 인물이 살아나와 말을 거는 듯하다. 피그말리온은 자신이 조각한 상아 조각상 갈라테이아에게 빠져들어 결국엔 결혼까지 하지 않았던가.

신화는 끊임없이 윤색되었지만 화가들은 신화의 내용을 대체로 객관적으로 담았다. 그리스로마신화를 담은 명화는 그래서 자료로서도 가치가 높다. 텍스트를 가장 잘 반영한 명화들을 만화 형식을 빌려 내용의 흐름에 따라 연결했다. 때로는 만화 형식이 텍스트 형식보다 내용을 더 생생하게 전달할 수 있다. 서사 구조를 지닌 그리스로마신화가 특히 그렇다.

그리스로마신화에는 온갖 신들이 등장해 복잡하게 얽혀 있으므로 내용을 기억하고 이해하기가 쉽지 않다. 복잡한 신화를 쉽고 깊게 감상하려면 수많은 미술 작품을 활용하는 게 바람직하다.

서양 인문학의 뿌리를 캐다

그리스로마신화를 읽고 미술 작품을 보노라면 집단 감성이 응집된 집단 창작의 완성미를 보는 듯하다. 하나하나의 이야기가 마치 세포처럼 꿈틀거려 거대한 이야기의 올림포스 산을 이룬다.

올림포스는 세상의 모든 것을 담고 있다. 올림포스 신들의 이야기에서 작품의 영감을 얻을 수 있을 뿐만 아니라 처세의 교훈을 얻을 수도 있다. 옛사람들이 수많은 인간 군상의 이야기를 신들의 세계에 대입시켜 놓았다. 그만큼 상징적이면서도 교훈적이다. 그 의미도 끄집어냈다.

그리스로마신화와 성경은 서양 인문학의 두 축이다. 서로 다른 성격의 헤브라이즘과 헬레니즘은 서양 역사의 뿌리이기도 하다. 그 이질성이 끊임없이 교집합을 이루며 서양 문명을 형성했다.

그런데도 그리스로마신화의 내용을 제대로 아는 경우는 드물다. 그리스로마신화를 제대로 읽지 않고도 작가나 인문학자가 될 수는 있다. 하지만 때로는 날카롭고 때로는 부드러운 무기를 버린 것이나 다름없을 것이다. 삼국지를 완독한 사람이 의외로 드문 것처럼 불핀치의 그리스로마신화 원본을 완독한 사람도 드물다. 시를 포함한 모든 내용을 완역한 작품이 드문 것도 사실이다. 어릴 적 읽은 어린이 책에서 간간이 접한 내용으로는 서양 인문학의 뿌리를 캘 수 없다.

불핀치, 호메로스, 오비디우스를 만나다

'그리스로마신화가 말을 하다'를 구성하기 위해 여러 자료를 참고했다.

우리가 접하는 그리스신화의 근원은 호메로스의 서사시 『일리아스』와 『오디세이아』, 헤시오도스의 『신통기』, 아폴로도로스의 『연대기』 등에서 찾을 수 있다. 그리스신화는 오비디우스의 『변신 이야기』, 베르길리우스의 『아이게이아스』, 소포클레스와 에우리피데스의 비극으로 이어졌다.

우리는 호메로스, 헤시오도스, 아폴로도로스, 오비디우스, 베르길리우스 등의 고전에서 그리스로마신화를 접할 수 있다. 불핀치는 기존의 고전과 후세의 문학 작품들을 관련지어 그리스로마신화를 대중화하는 데 크게 기여했다. 하지만 컴퓨터와 인터넷이 없는 당시에는 직접 손으로 자료를 수집하고 정리하느라 이들 작가가 체계적으로 계통을 세우는 데는 한계가 있었을 것이다. 내용이 소략하여 연결이 불명료한 곳도 눈에 띈다. 어떤 내용은 지나칠 정도로 묘사가 자세하다. 인과관계가 부족한 경우도 많다. 기록하는 과정에서 각색되어 내려오면서 여러 가지 설이 나오기도 했다. 가능한 여러 설 가운데 자연스럽게 이야기가 연결되는 설을 택했다. 이 책이 조금이나마 완결된 이야기 구조를 갖추는 데 기여할 수 있기를 기대한다.

'그리스로마신화가 말을 하다'는 여러 고전을 토대로 그리스 신화를 균형 있게 구성하는 데 초점을 두었다. 명화의 등장인물이 말을 하게 하여 본문의 내용을 뒷받침하였다. 명작과 말풍선을 활용하면 내용을 쉽고 재미있게 이해할 수 있다. 당대의 미술 작품을 감상하는 재미도 느낄 수 있다. 이 책을 일독한 후 명작과 말풍선만 잠깐 훑어보아도 전체 내용을 다시 읽는 효과가 있을 것이다.

'이미지 독서'를 몇 번 반복하면 복잡해서 제대로 기억하지 못하는 그리스로마신화의 흐름을 쉽게 꿸 수 있다. 그러면 어느 순간 신화를 일상생활과 연결해 자유자재로 인용하고 있는 자신에게 놀랄 것이다. 만화, 명화, 텍스트를 서로 연결해 가독성을 높인 새로운 구성이 복잡한 신화의 세계를 열어주는 열쇠 역할을 할 수 있기를 바란다.

박찬영 씀

차례

1 불을 훔쳐 인간에게 주다
| 신과 인간의 탄생, 프로메테우스와 판도라

그리스인들은 카오스(혼돈)로부터 만물이 생겼다고 생각했다. 카오스에서 대지의 신 가이아가 나타났고, 가이아는 산맥과 바다와 하늘(우라노스)을 낳았다. 또한 아들이자 남편인 우라노스 사이에서 크로노스와 12명의 티탄을 낳았다. 크로노스는 자기 형제들을 지옥에 가둔 자신의 아버지 우라노스의 성기를 자르고 지배자가 되었고, 그 자리를 지키기 위해 자식들마저 삼켰다. 가이아가 제우스를 낳았을 때 크로노스는 이 아이도 삼키려 했다. 그러나 가이아에게 속아 제우스 대신 강보에 싼 돌덩이를 삼켰고, 이렇게 살아난 제우스가 세상을 지배했다.

티탄족인 프로메테우스가 인간 남자를 만들고 불까지 전해주자 제우스는 프로메테우스에게 형벌을 내렸다. 다름 아닌 독수리를 보내 그의 간을 쪼게 한 것이다. 제우스는 최초의 여자 판도라를 만들고 세상에 퍼뜨릴 온갖 나쁜 것이 담긴 상자를 내려보냈다. 혼탁한 세상을 홍수로 쓸어버리고 신실한 데우칼리온과 피라만 남길 목적이었다.

천지창조와 신과 인간의 탄생이 장대하게 펼쳐지는 그리스로마신화의 입구로 들어가 보자. 상상 그 이상의 것이 기다리고 있다.

- 믿음이 쓰러졌다. 처녀 신 아스트라이아가 신들 중에서는 마지막으로 피에 젖은 대지를 떠났다. (오비디우스 『변신 이야기』)
- 교활한 자, 모질고 모진 자여. 하루살이 인간에게 명예를 주는 죄를 짓다니. 불을 주다니. (아이스킬로스 『결박된 프로메테우스』)
- 인간들을 구한 덕분에 괴롭고 딱한 고문을 당하고 있습니다. 인간을 동정하다가 동정받을 필요 없는 자로 낙인찍히고 말았습니다. 하지만 제가 이리 가혹한 벌을 받고 있는 모습은 제우스에게도 불명예입니다. (아이스킬로스 『결박된 프로메테우스』)

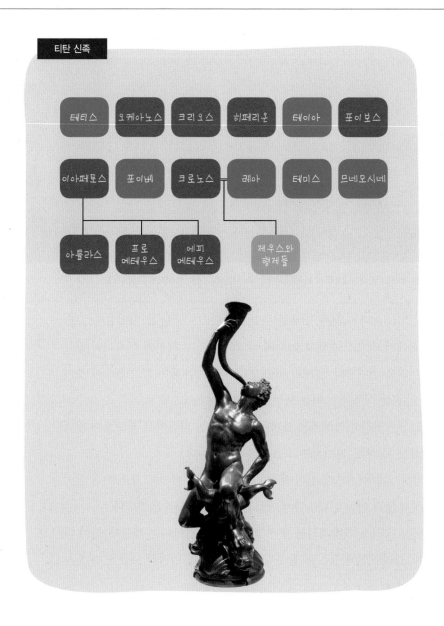

티탄 신족

테티스 오케아노스 크리오스 히페리온 테이아 포이보스

이아페토스 포이베 크로노스 레아 테미스 므네오시네

아틀라스 프로메테우스 에피메테우스 제우스와 형제들

1 혼돈에서 만물이 창조되다

카오스는 땅과 하늘이 생기기 이전에 뒤죽박죽 섞여 있는 공간이었어요. 혼돈 상태에서 신격화된 자연이 탄생하지요. 자연 질서는 코스모스라고 해요.

「**카오스**」 19세기 영국 화가 조지 프레더릭 와츠의 작품이다. 테이트 브리튼 갤러리 소장

카오스(chaos)는 원래 '거대한 무한 공간' 또는 '공허'를 의미한다. 그리스 신화에서 카오스는 땅과 바다와 하늘이 생기기 이전에 산재되어 있는 한 덩어리를 의미한다. 형체가 없어 뒤죽박죽 섞인 죽어 있는 물질에 불과하다. 이 혼돈 상태에서 이름 모를 신들이 탄생한다.

카오스는 인간의 형상과는 관계없는 신격화된 자연이다. 카오스와 반대인 상태는 '질서'를 의미하는 코스모스(cosmos)다.

구약성서에서는 먼저 신이 혼돈도 만들어내고 천지도 창조한다. 신이 혼돈에서 빛과 어둠을 나누면서 만물을 창조하기 시작한 것이다.

하지만 그리스 신화에서는 천지창조가 먼저 일어나는 가운데 신이 나타난다. 그리스인에게 신은 절대적 존재가 아니라 인간적 모습을 띤 불사의 자연이다.

「**코스모스를 형상화한 카미유 플라마리옹**」 프랑스 천문학자 카미유 플라마리옹이 출판한 기상학 책에 소개된 채색 목판화다. 평평한 지구를 포함한 중세 우주관을 보여준다.

올림포스 신들은 인간과 똑같이 사랑하고 질투하고 실수도 저질렀다. 그리스에서 인간 중심적인 사상과 자연 철학이 꽃필 수 있었던 것은 그리스인의 신관에서 비롯됐는지도 모른다.

자연 현상설에 따르면 공기나 불, 물 등은 원래부터 종교적 숭배의 대상이었다. 자연의 힘은 신들로 의인화되었다. 어떤 위대한 존재가 자연 현상을 주관한다고 생각한 사람들은 초자연적인 신들을 상상하게 되었다.

고대 그리스인들은 해와 바다에서부터 작은 샘이나 개울에 이르기까지 모든 자연물을 어떤 특정한 신이 다스린다고 보았다. 모든 자연 현상을 어떤 보이지 않는 존재와 연관시키려 했던 것이다. 자연은 대체로 인격을 갖춘 의인화된 신의 모습으로 신앙의 대상이 되었지만 정령이 깃든 자연물을 그대로 신앙의 대상으로 삼는 경우도 있었다.

2 어둠에서 빛이 태어나다

닉스: 카오스와 대지의 여신 가이아의 딸이에요. 밤의 여신답게 아름답지 않나요? 바람둥이 제우스도 나를 어찌하지 못하지요.

「**밤의 여신 닉스**」 19세기 프랑스 화가 오귀스트 알렉상드르 이르슈의 「닉스」다. 닉스는 밤의 여신이기도 하지만 그 자체가 밤을 의미한다. 소더비 콜렉션 소장

카오스에서 어둠의 신 에레보스와 밤의 여신 닉스(Nyx)가 생겼다. 에레보스는 암흑을 뜻하며, 닉스는 밤을 뜻한다. 밤을 의미하는 라틴어 녹스(nox)와 야상곡을 의미하는 녹턴(nocturn)도 닉스에서 파생된 단어이다.

어둠이란 공통점을 지닌 남녀 한 쌍의 신으로부터 창공의 여신 아이테르와 낮의 신 헤메라가 탄생한다. 어둠에서 빛이 태어난 것이다.

'대기, 하늘'을 뜻하는 에테르(ether)는 아이테르에서 나온 말이다. 어둠의 신과 밝음의 신은 '어머니의 어둠' 속에서 '자연의 밝음'으로 나오는 탄생의 의미를 상징적으로 보여준다.

「밤의 여신 닉스」 19세기
화가 윌리엄 아돌프 부그
로의 작품이다. 소더비 콜렉
션 소장

　신은 땅을 온갖 모습으로 질서 정연하게 배열했다. 이는 자연의 자율적
인 자정 작용을 의미한다. 강과 만을 제자리에 놓았고 산을 솟아오르게 했
으며 계곡을 움푹하게 파냈다. 숲과 샘, 비옥한 들판, 황무지도 보기 좋게
흩어 놓았다. 공기가 맑아지자 별들이 나타났다. 물고기들은 바다를 헤엄
치고 새들은 하늘을 날고 네발짐승들은 땅을 어슬렁거렸다.

3 대지의 여신 가이아, 하늘의 신 우라노스와 결혼하다

가이아: 대지의 여신 가이아예요. 아버지 카오스를 남편으로 맞아 어둠의 신 에레보스와 밤의 여신 닉스를 낳았지요. 아들 우라노스도 남편으로 맞아 크로노스를 포함한 티탄족과 키클롭스도 낳았어요. 모든 것을 품고 잉태하는 대지의 신답지 않나요? 여기 있는 아이들은 내가 하늘과 함께 만든 사계절이에요.

「하늘과 시간과 함께 있는 가이아」 기원전 3세기경 이탈리아 사소페라토 소재의 로마식 빌라 천장의 모자이크. 우라노스와 가이아가 4명의 아이들과 함께 있다. 영원한 시간과 하늘을 의미하는 우라노스(아이온)는 황도대 안에 있다. 네 명의 아이들은 사계절을 의인화한 듯하다.

그리스 시인 헤시오도스는 그의 서사시인 '신통기'에 카오스에 대해 서술했다. 카오스는 무한한 공간으로 세상에 가장 먼저 생겼다. 이어 가슴이 넓은 땅 가이아, 영혼을 부드럽게 하는 사랑인 에로스가 나타났다.

가이아는 대지를, 에로스는 생식과 생성의 근원적 힘 혹은 사랑을 의미한다. 이들 태초의 신들은 그 자체가 자연물을 가리키는 말로도 사용되었다.

가이아는 대지의 여신이면서 대지를 가리키고, 가이아의 아들이자 남편인 우라노스는 하늘의 신이면서 하늘 자체를 의미한다.

여기서 에로스는 아프로디테의 아들이 아니다. 천지창조 장면에 나타나는 또 다른 에로스다. 에로스는 카오스에 떠다니던 밤의 알에서 나왔다. 에로스의 화

「가이아와 에로스」 19세기 화가 안젤름 포이어바흐의 천장화다.

살과 횃불이 닿으면 만물에 생명과 기쁨이 솟아났다.

가이아는 혼자 몸으로 하늘의 신 우라노스, 산맥의 신 오레, 바다의 신 폰토스를 낳았고, 폰토스와의 사이에서 바다의 신 네레우스를 낳았다. 이제 하늘과 땅과 바다가 생긴 것이다. 땅속에서 잠자던 씨앗들도 생명을 얻었다. 가이아의 아들 우라노스가 내린 비 덕분이었다.

4 가이아, 사람의 형상을 한 거신족 티탄을 낳다

「**결박된 프로메테우스**」 18세기 프랑스 조각가 세바스체 아돔의 작품이다. 독수리가 프로메테우스의 간을 쪼아 먹는 장면을 묘사하고 있다. 루브르 박물관 소장 가이아는 아들 우라노스와 관계하여 신들을 낳게 된다. 여기서부터 자연신이 아닌, 사람의 형상을 지닌 거구의 신이 탄생한다. 남신 6명과 여신 6명으로 구성된 티탄 신족 12남매다. 천하장사를 뜻하는 타이탄(titan)이 티탄에서 유래했다. 가이아의 여섯 아들 중 맏이는 대양(거대한 바다)의 신인 오케아노스(Oceanos)다. 바다를 의미하는 오션(ocean)은 여기서 유래했다.

다섯째 아들 이아페토스에게서 '먼저 아는 자'라는 뜻을 지닌 프로메테우스(Prometheus)와 '나중에 아는 자'라는 뜻을 지닌 에피메테우스(Epimetheus)가 태어난다. 이 두 단어의 접두사 프로(pro)와 에피(epi)는 머리말을 뜻하는 프롤로그(prologue)와 끝말을 뜻하는 에필로그(epilogue)라는 단어에 그대로 남아 있다.

프로메테우스는 인간에게 불을 주었다가 제우스의 분노를 샀다. 제우스는 불의 신 헤파이스토스에게 명하여 프로메테우스를 붙들어다가 커다란 바위에 결박하고 벌을 내리도록 명했다.

가이아와 우라노스 사이에서 태어난 여섯 명의 딸 중 셋째는 기억(remembrance)를 의미하는 므네모시네(Mnemosyne)이다. 므네모시네에게서 뮤즈(Muse)로 불리는 예술의 여신들인 무사이 아홉 자매가 태어난다.

아홉 자매는 므네모시네의 딸답게 무궁무진한 노래를 기억하고 있다. 뮤즈들이 사는 신전은 영어로 뮤지엄(museum, 박물관)이라고 한다. 박물관은 많은 것을 기억하는 '기억 저장소'이다.

므네모시네: 제우스와 9일 동안 동침하여 시와 음악의 요정들인 9명의 무사이 (Mousai)를 낳았지요.

「므네모시네」 19세기 영국 화가 로세티의 작품이다. 델러웨어 미술관 소장

키클롭스: 가이아와 우라노스의 아들입니다. 헤카톤케이르 세 형제와 크로노스를 포함한 티탄 12명과는 형제 또는 남매 관계이지요.

「**키클롭스**」 19세기 프랑스 상징주의 화가 오딜롱 르동의 작품이다. 크뢸러밀러 미술관 소장

    가이아는 이어 거대한 외눈박이 키클롭스(Cyclops) 세 형제를 낳았다. 키클은 영어의 서클(circle)을 의미하고 옵스(ops)는 '눈'을 의미한다. '눈의, 광학의'를 의미하는 옵티컬(optical)이란 단어는 옵스에서 유래했다.

    또한 가이아는 머리가 50개 달렸고 팔이 100개나 달린 세 형제도 낳았다. 100개의 팔이 달렸다고 해서 헤카톤케이르라고 불렀다. 티탄, 키클롭스, 헤카톤케이르는 대자연의 무서운 힘을 상징한다.

5 크로노스, 아버지 우라노스를 거세하다

크로노스: 하늘의 신이신 아버지시여, 왜 대지의 여신인 어머니에게 괴물 같은 키클롭스와 헤카톤케이르를 집어넣어 고통스럽게 하셨나요? 그 대가로 당신의 그것을 거둬들이겠습니다.

우라노스: 이놈 크로노스야, 네놈은 무사할 것 같으냐? 너 역시 자식에게 쫓겨날 것이다.

「**우라노스를 거세하는 크로노스**」16세기 화가 G. 바사리의 작품이다. 배경의 천구도는 하늘의 신 우라노스를 암시하고 낮은 때가 되면 모든 것을 소멸시키는 크로노스를 암시한다. 베키오 궁전 소장

키클롭스와 헤카톤케이르는 모두 괴물처럼 생긴데다 틈만 나면 싸움을 일삼았다. 우라노스는 그 꼴이 보기 싫어 이 괴물 신들을 가이아의 몸속 깊은 곳(빛이 닿지 않는 깊은 땅속인 타르타로스)에 가둬버렸다.

이 괴물들이 요동칠 때마다 가이아는 고통스러워했다. 참다못한 가이아는 우라노스에게 복수를 결심한다.

티탄신 중 막내아들인 크로노스가 어머니의 복수를 도왔다.

우라노스가 가이아에게 다가온 어느 날, 크로노스는 몰래 침실에 숨어 있다가 우라노스의 생식기를 낫으로 잘라 멀리 바다로 던져 버렸다. 우라노스의 생식기에서 나온 피에는 '피의 정기'와 '사랑의 정기'가 함께 서려 있었다.

피의 정기만 뒤집어 쓴 가이아는 그 정기를 받아 뜻하지 않게 복수의 여신인 에리니에스 세 자매와 괴물 거인들인 기간테스(Gigantes)를 낳았다. 단수형은 기가스다. 거인을 뜻하는 자이언트(giant)는 기간테스에서 유래했다. 우라노스의 피에 서려 있던 '사랑의 정기'는 바다에 떨어져 거품이 되었는데, 그 거품에서 사랑의 여신 아프로디테가 탄생했다.

기간테스, 에리니에스: **우라노스의 생식기에서 나온 피의 정기를 받아 태어났지요.**

「기간테스」 가이아가 피의 정기를 받아 낳은 기간테스는 인간의 상반신과 뱀의 다리를 한 괴물이다. 이스탄불 고고학 박물관 소장

「복수의 여신 에리니에스」 아테네 사람들은 에리니에스를 무서워하여 착한 여신들이라고 불렀다. 빈 미술사 박물관 소장

6 크로노스, 아들을 삼키다

크로노스: 아버지 우라노스를 내몰고 차지한 왕좌를 지키기 위해 자식이라도 먹어치우겠다. 내가 자식에게 쫓겨날 것이라는 어머니의 저주를 피해갈 것이다.

「**아들을 삼키는 크로노스**」 19세기 스페인 화가 프란시스코 고야의 작품이다. 제우스의 아버지 크로노스는 신들의 왕이 된 후 왕좌를 지키기 위해 자식들을 먹어 치웠다. 프라도 미술관 소장

생식기를 잃은 우라노스가 왕좌에서 쫓겨나 하늘과 땅이 영원히 갈라지게 됐다. 아버지를 물리치고 왕좌에 오른 크로노스는 어머니인 가이아의 지시에 따라 타르타로스에 갇혀 있는 형제들을 풀어주었다.

하지만 형제들은 크로노스가 자신들을 늦게 꺼내주었다고 투덜대며 대들었고, 크로노스는 그런 형제들을 도로 타르타로스에 집어넣었다. 가이아는 자신의 말을 듣지 않은 크로노스에게 저주를 퍼부었다. "네 자식 가운데 한 명이 너를 몰아내고 왕좌를 차지할 것이다."

크로노스는 부인이자 누이인 레아와의 사이에서 낳은 자식들을 낳는 즉시 모두 삼켜버렸다. 레아는 자식을 한 명이라도 구하고자 여섯 번째로 낳은 아이는 크레타 섬의 동굴에 숨겼다. 대신 돌덩어리를 강보에 싸서 남편에게 건네주었다. 이 돌덩어리가 바로 '대지의 배꼽'이라고 불리는 옴팔로스다. 옴팔로스는 그리스 델포이의 아폴론 신전 중앙에 있다.

크로노스는 아이 대신 돌덩어리를 삼키고는 만족스러워했다. 이렇게 살아남은 아이가 바로 신들의 왕인 제우스다.

크로노스의 이름은 시간과 관계가 있는 단어 크로니클(chronicle, 연대기), 크로노미터(chronometer, 시계)에 남아 있다. 크로노스가 자식을 삼킨 것은 세월이 이 땅에 태어난 모든 것을 삼켜버린다는 자연의 진리를 상징한다. 크로노스의 낫은 자연의 이치에 따라 시작이 있는 모든 것을 끝나게 한다.

「자식을 삼키는 사투르누스」 17세기 페테르 루벤스의 작품이다. 로마신화에 나오는 사투르누스는 그리스신화의 크로노스와 같다. 프라도 미술관 소장

1 프로메테우스, 흙을 반죽해 인간을 만들다

프로메테우스: 아테나의 수호 아래 인간을 만들었다오.

「**인간을 만든 프로메테우스와 생명을 불어넣은 아테나**」 18세기 프랑스 화가 장 시몽 베르텔 레미의 작품이다. 루브르 박물관 소장

어느 날 제우스가 프로메테우스와 에피메테우스를 불러 지시했다. "땅 위에 새로운 생명체들을 만들어 번성하게 하라."

제우스는 형제를 땅으로 내려보내며 새로운 생명체들에게 줄 선물도 챙겨주었다. 프로메테우스가 진흙으로 신들의 모습을 본뜬 인간 남자들을 만들고 똑바로 설 수 있게 했다. 덕분에 인간은 고개를 들고 하늘의 별을 바라보게 되었다. 프로메테우스는 '앞일을 내다보는 자'를 의미한다.

동생인 에피메테우스는 진흙으로 여러 종류의 동물들을 만들었다. 어떤 동물에게는 날개를 주고, 어떤 동물에게는 날카로운 이빨과 발톱을 주었다. 에피메테우스는 '일이 있고 나서 뒤늦게 깨닫는 자'를 의미한다.

인간이 생기기 전에는 이 거인 신들이 세상을 지배했다. 프로메테우스는 자신의 이름이 의미하는 것처럼 미리 올림포스 신들의 승리를 예견하고 제우스 편에 섰으므로 티탄족에게 내려진 형벌을 피할 수 있었다.

2 프로메테우스, 인간을 위해 불을 훔치다

프로메테우스: **인간을 위해 하늘에서 불을 훔쳐왔어요.**

「**불을 훔치는 프로메테우스**」 17세기 네덜란드 화가 얀 코시에르스의 작품이다. 프라도 미술관 소장

에피메테우스가 동물들에게 선물을 모두 나눠주는 바람에 프로메테우스가 인간 남자들을 만들었을 때 그들에게 줄 선물이 없었다.

프로메테우스는 여신 아테나의 도움을 받아 하늘로 올라갔다. 제우스에게 찾아가 인간에게 불을 나누어달라고 부탁하기 위해서였다. 그러나 제우스는 그의 부탁을 단번에 거절했다. "불은 신들만의 것이다. 인간에게 불을 줄 수는 없지."

하는 수 없이 프로메테우스는 궁전의 화로에서 불을 훔쳐 인간에게 전해주었다.

불을 갖게 된 인간은 다른 동물들은 감히 넘볼 수 없는 존재가 되었다. 도구를 만들어 농사를 짓고, 신들을 위한 신전도 건축했다. 또한 불 덕분에 다른 동물들을 굴복시킬 무기를 만들 수 있었다.

3 프로메테우스, 인간을 도운 대가를 치르다

프로메테우스: 인간을 도운 대가가 이토록 힘든 것이었던가! 바위와 독수리 그리고 사슬에 묶여 무한한 고통을 느끼더라도 고귀한 자는 끝내 그 아픔을 드러내지 않는다. 숨 막히는 두려움도 내비치지 않으리.

「독수리에 쪼이는 프로메테우스」 17세기 페테르 루벤스의 작품이다. 필라델피아 미술 박물관 소장

프로메테우스는 인간의 친구로 표현된다. 제우스의 뜻을 거슬러 인간에게 불과 문명을 전해주었다. 게다가 인간들이 제물을 바칠 때 나쁜 고기를 바치도록 제우스를 속이기까지 했다. 결국 제우스는 프로메테우스를 카우카소스 산의 바위에 쇠사슬로 묶어 놓고 독수리를 보내 간을 쪼아 먹게 했다. 간은 먹히자마자 다시 생겼다. 그런 고통은 프로메테우스가 제우스에게 기꺼이 복종했더라면 끝낼 수도 있었다. 제우스가 끔찍한 벌을 내린 것은 다른 이유도 있었다. 제우스의 앞일을 프로메테우스만이 알고 있었는데, 그 운명을 제우스에게 말해주지 않은 것이다. 프로메테우스는 권위와 압제에 굴복하지 않고 저항한 최초의 영웅적인 인물이었다.

　　프로메테우스만이 알고 있는 제우스의 비밀은 바로 이것이었다. "아름다운 바다의 여신 테티스와 결혼하면 테티스가 낳은 아들이 아버지보다 더 훌륭하게 될 것이다."

「**쇠사슬에 묶인 프로메테우스**」 17세기 프랑스 화가 라크르 드 랑주의 작품이다.

4 판도라, 에피메테우스와 결혼하다

판도라: 제우스가 불을 훔쳐간 프로메테우스와 인간에게 벌을 주기 위해 나를 보냈지요.

제우스는 프로메테우스뿐만 아니라 불을 받은 인간 남자에게도 벌을 내리기로 했다. 제우스가 진흙으로 인간 최초의 여자를 빚어 생명을 불어넣었다. 아프로디테는 여자에게 아름다움을 선물하고 헤르메스는 설득력을, 아폴론은 음악적 재능을 선물했다. 그래서 여자는 판도라로 불렸다. 판도라는 모든 신의 선물을 받은 완벽한 여자를 의미한다.

제우스는 판도라에게 호기심과 함께 상자를 하나 주었다. 그리고 헤르메스에게 지시해 판도라를 프로메테우스의 동생인 에피메테우스에게 보냈다.

「판도라」 19세기 프랑스 화가 쥘 조제프 르페브르의 작품이다. 부에노스아이레스 국립 미술관 소장

에피메테우스: 오, 판도라! 내 아내가 되어 주시오. 그대의 선물 잊지 않겠소.

판도라: 그 선물은 제우스가 준 거예요. 저 역시 제우스가 보내서 온 거예요.

「에피메테우스와 판도라」 16세기 그리스 출신 스페인 예술가 엘 그레코의 작품이다. 콘데 데 라 인판타스 콜렉션 소장

에피메테우스는 아름다운 판도라를 보자 한눈에 반했다. 형 프로메테우스는 전부터 아우에게 이렇게 말했다. "제우스가 주는 선물은 절대 받지 말아라."

판도라는 에피메테우스에게 올 때 상자를 하나 가지고 있었는데, 상자 속에는 해로운 것들이 가득 들어 있었다. 인간이 새로 살 곳에서 적응하는 데 방해가 되는 것들을 상자 속에 꾹꾹 눌러 담아 두었던 것이다.

5 판도라의 상자가 열리고 문명이 시작되다

판도라: 아, 상자 안에는 뭐가 들어 있을까? 신들이 내게 모든 선물을 주면서 왜 상자는 열어보지 말라고 했을까?

「상자를 열고 있는 판도라」 19세기 영국 화가 존 워터하우스의 작품이다. 개인 소장 어느 날 판도라는 호기심을 이기지 못해 상자의 뚜껑을 열고 안을 들여다보고 말았다. 순식간에 온갖 재앙들이 빠져나왔다. 몸에 해로운 통풍, 류머티즘, 배앓이, 마음에 해로운 질투심, 원한, 복수심 등이 마구 새어 나왔다. 판도라는 급히 뚜껑을 닫았지만 상자 속에 든 것들은 이미 모조리 빠져나가고 희망만 남았다. 덕분에 온갖 어려움이 닥쳐도 희망이 우리를 떠나지 않는 것이다. '판도라의 상자를 열었다.'라는 말은 선택을 잘못해서 돌이킬 수 없게 됐다는 것을 의미한다.

밀턴은 『실낙원』에서 판도라에 대해 이렇게 노래했다. "판도라는 신들에게서 온갖 선물을 받았네. 오, 하지만 애석한 일을 벌인 건 매한가지였다네."

상자는 모든 악과 질병의 근원인데, 이 상자가 중의적으로 '질'을 의미하기도 하다. 성적 호기심은 인간의 근원적인 욕구다. 인간이 성적 차이를 알게 되면서 '성'은 금기와 억압의 대상이 되었다. 판도라가 상자를 열면서 동물과는 다르게 인간은 성적으로 세상의 구속을 받는 존재가 되었다. '질'을 악의 근원으로 보는 것은 편협한 남성 위주의 사고방식을 반영한다.

「**판도라**」 19세기 화가 줄 조셉 르페브르의 작품이다. 개인 소장

6 황금시대가 도래하다

근심 걱정 없는 우리의 황금시대는 영원할 거예요. 우리가 필요한 것은 전부 자연이 내주니 힘들게 농사를 짓지 않아도 되지요.

「**황금시대**」 16세기 독일 화가 루카스 크라나흐의 작품이다. 오슬로 국립 미술관 소장

인간은 처음에는 순진무구하고 행복에 겨웠다. 근심 걱정이 없었던 이 시대는 '황금시대'라고 불렸다. 신화 속 황금시대는 성서에 등장하는 에덴동산에 비유된다. 배를 만들려고 숲의 나무들을 베지 않았고, 칼이나 창, 투구 같은 것도 없었다. 사람이 사는 데 필요한 것들은 전부 자연이 내주었기에, 힘들게 농사를 짓지 않아도 되었다. 계절은 늘 봄이고, 꽃은 저절로 피었다.

제우스는 봄을 짧게 만들고 한 해를 여러 계절로 나누었다. 그러자 사람들은 심한 더위와 추위를 견뎌야 했고 집이 필요해졌다. 사람들의 성품이

더 거칠어져 싸움이 잦았다. 급기야 범죄가 봇물처럼 터졌고, 사기와 속임수와 폭력 그리고 사악한 욕심이 들어섰다. 심지어 아들이 아버지가 죽기를 바랐고 가족의 사랑은 온데간데없이 사라졌다. 땅이 살육의 피로 흥건히 젖자 신들은 하나둘 땅을 떠났다.

황금시대에는 신과 인간이 지상에서 함께 살았다. 은(銀)의 시대와 청동시대로 내려오면서 인간은 갈수록 악에 물들었고, 보다 못한 신들은 하늘 위로 올라가 버렸다. 제우스와 테미스의 딸인 아스트라이아는 인간에 대한 믿음을 저버리지 않고 지상을 떠나지 않았다. 인간들이 전쟁을 일삼아 서로 해치자 끝까지 홀로 남아 지상을 지키던 아스트라이아마저도 마침내 떠나고 말았다.

인간을 사랑했던 아스트라이아는 지상을 떠날 때 자신이 들고 있던 천칭을 하늘에 걸어 놓았다. 하늘로 올라간 아스트라이아는 한 손에 선과 악을 가리는 저울을 들고 있는 천칭자리가 되었다.

아스트라이아는 정의의 여신으로 불리며 디케와 동일한 신으로 여긴다. 세계 여러 나라의 법과 관련한 기관에는 정의의 여신상이 상징적으로 세워져 있다.

「정의의 여신 아스트라이아」 17세기 이탈리아 화가 살바토르 로사의 작품이다. 빈 미술사 박물관 소장

7 제우스, 대홍수를 일으키다

제우스: 타락한 인간 세상을 차마 눈 뜨고 보기 힘들구나.
물로 다 쓸어버리겠다.

「**대홍수**」 작자 미상의 작품이다. 암스테르담 국립 미술관 소장 지상의 인간들이 모두 악에 물들었지만 착하게 살며 신들을 잘 섬기고 있는 부부가 있었다. 프로메테우스의 아들 데우칼리온과 판도라의 딸 피라였다. 어느 날 프로메테우스가 데우칼리온에게 말했다. "머잖아 대홍수가 땅을 휩쓸 것이니 배를 만들어 두었다가 홍수가 나면 피라와 함께 배를 타고 홍수를 피해라."

데우칼리온은 아버지의 지시대로 배를 만들었다.

제우스는 세상 돌아가는 모습을 보고서 불같이 화를 냈다. 회의를 열려고 신들을 불렀다.

신들이 모이자 제우스가 연설을 시작했다. "지상의 인간들이 얼마나 타락했는지 좀 보시오. 이런 참담한 상황을 물로 끝내버리겠소."

제우스는 구름이 흩어지지 않도록 북풍을 사슬로 묶고 남풍을 멀리 쫓아냈다. 곧 하늘은 어두컴컴한 구름으로 뒤덮였다. 구름들이 서로 부닥치며 굉음을 울리더니 하늘에 구멍이 뚫린 듯 비가 쏟아졌다. 포세이돈은 강을 범람시켜 땅을 잠기게 했다. 바닷물이 넘실넘실 뭍으로 밀려오자 가축과 사람과 집이 한데 뒤엉켜 쓸려 나갔다. 이제 온 세상에 바닷물이 넘실거렸다.

물속에서는 멧돼지의 힘도, 사슴의 재빠른 발도 아무 소용이 없었다. 새들은 날다 지쳐도 쉴 땅을 찾지 못해 물에 빠졌다. 간신히 물난리를 피한 생명들도 결국에는 굶어 죽었다.

「대홍수」 아일랜드의 화가 프랜시스 댄비의 작품이다. 런던 테이트 갤러리 소장

포세이돈 내 아들 트리톤아, 소라고등을 불어 물이 해안가로 물러가게 하라.

「**트레비 분수**」 반인반어의 트리톤 1쌍이 이끄는 전차 위에 바다의 신 포세이돈(넵투누스)이 거대한 조개를 밟고 서 있다.

살아남은 자는 데우칼리온과 피라 부부밖에 없었다. 둘 다 착하고 신실한 것을 알고서, 제우스는 마음을 고쳐먹었다. 북풍에게 구름을 거두어 가라고 명령했고 푸른 하늘이 땅 위에 비치도록 했다. 포세이돈도 아들 트리톤에게 소라고등을 불라고 시켰다. 그러자 물은 고분고분해졌다. 이제 바다는 제자리로 돌아갔고 강은 원래 물길로 돌아갔다.

「**트리톤**」 16세기 이탈리아 조각가 잠볼로냐의 작품이다. 소라를 든 모습으로 자주 표현된다.

아레스와 아프로디테: **다른 모든 산들은 물에 잠기고 파르나소스 산만이 물 위에 솟아 있었지요.**

「**파르나소스**」 15세기 이탈리아 화가 안드레아 만테냐의 작품이다. 아레스와 아프로디테의 사랑을 축복하는 듯 아홉 명의 뮤즈가 춤을 춘다. 파르나소스 산을 지키는 헤르메스와 천마 페가수스도 보인다. 파르나소스 산은 신들의 영지로 알려져 있다. 루브르 박물관 소장

    신들이 어울려 놀고 있는 파르나소스 산 정상에 마르스와 아프로디테가 서 있다. 현재 산 중턱에 아폴론 성지 델포이가 자리 잡고 있다. 로마 시인들은 영감의 원천으로 이 산을 숭배했다.

    파르나소스라는 이름은 아폴론 신전의 예언가 파르나소스에서 유래했다. 파르나소스는 대지의 어머니에게서 태어난 거대한 용 피톤의 사제였다. 파르나소스 산의 샘에 머물던 피톤은 아폴론이 쏜 화살에 맞아 죽었고 그 자리에 아폴론 신전이 들어섰다고 한다.

8 데우칼리온과 피라, 어미의 뼈를 뒤로 던져 인간을 만들다

데우칼리온과 피라: 어떻게 하면 이 참담한 현실에서 빠져나올 수 있을까요?

머리를 베일로 감싸고 옷은 벗은 채로 신전을 나가거라. 나갈 때 너희 어미의 뼈를 뒤로 던져라.

「테미스의 신전에서 기도하는 데우칼리온과 피라」 16세기 이탈리아 화가 틴토레토의 작품이다. 에스텐세 미술관 소장

　홍수에서 살아남은 데우칼리온과 피라는 신탁을 듣기 위해 신전으로 들어갔다. 둘은 제단 앞에 엎드려 여신에게 기도했다. 둘은 어미의 뼈를 뒤로 던지라는 신탁을 듣고 깜짝 놀랐다. 먼저 피라가 침묵을 깨고 말했다. "그럴 수는 없어요. 어떻게 부모님의 유골을….'

　둘은 수풀이 우거진 그늘로 가서 신탁의 뜻을 곰곰이 생각했다. 드디어 데우칼리온이 입을 열었다. "부모님의 유골을 더럽힐 수 없지만 신탁을 받았으니 우리 그 뜻대로 해봅시다.'

데우칼리온: 내 생각이 옳다면, 신탁을 따라도 불효가 되지 않아요. 땅은 만물의 위대한 어머니입니다. 돌은 땅의 뼈고요. 그러니까 돌을 뒤로 던지기만 하면 됩니다. 이것이 바로 신탁의 뜻이에요. 믿져봐야 본전이니 해봅시다.

「뒤로 돌을 던지는 데우칼리온과 피라」 17세기 플랑드르 화가 페테르 루벤스의 작품이다. 신탁을 받은 피라와 데우칼리온이 신전 앞에서 돌을 던지고 있는 모습을 담았다. 프라도 미술관 소장

둘은 얼굴을 베일로 감싸고 돌을 주워서 뒤로 던졌다. 희한하게도 돌이 말랑말랑해지더니 형체를 띠기 시작했다. 형체는 차츰 인간의 모습을 닮아 갔다. 마치 조각가의 손에서 반쯤 완성된 사람 조각상처럼 되었다. 돌에 묻은 진흙은 살이 되었고, 돌 자체는 뼈가 되었으며, 돌에 난 결은 핏줄이 되었다. 남자가 던진 돌은 남자가 되었고 여자가 던진 돌은 여자가 되었다.

이렇게 만들어진 종족은 튼튼해서 힘든 일도 거뜬히 해냈다. 이렇게 탄생한 헬렌이 그리스인의 선조라고 알려져 있다. 고대 그리스인은 자신을 헬레네스, 국토를 헬라스라고 불렀다.

9 그리스 신화와 성경의 기원

데우칼리온과 피라: 돌이 대지의 어머니 뼈였군요. 그 뼈에서 우리 자손들을 만들어 냈고요.

「데우칼리온과 피라」 이탈리아 화가 조반니 베네데토 카스틸리오네의 작품이다. 게멜데 갤러리 소장 그리스로마신화를 읽다 보면 궁금한 게 한두 가지가 아니다. 이런 이야기들은 어디서 왔을까? 사실에 바탕을 둔 것일까, 아니면 상상으로 지어낸 이야기일까?

신화에 나오는 이야기들은 성경 이야기와 유사한 점을 보이기도 한다. 인간을 만든 피라와 데우칼리온은 제우스가 일으킨 홍수에 살아남았다. 성경 인물 노아도 야훼의 대홍수를 피해 방주에 있다가 재앙이 끝나자 뭍에 정착했다. 노아의 세 아들은 각지로 흩어져 백인, 흑인, 황인의 조상이 되었다.

노아의 후손들은 이름을 떨치고, 야훼의 심판을 피하기 위해 하늘에 닿을 만큼 높은 탑을 짓기 시작했다. 야훼는 탑을 세우는 사람들의 언어를 분리해 탑 공사를 중단시켰다.

16세기에 활동했던 영국 작가 월터 롤리 경은 『세계사』라는 책에서 이렇게 주장했다. "창세기에 나오는 유발, 야발, 두발가인이 바로 헤르메스, 아폴론, 헤파이스토스이다. 이들은 각각 목축, 음악, 대장장이의 시조다. 황금 사과를 지키던 용은 이브를 유혹한 뱀이다. 거신족 티탄족이 하늘의 신들에게 대적한 것은 바벨탑 이야기를 가리킨다. 헤라클레스는 삼손과 성격이 비슷하다."

신화와 성경 사이에는 일치하는 점들도 많다. 하지만 그리스로마신화를 전부 이런 식으로 설명하는 것은 부자연스럽다. 이야기의 원조 논쟁을 벌이기보다는 자연환경에서 이야기의 근원을 찾는 게 더 설득력이 있다.

그리스로마신화를 허무맹랑한 판타지로만 볼 수 없는 이유는 인간의 보편적 이야기와 교훈을 담고 있기 때문이다. 고대 그리스인은 자연환경과 인문환경을 과학적으로 설명하기 힘들거나 권위를 부여할 필요가 있을 때 신화를 사용했다. 그리스로마신화는 당대의 문화와 역사를 보여주는 하나의 상징인 것이다. 이것이 바로 그리스로마신화가 문학으로서 탁월한 점이다.

2. 세상은 신들의 놀이터
| 올림포스의 12신

그리스로마신화는 알 듯 모를 듯하다. 신들의 수도 많고 관계도 복잡하다. 신과 인간이 엮어내는 숱한 사연을 제대로 이해하려면 먼저 올림포스 12신을 정확히 알아야 한다. 12신은 제우스 가족이다. 아프로디테는 우라노스의 생식기가 바다에 떨어져 생긴 거품 속에서 태어났다. 아프로디테를 제외하면 모두 제우스의 형제자매이거나 자녀들이다. 헤스티아가 디오니소스에게 12신의 황금 의자를 내주었기 때문에 둘 중 하나는 12신에 포함되기도 하고 빠지기도 한다. 바람둥이 제우스는 아내 헤라의 눈을 피해 여신이나 인간 여성과 사랑을 나누었다. 제우스의 자식 중에서 올림포스의 신들과 인간 영웅들이 나오게 된다.

- 크로노스는 아버지 우라노스의 남근을 잘라 바다에 던졌다. 그때 우라노스가 흘렸던 핏물에서 에리니에스인 알렉토, 티시포네, 메가이라가 태어났다. (아폴로도로스 『도서관』)
- 키클롭스들이 제우스에게 번개와 벼락을, 하데스에게 투구를, 포세이돈에게 삼지창을 주었다. (아폴로도로스 『도서관』)
- 크로노스가 어둑한 타르타로스로 쫓겨나니, 세상은 제우스의 아래로 들어갔다. (오비디우스 『변신 이야기』)

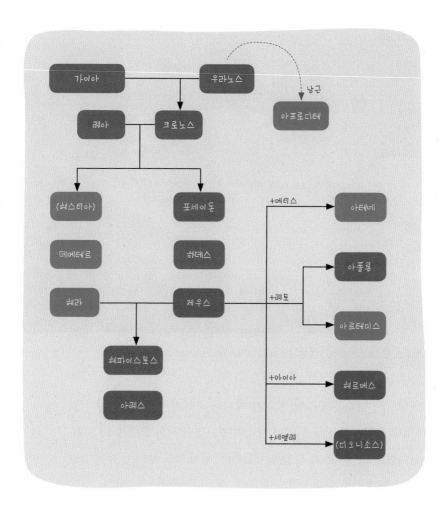

1 올림포스 산

그리스에서 가장 높은 산이에요. 그리스인들은 이곳에 신화 속의 주인공인 제우스를 비롯한 열두 신이 살고 있다고 믿었지요.

올림포스 산 그리스에서 가장 높은 산이다. ⓒHermann Hammer

올림포스 신들은 오늘날 종교가 아니라 문학과 예술 속에 살아 있다. 고대 그리스의 신들은 예나 지금이나 유명한 시와 그림에 나온다.

로마인들도 그리스의 신을 받아들였다. 신이 하도 많이 등장해 그들의 관계를 파악하기 힘들지도 모른다. 신화 속 이야기를 제대로 파악하려면 먼저 올림포스 12신을 잘 알아야 한다. 이들이 인간 세상을 지배하며 숱한 사연을 만들어냈기 때문이다.

올림포스 산의 높이는 2,917m이며, 북부 그리스의 테살리아 지방과 마케도니아의 경계에 있다. 1년 중 9개월 동안 산꼭대기가 눈에 덮여 있다.

그리스 최고봉 미티카스는 과거에는 오르기가 어려웠다. 그래서 고대 그리스인들은 올림포스 산을 신들이 사는 곳으로 생각했는지도 모른다. 지금은 남쪽 기슭의 라리사에서 자동차로 산 중턱까지 올라갈 수 있고 리토호로에서 정상까지 걸어서 올라갈 수 있다.

올림포스 산을 직접 가서 보면 왜 그곳을 신들의 거처라고 하는지 알 수 있다. 여덟 봉우리로 이뤄진 올림포스 산은 그리스에서 가장 높고 장엄하다. '제우스의 왕좌'와 미티카스 두 봉우리는 바다에서 하늘을 찌르듯 솟구쳐 있다.

테르마이코스 만(灣)을 굽어보고 있는 올림포스 산은 구름에 가려 있을 때가 많다. 갑자기 하늘이 개면 웅장한 위용을 드러낸다. 우리도 올림포스 산에 올라 12신들을 만나보자.

미티카스 그리스에서 가장 높은 봉우리다. 높이는 2,919m다. ⓒstefg74

2 암염소 아말테이아, 제우스를 기르다

아말테이아: 레아가 내게 제우스를 맡겼어요. 제우스를 숨기기 위해 아무도 찾을 수 없는 깊은 숲 속으로 제우스를 데려와 길렀지요.

「제우스의 양육」17세기 프랑스 화가 니콜라 푸생의 작품이다. 염소 아말테이아의 뿔에는 신들의 음식과 술인 암브로시아와 넥타가 가득 담겨 있었다고 한다. 중앙 아래쪽에 님프의 품안에서 염소의 젖을 먹고 있는 어린 제우스가 보인다. 덜위치 박물관 소장

크로노스는 자식에게 지배자 자리를 내놓지 않기 위해 자식들을 삼켰다. 가이아는 제우스를 낳았을 때 크로노스에게 돌덩이를 대신 삼키게 했다. 이렇게 세상에 태어난 제우스는 암염소 아말테이아의 젖과 야생 꿀을 먹으며 성장했다. 숲의 님프들은 칼을 부딪치고 청동 방패를 요란하게 두드려 아기의 울음소리가 들리지 않게 했다. 제우스는 아말테이아가 죽자 자신을 양육해준 데 대한 보답으로 하늘로 올려보내 염소자리로 만들어 주었다.

3 크로노스가 토해낸 제우스 형제들, 티탄족을 물리치다

제우스: 티탄족아, 키클롭스가 만들어준 나의 번개를 받아라!

「번개를 내리치는 제우스」 프랑스 조각가 피에르 그라니에의 작품이다. 루브르 박물관 소장

어른이 된 제우스는 지혜의 여신 메티스가 준 구토제를 어머니 레아에게 건넸고, 레아는 구토제를 자신이 직접 담근 술이라고 속여 크로노스에게 먹였다. 구토제를 먹은 크로노스는 자신이 삼켰던 제우스의 형과 누이들을 토해냈다. 삼킨 순서와는 반대로 포세이돈, 하데스, 헤라, 데메테르, 헤스티아 다섯 자식이 튀어나왔다. 여섯 형제자매들은 제우스를 중심으로 아버지에게 덤볐다. 제우스는 달아나는 아버지 크로노스를 붙잡아 타르타로스에 가뒀다. 마침내 제우스는 새로운 지배자가 되었고, 권력을 형들과 나누었다. 자신은 하늘과 땅을 지배하고, 포세이돈은 바다, 하데스는 지하 세계를 지배하기로 했다.

제우스 형제들이 올림포스 산에 거처를 정하고 세상을 지배하기 시작하자 티탄족이 반발하여 싸움을 걸어왔다. 제우스 편과 거구의 티탄족은 10년간이나 전쟁을 벌였다. 이 전쟁을 티타노마키아라고 한다.

티탄족이면서도 제우스 편에 선 이들도 있었다. 미래를 내다볼 줄 알았던 프로메테우스는 동생 에피메테우스와 함께 일찌감치 제우스 편을 들었다. 제우스의 어머니인 레아, 승리의 신 니케도 제우스 편이었다.

전쟁이 격렬하게 진행되던 어느 날 가이아는 티탄족을 대항할 비책을 내놓았다. "땅속 깊은 곳에 갇혀 있는 자들을 끌어들이면 승리할 것이다."

제우스는 타르타로스(가이아의 몸속 깊은 곳)에 갇혀 있던 키클롭스 삼 형제와 헤카톤케이레스 삼 형제들을 해방시켜 자기편으로 끌어들였다.

뛰어난 대장장이였던 키클롭스 삼 형제는 제우스에게는 번개와 벼락을, 포세이돈에게는 강력한 삼지창을, 하데스에게는 마법 황금 투구를 만들어주었다.

제우스가 벼락을 치면 산이 날아가고 온 대지가 불길에 휩싸였다. 포세이돈이 삼지창으로 치면 땅이 갈라지고 바다가 뒤집혔다. 하데스가 마법 투구를 쓰면 모습이 보이지 않게 되어 티탄족들은 속수무책이었다. 헤카톤케이르 삼 형제는 모두 300개나 되는 팔로 큰 바위를 던져 티탄족들을 괴롭혔다.

「**티타노키키아**」16세기 네덜란드 화가 코넬리우스 반 하렘의 작품이다. 제우스가 이 전쟁에서 승리를 거두면서 제우스는 올림포스 신들의 시대를 연다. 덴마크 국립 미술관 소장

4 제우스와 형제들, 기간테스를 물리치다

아테나: 우라노스의 피가 땅에 떨어져 대지의 힘을 받고 태어난 기간테스! 그래서 기간테스는 땅에 떨어지면 힘이 약해져요.

「**기간테스를 무찌르는 아테나**」 가이아의 자식들인 기간테스는 크로노스가 아버지 우라노스를 거세할 때 우라노스의 성기에서 나온 피가 대지에 떨어져 태어났다. 오른쪽에 승리의 여신 니케가 있다. 베를린 페르가몬 박물관

티탄족은 제우스의 번개 불빛에 시력을 잃었다. 이 틈을 타서 제우스는 티탄족을 쇠사슬로 묶어 타르타로스에 가두고 청동 문을 굳게 잠갔다. 청동 문은 헤카톤케이르 삼 형제에게 지키게 했다. 아틀라스에게는 서쪽 끝에서 하늘을 떠받치는 형벌을 내렸다.

가이아는 제우스에게 크게 화를 냈다. "어미와 의논하지도 않고 내 자식 티탄들에게 벌을 주다니. 기간테스야 너희가 가서 제우스를 혼내주어라."

키클롭스, 안타이오스 그리고 오리온 등 인간적인 기간테스는 서로 사랑하기도 하고 다투기도 했다. 초인적인 기간테스는 신들과 전쟁도 치를 만큼 몸집이 엄청나게 컸다.

기간테스: 헤라클레스가 끼어드는 바람에 모든 걸 망쳤어!

「**기간테스의 추락**」 16세기 이탈리아 작가 줄리오 로마노의 작품이다. 처음에는 제우스 진영을 압도하였으나 헤라클레스가 끼어들면서 전세가 뒤바뀌었다. 프라도 미술관 소장

티티오스가 누우면 넓디넓은 들판을 다 덮었다. 엥켈라도스라는 기간테스는 에트나 산을 그 위에 통째로 올려놓자 겨우 제압당했다. 기간테스야말로 무시무시한 적이었다. 브리아레오스는 팔이 백 개나 달려 있었고 티폰은 불을 내뿜었다.

한때 신들도 두려움에 떨다가 이집트로 도망쳐서 여러 모습으로 변신해 숨어 지내기도 했다. 제우스는 이집트로 도망쳐 숫양으로 지낸 덕분에 굽은 뿔이 달린 암몬 신으로 숭배를 받았다.

제우스가 공격하는 기간테스에게 벼락을 내렸지만 기간테스는 끄덕하지 않았다. 전쟁의 여신 아테나와 전쟁의 신 아레스의 공격도 가볍게 물리쳤다.

제우스는 부끄러움을 무릅쓰고 인간 영웅 헤라클레스를 데려왔다. 헤라클레스는 올림포스에 도착하자마자 기간테스를 번쩍 들어 올렸다. 그 사이에 아테나가 창을 찔렀다. 기간테스의 피가 땅에 떨어지자 대지의 힘을 받고 태어난 기간테스는 힘이 약해졌다. 이때 제우스가 벼락을 내려 기간테스를 죽였다.

가이아는 마지막 자식 티폰에게 제우스를 혼내주라고 명령했다. 눈에서 불길이 솟는 거구의 괴물은 신들을 마구 공격했다. 제우스는 젖 먹던 힘까지 다해 시칠리아 섬을 번쩍 들어 티폰을 내리쳤고 티폰은 깔려 죽었다. 그래서 지금도 시칠리아 섬의 에트나 화산은 가끔 불을 내뿜는다.

티폰이 죽은 후 아내 에키드나는 동굴에 숨어들어 키마이라, 케르베로스, 히드라를 낳았다. 오르트로스와의 사이에서는 네메아의 사자, 스핑크스를 낳았다. 신화에서 주요 조연들로 등장하니 알아둘 필요가 있다.

에키드나: 불을 토하는 키마이라, 지하 세계를 지키는 개 케르베로스, 물뱀 히드라, 네메아의 사자, 스핑크스가 다 내 자식이라우.

「에키드나」 16세기 이탈리아 조각가 피로 리고리오의 작품이다.

1 제우스, 올림포스의 최고 신이 되다

제우스: 티탄족을 물리치고 신들의 제왕이 되었지요. 페이디아스가 올림포스 최고 신인 나를 재현했어요. 높이가 12미터나 되고, 옷이나 장식은 물론 권좌도 금과 보석으로 장식했어요.

「**올림포스의 제우스(복제)**」기원전 435년에 조각가 페이디아스가 만든 제우스를 본뜬 것이다. 고대 세계 7대 불가사의 가운데 하나다.

기원전 5세기 고대 그리스의 조각가 페이디아스는 지고의 엄숙함과 평정심을 지닌 세상의 지배자를 조각하고 싶었다. 제우스는 티타노마키아에서 승리해 제왕에 오른 그리스 민족 최고의 신이다. 페이디아스는 권좌에 앉아 세상을 호령하는 제우스의 위엄을 표현했다.

올림포스의 제우스 조각상은 고대 그리스 미술의 최고 걸작으로 여겨졌다. 나무와 돌에 상아를 붙여 몸 부분을 만들었고, 옷이나 다른 장식품은 금으로 만들었다. 삼나무로 만들어진 권좌는 금과 보석으로 장식되어 있었다. 제우스가 권좌에 앉아 있는 모습으로 표현된 조각상의 높이는 약 12미터였다. 받침대의 높이만 해도 약 4미터였다. 이마에는 월계관을 썼고, 왼손에는 제왕의 상징인 홀(笏)을 쥐고 있으며 오른손에는 승리의 여신상을 쥐고 있었다. 현재 페이디아스의 제우스 상은 남아 있지 않지만 올림포스 성역 복원 작업을 통해 제우스 상을 가늠해 볼 수 있다.

형제자매들도 높은 신의 자리에 올랐다. 헤라는 아내가 되어 결혼과 출산을 담당했다. 데메테르는 대지와 곡물을, 포세이돈은 바다를, 하데스는 저승을, 헤스티아는 인간의 건강과 가정을 지키는 역할을 맡았다. 태양신 헬리오스의 자리는 아폴론이 차지하고 달의 여신인 셀레네의 자리는 아르테미스가 차지했다. 우악스런 거신족의 시대가 지나가고 세련된 올림포스 신들의 시대가 도래한 것이다. 이들이 제우스의 자녀들과 함께 올림포스 12신으로 불리게 된다.

제우스의 궁전에서 신들은 천상과 지상의 일을 의논했다. 때로는 암브로시아를 먹고 넥타르를 마시며 잔치를 벌이기도 했다.

헤베: 청춘의 여신인 내가 신들에게 넥타르를 따라주었지요.

「**청춘의 여신 헤베**」 19, 20세기 프랑스 화가 카롤루스 뒤랑의 작품이다.

인간은 신의 음식인 암브로시아를 먹거나 넥타르를 마시면 불사의 생명을 얻는다고 믿었다. 에로스의 아내 프시케는 제우스의 초대를 받아 암브로시아를 먹고 넥타르를 마셔 불사의 몸이 되었다. 아프로디테는 애인 아도니스의 피에 넥타르를 뿌려 아네모네를 피웠다.

잔치가 열리면 제우스의 딸이자 청춘의 여신 헤베가 신들에게 넥타르를 따라주었다. 헤베는 흔히 소매 없는 드레스를 입은 모습으로 묘사된다.

신들이 넥타르를 마실 때면 음악의 신 아폴론이 리라를 연주해 흥을 돋우었고, 리라 곡조에 맞춰 아홉 자매인 무사(뮤즈)들이 노래를 불렀다.

제우스: 누가 감히 신들의 제왕인 나 제우스를 바람둥이라고 비난하는 것이오. 누나인 헤라와 데메테르를 취한 것도, 백조와 황금 소나기로 변신해 사랑을 나눈 것도 다 우수한 종족을 번식하기 위한 수단이었소. 당시로서는 합당한 선택이었소.

「제우스 흉상」
루브르 박물관 소장

　그리스로마신화를 읽다 보면 비윤리적이고 폭력적인 대목이 자주 눈에 띈다. 어린이 추천 도서 목록 영순위로 꼽히는 책이지만 과연 어린이들에게 추천할 수 있을지 의문이 든다.

　시간의 신 크로노스는 대지의 신인 가이아의 뜻에 따라 아버지인 하늘의 신 우라노스의 남근을 잘랐다. 그래서 땅과 하늘이 갈라지게 되었다. 크로노스가 하늘과 땅의 질서를 만드는 대수술을 한 것이다.

　크로노스는 자신의 지배권을 자식에 빼앗기지 않으려고 자식들을 낳는 족족 삼켜버렸다. 레아가 크로노스를 속여 돌을 삼키게 하는 바람에 제우스는 용케 살아남아 아버지를 추방했다.

신화의 세계에서 부부나 자식 관계는 타인이나 적의 관계보다 더 험악한 경우가 많다. 애정 관계는 상상을 초월한다.

제우스는 자기를 외면하는 헤라에게 접근하기 위해 비에 젖은 뻐꾸기로 변신했다. 헤라가 애처로운 뻐꾸기를 치마폭으로 감싸자 제우스는 잽싸게 본모습으로 돌변하여 헤라와 사랑을 맺었다.

아름다운 여자는 그냥 보아넘긴 적이 없다. 필요하면 변신을 서슴지 않았다. 상대를 취하기 위해 들판의 신인 판으로, 백조로, 황금 소나기로 몸을 바꾸었다. 님프 칼리스토에게 접근할 때는 자신의 딸인 아르테미스로 변신하기도 했다.

구토제를 넣은 술을 마신 크로노스는 자신이 삼켰던 제우스의 형과 누이들을 토해냈다. 삼킨 순서와는 반대로 포세이돈, 하데스, 헤라, 데메테르, 헤스티아 다섯 자식이 튀어나왔다.

제우스는 막내 누나인 헤라를 취했을 뿐 아니라 둘째 누나인 데메테르도 취했다. 저승의 신 하데스에게 납치당해 결혼한 페르세포네가 제우스와 데메테르의 딸이다. 페르세포네가 삼촌에게 시집간 것이다.

오늘날과 같은 합리적 결혼 제도가 정착되기까지 인류는 숱한 경험을 겪어야 했다. 현대의 윤리 의식은 오랜 세월을 거치면서 시대와 장소에 맞게 정립해 왔다.

제우스와 헤라 오스트리아 비엔나 알브레티나 미술관의 분수 조각상이다.

신화에는 진화하지 않은 당시의 현실이 일정 부분 반영되어 있다. 적자생존의 법칙만이 존재하는 세상에서는 폭력이 유일한 수단이었을 것이다. 이런 인간 본연의 원시성과 그리스의 쾌적한 자연환경이 고대의 작가들을 끊임없이 자극했을 것이다. 그 원시성이 지금 우리 앞에 있다.

2 불과 화로의 여신 헤스티아

> 헤스티아: 가정을 지키는 화로와 불씨의 여신이에요. 영원히 처녀가 되겠다고 맹세하여 순결을 지킬 권리를 갖게 되었지요.

헤스티아, 아테네, 아프로디테 영국 박물관 소장

헤스티아는 크로노스와 레아 사이에서 태어난 6명 가운데 맏딸로서 제우스의 큰누나다. 아폴론과 포세이돈이 자신에게 구혼하며 다투자 영원히 처녀로 살겠다고 맹세하여 싸움을 가라앉혔다. 제우스는 헤스티아에게 순결을 지킬 권리와 인간이 신에게 바치는 제물을 제일 먼저 받을 수 있는 권리를 주었다.

헤스티아라는 이름은 '화로'를 의미한다. 가정을 지키는 불과 화로의 여신 헤스티아는 가정의 수호신답게 올림포스 산에 조용히 머물러 있어서인지 관련된 이야기가 거의 없다. 올림포스 12신을 말할 때 헤스티아를 포함하기도 하고, 포함하지 않기도 한다.

제우스는 포도주의 신인 디오니소스가 인간에게 큰 즐거움을 주자 12개의 황금 의자 가운데 하나를 내주려고 했다. 하지만 이미 자리가 다 차서 줄 수 없었다. 이때 큰 누나 헤스티아가 "나는 황금 의자가 필요 없다."라며 황금 의자에서 일어나 홀 가운데에 있는 화로 옆에 앉았다.

3 곡물과 농사의 여신 데메테르

데메테르: 곡물과 농사를 관장하는 여신이에요. 인간에게 가장 큰 도움을 주었으므로 올림포스 신 가운데 특히 숭배되었지요. 내 딸 페르세포네는 죽음의 신인 하데스의 아내가 되었어요.

「케레스와 두 명의 님프」 17세기 플랑드르 화가 페테르 루벤스의 작품이다. 데메테르는 로마신화의 케레스와 같다.

풍요와 토지의 여신인 데메테르는 제우스의 둘째 누나다. 데메테르라는 이름은 보리 이삭을 뜻한다.

데메테르는 동생인 제우스와 관계하여 딸 페르세포네를 낳았다. 그런데 하데스가 페르세포네를 납치해 지하로 데려가 버린다. 데메테르는 모든 일을 내팽개치고 자신의 딸을 찾아 나서지만 페르세포네가 돌아오지 않자 대지의 곡식들은 여물지 않았다.

제우스가 중재하여 페르세포네는 일 년 중 3분의 1을 지하에서 하데스와 함께 지냈다. 이로써 꽃과 초목이 피어나고 지는 '계절'이 생겼다.

4 제우스의 아내이자 누나인 가정의 여신 헤라

헤라: 위대한 땅의 어머니 신이었는데, 동생 제우스와 결혼해 결혼과 출산의 여신이 되었어요. 무지개의 여신인 이리스를 시녀이자 전령으로 두고 있지요. 특별히 공작새를 좋아한답니다.

「**헤라**」 17세기 네덜란드 화가 렘브란트의 작품이다. 해머 미술관 소장

제우스의 아내인 헤라는 제우스의 막내 누나다. 제우스가 헤라에게 결혼해 달라고 했을 때 헤라는 제우스가 바람둥이라서 싫다며 거절했다.

제우스는 작은 뻐꾸기로 변신해 길가 풀숲에 쓰러져 있었다. 헤라가 불쌍한 뻐꾸기를 안아주는 순간 뻐꾸기가 제우스로 변했다. 제우스가 또다시 결혼해달라고 하자 헤라는 자신만을 정식 아내로 대접한다는 조건으로 청혼을 받아들였다. 그리스 신화의 많은 사건들이 제우스의 바람기와 헤라의 복수로 일어난다.

할머니 가이아는 면사포를 쓴 헤라에게 결혼 선물로 불멸의 황금 사과가 열리는 나무 한 그루를 주었다.

헤라는 세상의 서쪽 끝에 있는 비밀 정원에 사과나무를 심고 머리가 백 개나 되는 라돈이라는 용에게 지키게 했다. 정원은 아틀라스의 딸들인 세 요정 헤스페리스들에게 가꾸게 했다.

테미스: 제우스의 두 번째 아내입니다. 계절의 여신, 운명의 여신, 정의의 여신을 딸로 두었지요.

라틴어로 영웅(Heros)의 여성형에 해당하는 헤라(Hera)는 올림포스 시대 이전에 '위대한 땅의 어머니 신'으로 숭배되었다. 원시 모계 사회를 대표하던 여신이 결혼과 출산의 여신이 된 것은 당시 모권 사회에서 부권 사회로 이행하고 있었다는 것을 말해준다.

제우스의 두 번째 아내는 이치와 질서의 여신 테미스다. 양손에 저울과 칼을 들고 있는 모습으로 묘사된다.

인간의 운명을 주관하는 모이라이 세 자매 플랑드르 화가 피에테르 타이스의 「시간과 운명의 세 자매」다. 제네바 미술 · 역사 박물관 소장

제우스와 테미스 사이에서 계절의 여신인 호라이 세 자매와 운명의 여신 모이라이 세 자매, 정의의 여신 아스트라이아가 태어났다. 올림포스 산에서 신들의 회의를 소집하고 연회를 주관하였다.

운명의 여신인 모이라이 3자매는 모든 인간의 운명과 수명을 주관한다. 맏이인 클로토가 운명의 베를 짜면 둘째인 라케시스가 인간에게 운명을 나누어 주고 막내인 아트로포스가 가위로 실을 잘라 운명을 거두어들인다.

호라이: 계절의 여신 호라이예요. 거품에서 태어난 아프로디테에게 외투를 씌워 주며 맞이하였지요.

「비너스의 탄생」 중 일부분 15세기 산드로 보티첼리의 작품. 우피치 미술관 소장

계절의 여신인 호라이는 올림포스 산에서 구름의 문을 지킨다. 천상의 신들이 지상으로 내려가거나 올라올 때 호라이는 구름의 문을 여닫는다. 호라이가 변함이 없는 질서와 사물들 사이의 올바른 관계를 유지하여 4계(四季)가 돌아가도록 하는데, 그 결과 평화로운 풍년이 찾아온다.

호라이는 아프로디테를 봄의 꽃과 이슬의 보석으로 꾸미고 태양신 헬리오스의 말을 수레에 매고 또 수레에서 풀어주기도 한다.

5 바다의 신 포세이돈

포세이돈: 말을 잘 기르고 수를 늘려 생활에 유익하게 하라.

○ 「넵튠의 말」 19세기 영국 화가 월터 크레인의 작품이다. 포세이돈은 로마신화의 넵튠과 같다. 말들이 수면 위를 달릴 때면 바다는 잠잠해졌다. 지나가는 마차 주위로 깊은 바다의 괴물들이 솟아올라 뛰어놀았다. 파리 장식미술박물관 소장

○ 포세이돈 루브르 박물관 소장

제우스의 큰형인 포세이돈은 주로 바다를 지배했다. 제우스 다음으로 힘이 센 포세이돈이 삼지창으로 땅을 치면 온 땅이 흔들리거나 갈라졌다. 바다를 치면 거대한 파도가 하늘로 치솟았다.

포세이돈은 인간에게 처음으로 말을 선물해서 인간의 환심을 샀다. 포세이돈은 말을 창조했기 때문에 경마의 수호신이기도 하다. 포세이돈이 타던 말은 청동 발굽에 황금 갈기를 지니고 있었다.

포세이돈은 황소와도 관련이 있다. 포세이돈이 크레타 섬의 미노스왕에게 황소를 보냈는데, 그 황소 때문에 왕비가 괴물을 낳게 된다.

포세이돈: 지진과 해일로 대지를 뒤흔드는 힘이 내게 있습니다.

「대지와 물의 결합」 17세기 플랑드르 화가 페테르 루벤스의 작품이다. 왼쪽은 대지의 여신 레아(티탄족이자 포세이돈의 어머니), 오른쪽은 바다의 신 포세이돈이다. 포세이돈에게는 '대지를 뒤흔드는 자'라는 별명이 있다. 지진과 해일을 일으키기 때문이다. 한편 포세이돈 아래에서 소라고둥을 불고 있는 남자는 포세이돈과 암피트리테의 아들 트리톤이다. 트리톤은 해마를 타고 다녔다. 러시아 상트페테르부르크 에르미타슈 미술관 소장

6 저승 세계의 신 하데스

하데스: 페르세포네, 지하 세계의 왕비가 되어주시오.

「**페르세포네의 납치**」 17세기 네덜란드 화가 렘브란트의 작품이다. 하데스가 페르세포네를 납치하는 장면이다. 베를린 국립 회화관 소장

하데스는 제우스의 작은형이다. 사람이 죽으면 가게 되는 저승의 세계를 관장하므로 올림포스에는 얼굴을 드러낼 일이 거의 없어 올림포스 12신에는 속하지 않는다. 형 포세이돈과 동생 제우스와 함께 티탄신족을 물리쳤다.

하데스는 '부유한 자'라는 의미를 지닌 '플루톤'이란 별칭으로 불렸다. 땅 속에는 금이나 은과 같은 귀금속이 묻혀 있기 때문이다. 로마인들은 플루톤을 플루토라고 불렀다. 데메테르의 딸 페르세포네를 지하 세계로 납치해 아내로 삼았다.

저승 세계는 수문장 케르베로스가 지키고 있었으므로 죽은 영혼이 아니면 통과할 수 없었고 이미 들어간 망령은 나올 수 없었다. 살아 있는 사람이 저승 세계로 들어간 경우가 없지는 않았다.

에우리디케를 구하러 간 오르페우스는 아름다운 수금으로 케르베로스를 진정시켰고, 12과업을 완수하러 간 헤라클레스는 한쪽 목을 졸라 지상으로 끌고 왔다가 다시 돌려보냈다.

케르베로스와 함께 뱃사공 카론도 지하 세계를 지킨다. 인간이 죽으면 영혼을 인도하는 헤르메스를 따라 지하 세계의 경계까지 내려가게 된다. 영혼은 이곳에서 만난 뱃사공 카론에게 1오볼로스를 주고 아케론 강부터 스틱스 강까지 건너갔다. 고대 그리스인들은 장례를 치를 때 영혼이 지하 세계로 가는 강을 건너도록 시신의 혀 밑에 1오볼로스를 끼워주었다.

✪ 「**스틱스 강을 건너며**」 16세기 플랑드르의 화가 요아힘 파티니르의 작품이다. 강 왼쪽은 평화로운 낙원으로, 오른쪽은 불길이 타오르는 지옥으로 표현되어 있다. 마드리드 프라도 미술관 소장

✪ 「**사슬에 묶인 케르베로스를 잡고 있는 지옥의 신 플루토**」 18세기 프랑스 조각가 오귀스탱 파주의 작품이다. 하데스는 로마신화의 플루토와 같다. 루브르 박물관 소장

1 지혜와 전쟁의 여신 아테나

제우스: 프로메테우스여, 두통으로 죽을 것만 같네. 아테나가 산달이 찼는지 요동을 치는군. 제발 그 도끼로 내 머리를 쪼개주게.

「**제우스의 머리 속에서 무장한 채 태어난 미네르바**」 17세기 프랑스 화가 르네 앙투안 우아스의 작품이다. 아테나는 로마신화의 미네르바와 같다. 베르사유 궁전 소장

　바람둥이 제우스는 아내인 헤라의 눈을 피해 백조나 황소로 변하면서까지 여신이나 아름다운 여인들과 사랑을 나누었다. 헤라의 눈을 피해 바람을 피우고 다닌 제우스는 헤라를 정실부인으로 두기 이전에도 이미 두 번이나 결혼했었다.

　제우스의 첫 아내는 지혜의 여신 메티스다. 제우스는 메티스가 임신하자 통째로 삼켜버렸다. 메티스에게서 제우스를 대신할 지배자가 태어난다는 예언을 들었기 때문이다. 그런데 자식을 삼킨 아버지 크로노

스와는 달리 지혜의 여신인 메티스를 삼킨 제우스는 지혜와 분별력을 갖게 되었다.

어느 날 제우스는 심한 두통에 시달렸다. 제우스는 프로메테우스에게 도끼로 자신의 머리를 쪼개달라고 부탁했다. 프로메테우스가 도끼로 제우스의 머리를 가르자 그 속에서 여신 아테나가 갑옷을 입은 채 함성을 지르며 튀어나왔다. 아테나는 메티스를 닮아 지혜와 전쟁의 여신이 되었다. 전쟁의 여신이기는 하지만 오직 방어를 위한 전쟁에만 관여했다. 폭력을 좋아하는 아레스와는 달랐다.

「팔라스 아테나」 19세기 오스트리아 화가 구스타프 클림트의 작품이다. 빈 미술관 카를스플라츠 소장

파르테논 신전 아테네의 아크로폴리스에 있는 신전이다. 아테네인들이 수호 여신인 아테나에게 바친 것이다.

파르테논의 아테나: **투구 위에 스핑크스가 앉아 있지요.**

「**파르테논의 아테나**」 아테나 여신의 우아함이 잘 드러난다. 투구 위에 얹혀 있는 스핑크스가 특히 눈에 띈다. 아테네 국립 고고학 박물관 소장

    고대 그리스 신전인 파르테논에는 페이디아스가 만든 아테나 상이 세워져 있었다. 높이 약 12미터의 아테나 여신은 서 있는 모습으로 표현되어 있었다.

    한 손에는 창을 쥐고 다른 손은 승리의 여신상을 쥐고 있었는데, 특히 투구가 아주 화려했다. 투구 위에는 스핑크스가 장식되어 있었다. 제우스 상과 마찬가지로 금과 상아로 만들어졌다. 눈은 대리석인데, 눈동자를 표현하기 위해 색을 칠한 듯하다.

    파르테논 신전 외벽에는 여러 조각상이 새겨져 있었다. 영국 런던의 대

영 박물관에 소장되어 있는 엘긴 대리석도 파르테논 신전에 있던 조각상의 일부다. 엘긴 대리석은 1811년에 영국의 엘긴경이 수집해온 것이다.

페이디아스가 제작한 제우스와 아테나 조각상은 현재 남아 있지 않다. 현존하는 다른 여러 조각상과 흉상은 페이디아스의 조각상의 영향을 받았으므로 페이디아스가 두 신의 모습을 어떻게 표현했는지 짐작할 수 있다. 장엄하고 위엄이 깃든 아름다움이 때로는 역동적으로 때로는 차분하게 표현되었을 것이다.

파르테논 신전은 1000년 먼저 세워진 이집트 룩소르의 카르낙 신전과 여러 가지로 닮았다. 하지만 134개의 열주(列柱)로 이뤄진 카르낙 신전의 장대함과 정교함은 파르테논 신전을 압도한다. 파르테논 신전이 왜소해 보일 정도다.

신화의 역사를 자세히 들여다보면 이집트의 많은 신들이 그리스와 로마의 신으로 바뀌어 있는 것을 알 수 있다. 사랑의 여신 하토르는 아프로디테가 되었고 직물의 창조신 네이트는 아테나 여신이 되었다. 무릇 사상이란 교류와 교감의 산물이다. 완전히 홀로 떨어진 섬은 없다.

카르낙 신전 이집트 룩소르에서 북쪽으로 약 3km 떨어져 있는 카르낙 신전은 현재 남아있는 고대 이집트 신전 가운데 최대 규모의 신전이다.

2 대장간의 신 헤파이스토스

헤파이스토스: 제우스와 헤라의 맏아들이오. 다리를 절지만 내 손재주는 어느 신도 따를 수 없어요. 가장 아름다운 여신인 아프로디테가 내 아내라오.

「제우스의 번개를 만드는 헤파이스토스」 17세기 플랑드르 화가 페테르 루벤스의 작품이다. 프라도 미술관 소장 제우스와 헤라 사이에서 4명의 자녀가 태어났다. 그중 불과 대장간의 신 헤파이스토스와 전쟁의 신 아레스는 올림포스 12신이 됐다.

헤파이스토스는 절름발이다. 제우스와 헤라의 부부 싸움에서 헤라 편을 들었다가 제우스의 노여움을 사서 지상으로 내던져지는 바람에 절름발이가 됐다. 헤파이스토스는 하루 종일 걸려 에게 해에 있는 렘노스 섬에 떨어졌다. 절름발이가 된 것이 다른 이유 때문이라는 이야기도 있다. 아주 못생긴 모습으로 태어나서 헤라가 궁전 밖으로 던져 한쪽 다리를 절게 되었다고도 한다.

헤파이스토스는 못생긴 절름발이지만 신들의 무기와 장신구를 만들어 주었다. 갑옷과 전차도 만드는 대장장이 신이자 뛰어난 건축가다. 한마디로 못 만드는 게 없었다. 렘노스 섬의 대장간에서는 세 명의 키클롭스가 조수 노릇을 했다. 신들이 사는 집을 청동으로 만들었고 신들이 하늘이나 물 위를 걸을 수 있게 황금 신발도 만들었다. 황금 신발을 신으면 이곳저곳을 바람처럼 빠르게 다닐 수 있었다.

헤파이스토스는 의자든 식탁이든 드넓은 궁전 안팎을 스스로 돌아다니는 물건을 만들었다. 황금 시녀를 만들어 정신을 불어넣고 시중을 들게도 했다.

헤파이스토스는 신들 중 가장 못생겼다고 묘사된다. 그런데도 가장 아름다운 여신인 아프로디테를 아내로 맞았다. 고대 그리스인의 균형 감각을 보여 주는 사례라 할 수 있다.

「**대장간의 헤파이스토스**」 기욤 쿠스투 1세의 작품이다. 루브르 박물관 소장

3 전쟁의 신 아레스

헤파이스토스: 지금 무엇들 하는 짓이냐? 여러 신들이 보이지도 않느냐?

아프로디테: 아레스님, 남편 헤파이스토스가 렘노스 섬으로 갔으니 안심하세요.

헤르메스: 아레스가 엉큼한 짓을 하다 발각됐지만 부러운 건 왜지?

「헤파이스토스를 보고 놀라는 아레스와 아프로디테」 16~17세기 네덜란드 화가 요아킴 브테바엘의 작품이다. 마우리트하위스 왕립 미술관 소장 아테나는 정의를 위해 싸우는 전쟁의 여신이지만 아레스는 잔인한 전쟁의 신이었다.

아레스는 포보스와 데이모스라는 아들을 부하로 데리고 다녔다. 공포증을 의미하는 포비아(phobia)는 포보스에서 나온 말이다. 지구에서 가장 가까운 행성인 마르스(Mars)는 아레스의 라틴어 이름이다.

아레스는 키도 크고 잘생긴 전쟁의 신이지만 잔인하고 오만해서 신들이 싫어했다. 미와 사랑의 여신인 아프로디테는 아레스의 겉모습에 반했다. 자식이 둘씩이나 있는 아레스는 아프로디테를 벌건 대낮에 산속으로 꾀여내 밀회를 즐겼다. 태양신이 이 꼴을 보다 못해 헤파이스토스에게 고자질했다. 헤파이스토스는 여러 날에 걸쳐 청동 실그물을 만든 다음 아프로디테의 침대에 그물을 쳤다.

헤파이스토스가 며칠간 렘노스 섬에 다녀와야겠다며 집을 나서자 아프로디테는 이때다 싶어 아레스를 침대로 불러들였다.

밤새 밀회를 즐기던 둘 앞에 헤파이스토스가 제우스, 헤르메스, 아폴론, 포세이돈까지 대동한 채 나타났다. 깜짝 놀란 둘은 후다닥 침대에서 일어났지만 청동 실그물에 걸려 꼼짝할 수 없었다. 헤르메스와 아폴론은 내심 아프로디테와 함께 있는 아레스가 부러웠다. 제우스와 포세이돈이 설득에 나서 헤파이스토스는 사과와 보상을 받았고, 둘을 풀어주었다.

「아레스」 이탈리아 빌라 박물관 소장

1 태양, 궁술, 예언, 의술, 음악의 신 아폴론

아폴론: 빛, 태양, 이성과 예언, 의술, 궁술, 시, 음악 등이 다 내 손안에 있었지요. 고대 그리스인들이 살아가는 데 가장 가치 있는 것으로 꼽는 것들이었어요.

「**아폴론과 디아나**」 16세기 독일 화가 루카스 크라나흐의 작품이다. 로마신화의 디아나는 그리스 신화의 아르테미스에 해당한다. 런던 로얄 컬렉션 소장

　제우스가 레토와 바람을 피워 태어난 신이 태양신 아폴론과 달의 여신 아르테미스다. 헤라는 자기 자식들보다 레토가 낳은 아이들이 더 위대해질 것이라는 것을 알았다. 질투심을 못 견딘 헤라는 출산 장소를 얻지 못하게 방해했고 출산의 여신이 레토에게 가는 것을 막기도 했다.

　레토는 만삭의 몸으로 육지와 바다를 헤매고 다녀야 했다. 레토가 9일 동안이나 산고를 겪고 낳은 아폴론과 아르테미스는 올림포스 12신이 된다.

아폴론: 피톤! 내 활을 받아라. 네놈이 헤라에게 협조해 내 어머니 레토가 나를 낳는 것을 방해했지.

「**아폴론과 피톤**」 17세기 플랑드르 화가 코르넬리스 데 보스의 작품이다. 피톤을 죽이는 아폴론의 모습을 묘사했다. 프라도 미술관 소장

파르나소스 산에 사는 피톤이라는 큰 뱀은 사람들에게 두려움의 대상이었다. 제우스가 인간 세계에 내린 대홍수 이후 땅이 비옥해지자 온갖 생명체가 생겨났는데 피톤도 그중 하나였다. 피톤은 대지의 여신 가이아의 성소인 델포이를 지키는 뱀이었다. 헤라가 레토의 출산을 막으려 할 때 피톤도 제우스의 아들이 자신의 목숨을 앗아갈 것이라는 신탁을 듣고 헤라를 도왔다.

피톤은 신탁소를 지키며 그곳에 오는 사람들을 마구 죽였다. 제우스가 피톤의 횡포를 보다 못해 태어난 지 나흘 밖에 안 된 아폴론에게 지시했다. "델포이로 가서 피톤을 없애고 그곳에 신전을 세우도록 하라."

피톤은 아폴론의 원수였다. 레토가 아폴론을 낳으려 할 때 피톤은 헤라의 명령을 받고 아폴론을 잡아먹으려고 쫓아다녔다.

아폴론이 델포이로 달려가 피톤에게 은빛 화살을 쏘았다. 피톤이 불과 독을 내뿜으며 덤볐지만 궁술의 신인 아폴론의 화살이 모두 피톤의 몸에 명중했다. 결국 피톤은 피를 토하며 쓰러져 죽었다. 그 후 사람들은 마음 놓고 신탁소에 드나들 수 있었다.

아폴론은 델포이에 신전을 짓게 하고 이를 기념하려고 '피톤 경기'를 개최했다. 역도, 육상, 마차 경주의 우승자에게는 너도밤나무로 만든 관을 씌워 주었다. 이때는 아폴론이 월계수를 자신의 나무로 삼기 전이다.

피톤을 처치한 아폴론은 델포이의 새 주인이 됐다. 아폴론은 암컷 피티아는 죽이지 않고 인간의 모습으로 바꾸어 신탁을 전하게 했다. 이때부터 아폴론의 델포이 신탁이 시작되었고 인간들은 가이아의 뜻이 아닌 제우스의 뜻을 받들었다. 사람들은 큰일이 생기면 신탁을 들으러 델포이의 신탁소를 찾곤 했다. 신탁은 다음과 같이 내려졌다. 사제는 신탁소의 갈라진 땅 옆에 삼발이 의자를 놓고 앉아 있었고, 땅의 갈라진 틈으로 가스가 솟았다. 사제는 가스를 마셔 정신이 몽롱해지면 땅속에서 울려 나오는 목소리를 듣고 그 뜻을 전했다. 신탁은 대부분 알쏭달쏭했다.

델포이의 여사제 19세기 영국 화가 존 콜리어의 작품이다. 사우스 오스트레일리아 미술관 소장

벨베데레의 아폴론: **로마 교황청의 벨베데레라는 방에 놓여 있어 벨베데레라는 이름이 붙었어요.**

「**벨베데레의 아폴론**」 그리스 조각가 레오카레스가 만든 작품의 모작으로 추정된다. 원래 청동으로 만들어졌는데 로마 시대에 대리석으로 재현한 것으로 보인다. 바티칸 미술관 소장

「벨베데레의 아폴론」은 아폴론이 괴물 피톤에게 화살을 쏘는 순간을 나타낸다. 현존하는 고대 조각상 중 가장 높은 평가를 받는 작품이다. 1세기 무렵 로마 시대 작품으로 추정된다. 키는 2미터가 넘고 목에서 왼팔까지 걸친 망토 이외에는 나체이다. 활을 잡고 있었던 왼팔은 길게 뻗어 있고, 얼굴은 팔 방향을 바라보고 있다. 이제 막 의기양양하게 앞으로 나아가려고 하는 청년 아폴론의 얼굴에는 완벽한 남성미와 자신감이 흘러넘친다. 위엄이 서려 있는 균형 잡힌 자세는 보는 사람을 압도한다.

2 도도한 사냥의 여신 아르테미스

아르테미스: 달과 사랑의 여신이에요. 아폴론의 쌍둥이 자매이지요.

「**사냥의 여신 아르테미스**」 16~17세기 네덜란드 화가 코르넬리스 판 하를럼의 작품이다. 이마에 초승달이 있는 달의 여신 아르테미스의 모습이다. 미네아폴리스 미술관 소장

달의 여신 아르테미스는 순결한 처녀의 신이다. 아르테미스는 세 살이 되자 아버지 제우스에게 선물을 달라고 졸랐는데, 그 선물은 다름아닌 영원한 처녀성이었다.

아르테미스는 사냥의 여신으로 활쏘기의 명수이기도 하다. 차고 기우는 달의 모습이 활과 비슷하다. 달빛이 비치는 숲 속에서 요정들과 사냥개를 데리고 사슴을 쫓곤 했다.

아르테미스는 임신하는 여성이나 출산하는 여성은 좋아하지 않는다. 임신한 여성의 배가 팽팽하게 당겨진 활시위와 비슷하기 때문일까. 제우스에게 순결을 빼앗긴 칼리스토를 곰으로 변하게 했다.

　루브르 박물관에 있는 「암사슴과 함께 있는 아르테미스 상」은 벨베데레의 아폴론 상과 쌍벽을 이루는 작품이다. 자세나 크기, 표현 방식도 아폴론 상과 유사하다.

　신나게 사냥을 다니는 아르테미스의 표정에는 사냥에서 오는 흥분감이 드러나 있다. 아르테미스의 왼손은 바로 옆에서 달리고 있는 암사슴의 머리까지 뻗어 있다. 몸을 돌려 오른손으로 등 뒤 화살통에서 화살을 뽑으려는 순간의 모습은 긴장감을 자아낸다. 아르테미스의 사슴들 가운데 한 마리가 아르골리스 지방을 쑥대밭으로 만든 일이 있었다. 헤라클레스가 사슴을 사로잡아 피해를 막았다. 이 일은 헤라클레스의 세 번째 과업이었다.

3 포도주의 신 디오니소스

「세멜레의 죽음」 17세기 플랑드르 화가 페테르 루벤스가 그린 제우스와 세멜레다. 벨기에 왕립 미술관 소장

디오니소스의 어머니인 세멜레는 헤라의 질투로 인해 참혹하게 타 죽은 여신이다. 하루는 헤라가 유모로 변해 세멜레에게 와서 말했다. "제우스가 헤라를 찾을 때는 천둥소리와 번갯불에 싸여 나타난답니다."

여신의 도발에 넘어간 세멜레는 제우스에게 자신을 찾을 때도 헤라와 있을 때의 모습 그대로 있어달라고 간청했다. 제우스가 신의 제왕의 모습으로 변하자 세멜레는 그 광채를 견디지 못하고 타 죽고 말았다.

제우스는 불에 탄 세멜레의 태내에서 6개월밖에 안 된 디오니소스를 꺼내 자신의 허벅지에 넣어 키웠다. '어머니가 두 명'이라는 뜻의 디오니소스라는 이름은 여기서 유래한다.

디오니소스: 풍요와 포도주의 신이에요. 사람들을 술에 취하게 하기도 하지만, 사교에 도움을 주기도 하지요.

「**바쿠스의 승리**」 17세기 프랑스 화가 니콜라 푸생의 작품이다. 로마신화의 바쿠스는 그리스신화의 디오니소스에 해당한다. 넬슨-앳킨스 미술관 소장

　성장한 디오니소스는 포도나무를 발견하고 포도주 만드는 방법을 알아냈다. 하지만 헤라의 질투 때문에 미치고 말았다. 미치광이가 된 디오니소스는 이집트와 시리아 등지로 방황의 길을 떠났다. 마침내 광기를 치료한 디오니소스는 인간에게 포도 재배 방법을 가르쳤다.

　디오니소스를 위한 제사 의식에는 집단적 열광과 흥분이 수반되곤 했다. 연극은 디오니소스에 대한 의식이 그리스에 전해져서 발생했다고 한다. 디오니소스는 '합리적 이성'을 상징하는 아폴론과는 달리 '창조성을 강조하는 현대 정신'을 상징한다.

4 전령의 신 헤르메스

헤르메스: 눈치가 빨라 헤라조차 아들처럼 총애한 전령의 신 헤르메스예요. 저는 아프로디테와 사랑을 나누었지요.

「**헤르메스**」18세기 프랑스 조각가 장 밥티스트 피갈의 작품이다. 루브르 박물관 소장

　제우스가 아틀라스의 딸 마이아와 바람을 피워 낳았는데도 헤르메스는 헤라의 사랑을 받았다. 눈치가 빠르고 말솜씨가 좋았던 헤르메스는 태어나자마자 헤라의 무릎에 앉았는데, 이때 헤라가 자신의 젖을 먹였다. 이후 헤라의 귀여움을 독차지한 헤르메스는 올림포스 12신 중 한 명이 됐다.

　헤르메스는 제우스의 전령이자 상업과 여행자의 신이다. 장사를 주관하기도 하고, 레슬링이나 여러 운동을 주관하기도 했다. 심지어 도둑질 등 손재주가 필요한 것도 모두 주관했다. 태어난 지 얼마 안 되어 요람에서

빠져나와 아폴론의 소를 훔쳤는데, 이때 뒤를 밟히지 않도록 소의 꼬리를 끌고 뒷걸음질을 치게 했다.

헤르메스는 다산과 풍요의 신이기도 하다. 아프로디테와 관계하여 남녀 양성의 헤르마프로디토스를 낳았다.

리라(악기)는 헤르메스가 발명했다고 한다. 어느 날 헤르메스는 거북 한 마리를 잡았는데, 껍질 양쪽 모서리에 구멍을 내고 그 사이에 줄을 걸어 리라를 완성했다.

아홉 개의 줄은 아홉 명의 뮤즈를 상징한다. 헤르메스는 리라를 아폴론에게 선물했다. 리라의 음색에 감동한 아폴론은 하프를 얻는 대신 자기의 소를 훔친 것을 용서했다고 한다. 아폴론은 그 답례로 두 마리의 뱀이 감긴 케리케이온 지팡이를 선물했다.

헤르메스는 케리케이온을 들고 다녔으며, 날개 달린 모자를 쓰고 날개 달린 신발도 신고 있었다.

「**헤르메스**」 17세기 플랑드르 화가 페테르 루벤스의 작품이다. 프라도 미술관 소장

5 아름다움의 여신 아프로디테

제피로스: 나는 서풍의 신이에요. 아프로디테를 키프로스 섬까지 바람으로 보냈지요.

아프로디테: 크로노스가 우라노스의 남근을 베어 바다에 던졌는데, 주변에서 일어난 거품에서 태어났어요.

호라이: 아프로디테에게 외투를 입혀야겠어요.

「비너스의 탄생」 15세기 이탈리아 화가 산드로 보티첼리의 작품이다. 로마신화의 비너스는 그리스신화의 아프로디테에 해당한다. 우피치 미술관 소장

올림포스 12신 중 제우스와 직접적인 혈연관계가 없는 신도 있다. 크로노스가 우라노스의 남근을 베어 바다에 던졌는데, 생식기 주변에서 일어난 거품 속에서 아프로디테가 태어났다.

바다의 신은 거대한 조개껍데기를 밀어 올려 여신을 태웠다. 서풍의 신 제피로스는 조개를 키프로스 섬으로 보냈다. 마침 이 섬에 있던 계절의 여신 호라이 세 자매 중 맏이가 여신에게 아름다운 옷을 입혀주고는 '거품에서 태어난 여신'이라고 해서 아프로디테라는 이름을 붙여주었다. 아프로디테는 꽤 음란했는데 이 때문에 키프로스 섬 여성들도 웃음을 파는 여성으로 여겨졌다.

제우스는 아프로디테를 가장 못생긴 절름발이 신인 헤파이스토스와 결혼시켰다. 신들은 저마다 아프로디테를 아내로 삼으려 했지만 제우스는 헤파이스토스를 아프로디테의 신랑으로 정했다. 헤파이스토스가 번개를 만들어준 데 대한 보답이었던 것이다. 그래서 가장 아름다운 여신은 가장 못생긴 신의 아내가 되었다.

밀로의 비너스

밀로스 섬에서 한 농부가 발견한 '밀로스 섬의 아프로디테'는 여성의 이상적인 몸매를 보여준다. 얼굴의 길이가 몸 전체 길이의 8분의 1이 되는 8등신이라는 말이 이 조각상에서 생겼다. 이 조각상의 배꼽을 기준으로 윗몸과 아랫몸의 비율은 1대 1.618의 황금 분할을 이룬다. 그리스 아테네의 파르테논 신전도 황금 분할을 적용한 건축물이다. 주민등록증, 신용카드, 명함 등도 두 변의 비가 황금 분할에 가깝다.

아프로디테: 남편 헤파이스토스에게 만족하지 못해 전쟁의 신 아레스와 사랑을 나누었어요. 올림포스의 신들이 나에게 정신을 빼앗기자 제우스가 나를 인간인 트로이 왕자 안키세스를 사랑하게 만들었지요.

「**아프로디테와 아레스**」 15세기 화가 보티첼리의 작품이다. 내셔널 갤러리 소장

　사랑과 욕망을 주관하는 아프로디테는 전쟁의 신 아레스와 밀애를 즐겼다. 아프로디테는 헤르메스와도 사랑을 나누어 헤르마프로디토스(Hermaphroditos)와 에로스를 낳았다. 에로스의 아버지가 아레스라는 설도 있다. 아프로디테 곁에는 아들인 에로스가 수행원처럼 붙어 다닌다. 에로스는 활을 메고 다니면서 소망의 화살을 신과 인간의 가슴에 쏘아댔다.

　아프로디테는 신이 아닌 인간 안키세스를 유혹해서 동침하기도 했다. 이때 낳은 자식이 아이네이아스인데, 트로이 전쟁의 영웅인 아이네이아스는 훗날 로마인의 조상이 된다.

　헤르마프로디토스는 열다섯 살 때 여행을 하다 물의 님프 살마키스를 만났다. 살마키스는 소년을 보고 욕정에 사로잡혀 유혹하려 했으나 거절당했다. 헤르마프로디토스는 살마키스가 가버렸다고 생각하고 옷을 벗고 연못에 들어가 목욕을 했다. 나무 뒤에 숨어 있던 살마키스가 연못에 뛰어

「**헤르마프로디토스와 님프 살마키스**」 헤르마프로디토스를 유혹하는 님프 살마키스의 모습이다. 16세기 플랑드르 화가 바르톨로메우스 슈프랑거의 작품이다.

들어 아름다운 몸매의 소년을 휘감고 강제로 입을 맞추었다. 소년이 몸부림치자 살마키스는 둘이 절대로 떨어질 수 없도록 만들어 달라고 신들에게 기도했다. 그녀의 소원이 이루어져 두 사람의 몸은 하나가 되어 양성을 갖춘 존재가 되었다.

3 사랑의 영원한 본질 | 아폴론과 다프네, 피라모스와 티스베, 케팔로스와 프로크리스

사랑은 맹목적이다. 하지만 맹목적인 사랑은 대부분 일방적이기 때문에 안타깝게 끝난다. 한쪽은 애태우지만 다른 한쪽은 관심도 가지지 않는다. 다프네를 쫓아가는 아폴론이 그러하다.

사랑은 깊다. 하지만 깊은 사랑은 대부분 의심 때문에 허무하게 끝난다. 케팔로스와 프로크리스가 그러하다.

사랑은 순수하다. 하지만 순수한 사랑은 대부분 오해 때문에 비극으로 끝난다. 피라모스와 티스베가 그러하다.

우리는 이 세 가지 사랑에서 사랑의 기술을 배울 수 있지 않을까. 그들의 애달픈 사랑 이야기에 귀 기울여보자.

신탁소를 지키는 뱀 피톤이 갈라진 틈을 가로막자 아폴론은 피톤을 죽이고 신탁소를 차지했다. (아폴로도로스 『도서관』)

나무여, 우리를 기억하소서. 우리의 피로 열매를 검게 물들여 사람들이 이 비극을 기억하게 하소서. (오비디우스 『변신 이야기』)

바로 이 창이 나를 울게 합니다. 내가 오래 산다면 나는 오랫동안 울 것입니다. 이 창이 나와 사랑하는 아내를 파멸시켰습니다. 내가 왜 이것을 선물로 받았을까요? (오비디우스 『변신 이야기』)

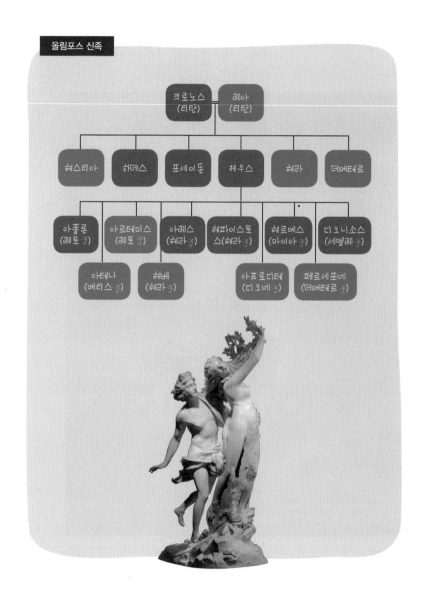

올림포스 신족

1 궁술의 신 아폴론, 에로스의 화살에 맞다

아폴론: 이런 위험한 무기는 꼬마가 들고 있는 게 아니란다. 이런 건 나 같은 아폴론이 들고 다녀야지. 내가 활로 무시무시한 왕뱀을 해치웠거든!

에로스: 당신의 화살은 모든 걸 맞출 수 있지만 정작 당신 자신은 맞출 수 없지요. 내가 쏜 화살은 당신을 맞출 수 있답니다.

「**아폴론과 피톤**」 17세기 독일 출신 플랑드르 화가 얀 보에코르스트의 작품이다. 피톤을 밟고 있는 아폴론에게 에로스가 말을 건다.

피톤을 무찔러 한껏 우쭐해진 아폴론이 어느 날 활과 화살통을 지니고 다니는 꼬마 에로스를 만났다. 에로스는 미의 여신 아프로디테의 아들이자 사랑의 신이었다. 에로스의 화살통에는 화살촉이 금으로 된 금 화살과 납으로 된 납 화살이 있었다. 금 화살을 맞으면 그 후 처음 본 이성을 사랑하게 되고 납 화살을 맞으면 그 후 처음 본 이성을 싫어하게 된다.

아폴론은 에로스의 화살이 어린 에로스에게는 어울리지 않는다고 생각했다. 피톤을 물리치고 의기양양한 아폴론이 에로스를 얕잡아본 것이다.

아폴론은 에로스가 활과 화살을 갖고 노는 모습을 보고 말했다. "꼬마에게 활은 어울리지 않아. 나는 이 활로 왕뱀 피톤을 쏘아 죽였어. 사랑의 불을 일으키는 데는 화살보다 횃불이 더 어울린단다."

에로스는 기분이 상해 이렇게 대꾸했다. "당신의 화살이 왕뱀을 맞혔다면 내 화살은 당신을 맞힐 수 있어요."

이때 숲속에서 님프 다프네가 나타났다. 심술이 발동한 에로스는 납 화살로 다프네의 가슴을 쏘았다. 아폴론의 가슴에는 금 화살을 명중시켰다.

아폴론은 다프네에게 반했지만 다프네는 아폴론을 싫어하게 되었다. 에로스의 심술이 슬픈 인연을 엮어낸 것이다.

「**승리자 에로스**」 16세기 이탈리아 화가 카라바조의 작품이다. 프라도 미술관 소장

2 아폴론, 다프네를 쫓아다니다

다프네: 저는 평생 처녀로 살 거예요. 아르테미스 여신처럼 말이죠. 제발 저를 놓아주세요.

아폴론: 날 피해 도망치지 마세요. 사랑하기 때문에 뒤쫓는 거랍니다. 나는 제우스의 아들이며 델포이의 군주랍니다. 현재와 미래의 일도 훤히 알고 있지요. 나는 음악의 신이기도 해요. 내가 화살을 쏘면 백발백중이에요. 하지만 에로스의 화살이 내 가슴을 꿰뚫었어요. 나는 의술의 신이지만 이제 제 병은 어떤 약으로도 고칠 수 없어요!

「**아폴론과 다프네**」 17세기 이탈리아 화가 프란체스코 알바니의 작품이다. 다프네를 쫓아가는 아폴론의 모습이다. 루브르 박물관 소장

다프네는 강의 신인 페네이오스의 딸이었다. 아름다운 다프네에게 구혼하는 남자들이 줄을 이었지만 다프네는 모두 차갑게 물리쳤다.

아버지는 손자를 보고 싶어 결혼하라고 재촉했지만 다프네는 고집을 부렸다. "저도 달과 사냥의 여신 아르테미스 님처럼 결혼하지 않고 처녀로 있고 싶어요."

엘리스의 왕자 레우키포스가 아름다운 님프 다프네를 사랑했다. 다프네가 냉담하게 대하자 여자로 꾸미고 님프들 사이에 몰래 들어갔다. 아폴론

은 다프네를 사랑하고 있었기 때문에 레우키포스에게 강한 질투심을 느꼈다. 신의 질투는 질투로 끝나지 않는 법이다.

아폴론은 님프들이 목욕을 하도록 유도했다. 레우키포스는 바로 남자임이 드러나고 말았다. 화가 난 님프들이 달려들어 레우키포스를 갈기갈기 찢어 죽였다.

연적 레우키포스를 제거한 아폴론은 다프네를 따라다녔다. 아폴론은 다른 이들의 운명을 내다보는 예언의 신이면서도 정작 자신의 운명은 알지 못했다.

아폴론은 별보다 더 빛나는 다프네의 눈과 예쁜 입술을 보고 또 보았다. 손과 팔을 거쳐 미끈하게 드러난 어깨를 보면서 애를 태웠다.

아폴론이 용기를 내어 다가가자 다프네는 줄행랑을 쳤다. 다프네의 옷자락은 바람에 훌렁훌렁 나풀거리고 머리카락은 찰랑찰랑 나부꼈다. 달아나는 모습이 아폴론에게는 더 매력적으로 다가왔다.

아폴론: 훌렁훌렁 나풀거리는 옷자락, 찰랑찰랑 나부끼는 머리카락! 아, 그런데 다프네의 손이···.

다프네를 쫓는 아폴론 18세기 이탈리아 화가 조반니 바티스타 티에폴로의 작품이다. 루브르 박물관 소장

3 다프네, 월계수로 변하다

다프네: 아버지, 도와주세요! 땅을 열어 저를 숨겨 주세요. 차라리 제 모습을 바꿔주세요. 아버지가 저를 예쁘게 낳아주셔서 이런 일을 당하게 되었으니까요.

아폴론: 그렇다면 그대를 나의 나무로라도 삼겠소. 이 나무로 내 왕관을 만들겠소. 나의 리라와 화살통도 이 나무로 장식할 거요. 로마의 장군들이 승리를 거두면 그대의 잎으로 만든 관을 장군들의 머리에 씌우겠소. 신인 내가 영원한 젊음을 누리듯 그대의 이파리도 결코 시들지 않을 것이요.

「**아폴론과 다프네**」 19세기 영국 화가 존 워터하우스의 작품이다. 개인 소장

아폴론은 애타는 마음을 채찍질하며 다프네를 바짝 따라잡았다. 힘이 빠지기 시작한 다프네는 강의 신인 아버지를 다급히 불러 자신의 모습을 바꿔달라고 부탁했다. "아버지, 너무 괴로워요. 차라리 제 모습을 바꿔주세요."

말이 끝나기가 무섭게 다프네는 몸이 변하기 시작했다. 다리는 뻣뻣하게 굳고, 젖가슴은 연한 껍질로 뒤덮였으며 머리카락은 수북한 이파리로 바뀌었다. 팔은 가지가 되고, 발은 뿌리처럼 땅에 박혔다. 아름다운 얼굴만 나무 꼭대기에 남아 있었다.

아폴론은 나무를 부여안고 거듭거듭 입을 맞추었다. "다프네! 이럴 순 없소. 변하지 말아요!"

입을 맞출수록 나뭇가지들은 움츠러들었다. 다프네는 월계수로 완전히 바뀌었다.

월계수를 쓰다듬고 있는 아폴론 앞에 에로스가 나타나 자신의 화살을 흔들어 보였다. 아폴론은 에로스의 금 화살과 납 화살을 떠올렸다. 사랑의 비극적인 결말이 결국 아폴론 자신의 교만에서 비롯했다는 것을 깨달았다.

「**아폴론과 다프네**」 17세기 이탈리아 조각가 잔 베르니니의 작품이다. 보르게세 미술관 소장

1 원수 집안의 두 연인이 사랑을 속삭이다

티스베: 우리의 사랑을 갈라 놓은 이 벽이 야속하구나. 어찌하여 우리 둘을 갈라놓느냐? 벽 틈을 통해 사랑을 속삭일 수밖에···.

「티스베」 19세기 영국 화가 존 워터하우스의 작품이다. 벽이 갈라진 틈에 귀를 대고 피라모스의 목소리를 듣는 티스베의 모습이다. 개인 소장 피라모스는 바빌로니아에서 가장 잘생긴 총각이고 티스베는 가장 아름다운 처녀였다. 세미라미스 여왕이 바빌로니아를 다스리고 있을 때의 이야기다. 둘은 어렸을 때부터 서로 이웃한 집에 살았다. 우정이 무르익어 사랑으로 발전했다.

양가의 부모들은 두 사람의 결혼을 반대했다. 하지만 연인의 가슴속 깊이 타오르는 사랑의 불길은 누구도 끌 수 없었다.

서로 맞붙어 있는 두 집 사이의 벽에는 갈라진 틈이 있었다. 두 사람은 아무도 모르는 틈 사이로 은밀히 사랑을 속삭였다. 두 사람이 내쉬는 숨이 서로에게 스며들었지만 서로를 안을 수는 없었다. 어둠이 깔리고 작별할 시간이 왔을 때는 하염없이 벽에 입술을 맞췄다. 벽 틈으로 서로 볼 수는 있지만 입맞춤은 할 수 없었다.

이튿날 아침 새벽의 여신 에오스가 별들을 내쫓았고, 떠오른 태양이 풀 잎에 맺힌 이슬을 말렸다. 둘 사이를 목격한 별과 이슬들로부터 그들을 보호하기 위한 에오스의 배려다.

피라모스와 티스베의 사랑 이야기는 『로미오와 줄리엣』의 원형이다. 애절한 연인의 사랑이 어떤 결말을 이룰지 『로미오와 줄리엣』을 아는 독자라면 충분히 짐작하고도 남을 것이다.

「로미오와 줄리엣」
18~19세기 미국 화가 벤자민 웨스트의 작품이다. 로미오와 줄리엣의 사랑은 그리스 신화에 등장하는 피라모스와 티스베의 사랑과 무척 닮았다.

2 티스베와 피라모스, 야반도주하다

피라모스: 오늘 밤 모두 잠들었을 때 감시의 눈길을 피해 달아납시다.

피라모스와 티스베 19세기 영국 화가 에드워드 번 존스의 「폐허의 사랑」이다. 크리스티 소장

피라모스와 티스베는 감시의 눈을 피해 야반도주를 약속했다. 두 사람은 마을 밖 들판을 지나 '니누스의 무덤' 근처에서 만나기로 했다. 먼저 도착한 사람이 무덤 근처 맑은 샘 옆에 서 있는 흰 뽕나무 밑에서 기다리기로 굳게 약속했다. 그날 밤 모두가 잠든 사이에 티스베가 얼굴을 베일로 가리고 집을 빠져나왔다. 무덤 옆 뽕나무 아래에 앉아 주위를 둘러보았다. 어슴푸레한 달빛 아래 암사자 한 마리가 어슬렁거렸다. 목을 축이려고 샘으로 다가오고 있는 것이었다. 피비린내를 풍기는 것으로 보아 뭔가를 잡아먹은 것 같았다. 티스베는 황급히 도망쳐 멀리 떨어진 바위 뒤로 숨다가 그만 쓰고 있던 베일을 떨어뜨렸다.

피라모스: 오, 불행한 내 사랑 티스베! 나 때문에 죽고 나만 살아남다니. 이 단검을 죄 많은 가슴 깊숙이 넣어 당신 곁으로 가리다. 사자야, 바위 뒤에서 나와서 이 죄 많은 살점을 물어뜯어라. 내 피로 이 베일을 적시리라.

「피라모스와 티스베가 함께 있는 천둥 치는 풍경」 17세기 프랑스 화가 니콜라 푸생의 작품이다. 그림의 위쪽을 보면 사람을 습격하는 사자의 모습이 보인다. 이런 내용은 원래 이야기에 없지만 티스베가 피라모스를 발견한 순간 바로 뒤에서 마을 주위를 어슬렁거리던 사자가 다른 사람들을 공격하고 있었을 개연성은 충분히 있다. 슈타델 미술관 소장

목을 축인 암사자가 숲으로 향하다 눈에 들어온 베일을 사정없이 물어뜯었다. 뒤늦게 도착한 피라모스는 모래 위에 난 사자 발자국을 보았다. 갈기갈기 찢어진 피 묻은 베일도 눈에 띄었다. 피라모스는 베일을 집어 들고서 나무 밑으로 갔다. 베일에다 거듭 입을 맞추고 단검을 꺼내 자기 가슴을 깊숙이 찔렀다. 가슴에서 뿜어져 나온 피가 흰 뽕나무를 온통 검붉게 물들이고 땅을 흥건히 적셨다. 검붉은 피가 뽕나무 열매로까지 스며들었다. 그래서 뽕나무 열매인 오디의 색깔이 검붉게 변했다고 한다.

3 티스베, 피라모스의 뒤를 따라 죽다

> 티스베: 피라모스, 어떻게 된 거예요? 말 좀 해 보세요. 고개를 들고 날 좀 쳐다 봐요! 오, 나 때문에 목숨을 끊다니! 그래, 내 사랑도 당신 사랑만큼이나 진실 해요. 나도 당신 곁으로 가겠어요. 저승에서 다시 만나 영원히 함께하겠어요.

「**피라모스와 티스베**」 17세기 독일 화가 야스페르의 작품이다. 샘 곁에서 피 묻은 베일을 발견 하고 스스로 목숨을 끊은 피라모스와 그 모습을 보고 비탄에 빠진 티스베를 묘사했다.

바위 뒤에서 두려움에 떨고 있던 티스베는 조심조심 뽕나무 아래로 다가 갔다. 뽕나무 색이 달라진 것을 보고 의아하여 주위를 둘러보니 죽음의 고 통에 몸부림치는 피라모스가 보였다. 피 묻은 채 찢겨 있는 자신의 베일을 보고 상황을 눈치챈 티스베는 울부짖으며 피라모스를 끌어안았다. 티스 베는 죽어 가는 연인의 차디찬 입술에 연거푸 입을 맞췄다.

티스베: 불쌍한 어머니, 아버지, 우린 서로 사랑하다 한날한시에 죽으니, 한 무덤에 묻어주세요. 그리고 뽕나무여, 열매를 계속 검붉게 맺어 우리의 죽음을 사람들이 기억하게 해다오. 날카로운 칼아, 어서 나를 님의 곁에 데려다주오.

「피라모스와 티스베」 18~19세기 프랑스 화가 피에르 고테로의 작품이다. 이 이야기는 셰익스피어의 『로미오와 줄리엣』 원형으로 알려져 있다. 루브르 박물관 소장

티스베의 울부짖는 목소리를 들었는지 피라모스는 겨우 눈을 떴다. 그러나 곧 힘없이 눈을 감고 말았다. "피라모스! 당신 없는 이 세상 나에겐 의미 없어요."

티스베도 장검으로 가슴을 깊숙이 찔렀다. 두 사람은 하나의 무덤에 묻혔고 뽕나무는 지금도 검붉은 열매를 가지마다 알알이 맺고 있다.

4 한여름 밤의 꿈

티스베: 여왕! 인도 소년을 내게 주시오. 그럼 아테네의 천한 직공을 사랑하게 된 마법을 내가 풀어주겠소.

「오베론과 티타니아의 논쟁」 부분 19세기 스코틀랜드 화가 조셉 노엘 파톤의 작품이다. 오베론과 티타니아는 셰익스피어의 작품 『한여름 밤의 꿈』에 등장하는 요정 왕과 여왕이다. 이 작품은 피라모스와 티스베 이야기를 희극적으로 차용했다. 국립 스코틀랜드 미술관 소장

셰익스피어의 작품 중에는 피라모스와 티스베의 이야기를 엿볼 수 있는 비극과 희극이 있다. 『로미오와 줄리엣』은 두 남녀의 비통한 사랑의 비극이고, 『한여름 밤의 꿈』은 결국 남녀의 사랑이 완성되는 희극이다.

셰익스피어의 『한여름 밤의 꿈』은 아테네의 젊은 연인 허미아와 라이샌더의 이야기이다. 허미아와 라이샌더는 서로 사랑하는 사이지만 허미아의 아버지는 허미아가 드미트리우스라는 청년과 결혼하기를 강요한다. 원래 드미트리우스와 사랑하던 사이였던 헬레나는 드미트리우스가 변심하자 실의에 빠졌다. 아테네 법에 따라 아버지의 뜻에 따를 수밖에 없자 허미아와 라이샌더는 도주하기로 약속한다.

허미아와 라이샌더, 뒤따라온 드미트리우스와 헬레나가 한밤중에 아테네 근처의 숲에서 밤을 맞이한다. 이 숲은 요정 여왕 티타니아의 마법 숲이었다.

요정 여왕과 불화에 빠진 요정 왕 오베론이 여왕에게 복수하기 위해 마법의 묘약을 준비한다. 이 묘약을 잠잘 때 눈에 넣으면 잠에서 깨어났을 때 처음 본 것을 맹목적으로 사랑하게 된다. 여왕은 이 마법에 걸려 천한 아테네 직공을 열렬히 사랑하게 된다. 오베론 왕은 여왕으로부터 원하던 인도 소년을 얻은 후 마법을 풀어준다.

오베론은 마법의 묘약을 드미트리우스에게도 사용하여 복잡하게 얽힌 갈등을 해결한다. 라이샌더와 허미아, 드미트리우스와 헬레나는 서로 사랑하며 지난날의 일을 한여름 밤의 꿈으로 생각한다.

「한여름 밤의 꿈 허미아와 라이샌더」 19세기 영국 화가 존 시몬스의 작품이다.

1 새벽의 여신, 케팔로스를 납치하다

케팔로스: 새벽의 여신 에오스여! 내게는 사랑스러운 아내 프로크리스가 있어요. 그대의 사랑을 받아들일 수 없습니다.

에오스: 내 사랑을 저버린 케팔로스! 이렇게 나를 두고 돌아간 것을 당신은 반드시 후회할 거예요.

「케팔로스와 에오스」 17세기 프랑스 화가 니콜라 푸생의 작품이다. 내셔널 갤러리 소장

　케팔로스는 잘생긴 청년이었고 남자다운 활동을 좋아했다. 사냥의 여신 아르테미스는 총애하는 케팔로스의 아내 프로크리스에게 세상에서 가장 빠른 사냥개 한 마리와 던지면 백발백중인 창 하나를 선물했는데, 프로크리스는 이 선물을 남편에게 주었다.

　새벽의 여신 에오스가 케팔로스의 사냥하는 모습을 보고 첫눈에 반해 케팔로스를 납치했다. 하지만 케팔로스가 에오스의 유혹에 꿈쩍도 하지 않아 에오스는 결국 케팔로스를 풀어주었다.

「**에오스와 케팔로스**」 19세기 프랑스 화가 피에르-나르시스 바론 게렝의 작품이다. 신화에서 에오스는 불운한 여신이다. 인간들과의 사랑은 이루어지지 않고 아들 멤논은 아킬레우스에게 죽임을 당한다. 루브르 박물관 소장

2 프로크리스, 케팔로스의 창에 맞다

케팔로스: 당신의 흐느끼는 소리를 짐승의 소리라고 착각해 내가 창을 던졌구려. 부디 깨어나 주오. 당신을 죽인 죄로 평생 괴로워하지 않게 해주오.

프로크리스: 당신이 나를 진정 사랑했다면 제발 그 얄미운 아우라와는 재혼하지 마세요!

「**프로크리스의 죽음**」 15세기 이탈리아 화가 피에로 디 로렌조의 작품이다. 숨을 거둔 프로크리스의 왼쪽에는 반인반수인 숲의 신 사티로스가, 오른쪽에는 아르테미스가 선물한 개 라이라프스가 자리하고 있다. 케팔로스 대신 사티로스가 등장하는 이유는 그림이 코레지오의 당대 희곡 『케팔로스』에 영향을 받았기 때문이다. 내셔널 갤러리 소장

　집으로 돌아온 케팔로스는 아내와 행복하게 지내면서 사냥을 즐겼다. 어느 날 어떤 신이 홧김에 사납고 빠른 여우 한 마리를 보내는 바람에 온 나라가 어지러웠다. 여우는 어떤 사냥개도 따라잡을 수 없을 만큼 재빨랐다.

　케팔로스가 사냥개 라이라프스를 풀어주자마자 라이라프스는 쏜살같이 달려 여우를 곧 덮칠 기세였다. 하지만 번번이 허탕을 쳤다. 보다 못해 케팔로스가 창을 막 던지려는 찰나 사냥개와 여우가 그대로 돌로 변했다. 두 동물을 만든 신은 어느 한쪽이 지는 모습을 보고 싶지 않았던 것이다.

케팔로스는 아끼는 사냥개를 잃은 후에도 계속 사냥을 즐겼다. 무적의 창을 가지고 새벽마다 혼자 숲속을 누볐다. 시냇물이 흐르는 시원한 곳에서 옷을 벗은 채 쉬면서 산들바람의 여신 아우라를 향해 큰소리로 이렇게 외치곤 했다. "불어라, 아우라여! 이리 와서 부채질을 해 내 가슴에 타오르는 열기를 식혀 다오."

어느 날 누군가 그 근처를 지나다 케팔로스가 하는 말을 듣고는 어떤 처녀에게 하는 말이라고 여겼다. 그는 곧장 프로크리스에게 달려가 고자질했다. 프로크리스는 충격을 받아 기절했다. 사랑이 깊은 만큼 프로크리스는 의심도 깊었다.

프로크리스는 사냥하러 나가는 남편의 뒤를 밟았다. 고자질한 사람이 알려준 곳 근처 덤불에 몸을 숨겼다. 케팔로스는 그날도 어김없이 아우라를 향해 외쳤다. "불어라, 아우라여! 이리 와서 부채질을 해다오."

프로크리스는 이 말을 듣고 충격을 받아 흐느껴 울었다. 케팔로스는 짐승의 소리라고 착각해 덤불을 향해 창을 던졌다. 창은 정확히 프로크리스의 가슴을 찔렀고 외마디 비명 소리가 숲을 뒤흔들었다. 케팔로스가 창이 떨어진 덤불 속에서 도착했을 때 프로크리스는 자신이 남편에게 선물한 창을

가슴에서 빼내려고 안간힘을 쓰고 있었다. 케팔로스는 프로크리스를 일으켜 안고서 피를 멎게 하려고 온 힘을 다했으나 때는 이미 늦었다. 케팔로스로부터 자초지종을 들은 프로크리스는 평온한 표정으로 끝내 숨을 거두었다.

「케팔로스와 프로크리스」 17세기 플랑드르 화가 루벤스의 작품이다. 프라도 미술관 소장

4 여신들의 무시무시한 복수
| 헤라와 연적들, 헤라와 칼리스토,
아르테미스와 악타이온, 레토와 농부들

　사랑하는 만큼 질투하게 되는 게 세상의 법칙인가 보다. 신들은 인간보다 더 열정적으로 사랑했고 더 야멸차게 질투했다. 올림포스에 있는 제우스는 인간 세상을 엿보다 아리따운 아가씨가 눈에 띄면 그냥 지나치지 않았다. 제우스는 어둠으로 변해 이오에게 접근하기도 했고 아르테미스 여신으로 변신해 님프 칼리스토와 사랑을 나누기도 했다. 아내 헤라는 남편의 애인에게 무자비하게 복수했다.

　다른 여신들도 무례한 인간은 가차 없이 응징했다. 악타이온은 아르테미스 여신의 알몸을 우연히 본 죄로 사슴이 되어 자기의 사냥개에게 물어뜯겼다. 티탄족인 레토는 쌍둥이 아폴론과 아르테미스를 안고 다니다 농부에게 샘물을 달라고 했다. 농부들이 마시지 못하게 하자 농부를 개구리로 변하게 했다. 신들의 복수는 지배자가 피지배자를 징벌로 다스리는 것과 다르지 않다.

- 칼리스토를 보자 제우스의 머리는 욕망으로 뜨거워졌다. (오비디우스 「변신 이야기」)
- 레토는 델로스 섬에 도착해 먼저 아르테미스를 낳았다. 아르테미스가 도와 이후 아폴론도 낳았다.
  (아폴로도로스 「도서관」)

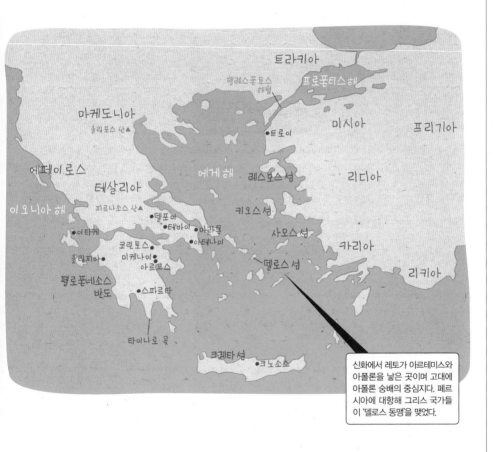

신화에서 레토가 아르테미스와 아폴론을 낳은 곳이며 고대에 아폴론 숭배의 중심지다. 페르시아에 대항해 그리스 국가들이 '델로스 동맹'을 맺었다.

1 이오, 제우스와 사랑을 나누다 암소로 변하다

제우스: 사랑하는 님프 이오, 나는 어둠으로 변한 제우스라네. 내 품에 안기시오.

「제우스와 이오」 16세기 이탈리아 화가 안토니오 알레그리의 작품이다. 이오가 어둠으로 변한 제우스와 사랑을 나누고 있다. 빈 미술사 박물관 소장

제우스: 의심 많은 헤라가 구름을 걷었구나. 이오를 얼른 암소로 변신시켜야지.

「제우스와 이오를 발견한 헤라」 17세기 네덜란드 화가 피테르 라스트만의 작품이다. 이오를 재빨리 암소로 변신시킨 후 시치미를 떼고 있는 제우스를 헤라가 노려보고 있다. 내셔널 갤러리 소장

어느 날 한낮에 갑자기 해가 사라지고 온 세상이 캄캄해졌다. 헤라는 남편 제우스의 소행임을 알아챘다. 제우스가 아무도 못 보도록 구름으로 하늘을 뒤덮고 어둠으로 변해 엉큼한 짓을 하고 있었던 것이다.

헤라가 구름을 걷은 다음 내다보니 강둑에 제우스가 있었다. 제우스는 하늘에서 구름을 타고 내려오는 헤라를 발견했다. 제우스는 순간 이오를 하얀 암소로 변하게 했다.

헤라가 땅에 내려와 보니 제우스 곁에 아담한 암소 한 마리가 있었다. 헤라는 암소 안에 깜찍한 님프가 들어 있다는 것을 알 수 있었다.

헤라는 남편에게 다가가서 말했다. "처음 보는 소인데, 참 잘 생겼네요. 무슨 품종이죠?"

제우스는 당황하며 둘러댔다. "새로 만든 품종이어서 아직 이름은 붙이지 않았소."

2 헤르메스, 암소를 지키는 아르고스를 잠 재우다

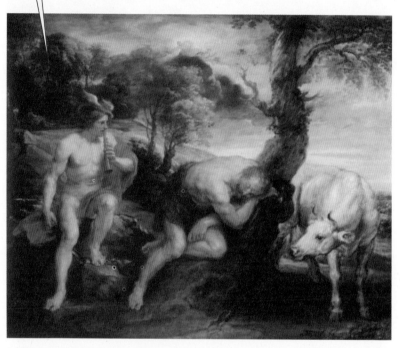

헤르메스: 아르고스님, 제 피리 소리가 참 감미롭지요? 암소를 지키느라 피곤하실 텐데, 피리 연주를 들으며 쉬세요.

「**헤르메스와 아르고스**」 17세기 플랑드르의 화가 루벤스의 작품이다. 아르고스는 암소로 변한 이오를 지키다가 헤르메스의 피리 연주를 듣고 있다. 독일 드레스덴 회화 갤러리 소장

　헤라는 암소를 선물로 달라고 요구했다. "제우스! 날 사랑한다면 그 암소를 제게 선물로 주세요. 제가 잘 키울게요."

　제우스는 난처한 상황을 무마하기 위해 마지못해 자신의 애인을 내주었다. 헤라는 암소를 아르고스에게 데려가 엄중히 감시하라고 시켰다. 눈이 백 개인 아르고스는 잘 때도 눈 두 개는 꼭 뜨고 있었으므로 이오를 늘 감시할 수 있었다.

아르고스는 낮에는 이오를 풀어주어 풀을 뜯어 먹게 하고 밤에는 나무에 묶어두었다. 이오가 낮이나 밤이나 눈물을 흘리며 제우스를 애타게 찾았지만 제우스도 어쩌지 못했다.

어느 날 이오는 강의 신인 아버지 이나코스의 목소리를 들었다. 곧 아버지와 자매들이 이오 근처로 다가왔지만 모두 암소로 변한 이오를 알아보지 못했다. 아버지와 동생이 암소를 쓰다듬어주고는 발길을 돌렸다. 이오는 아버지 앞을 가로 막고 발굽으로 땅에 자신의 이름을 썼다. 그제야 아버지는 딸이 소로 변한 것을 알아챘다. 아버지는 딸의 하얀 목을 끌어안고 통곡했다.

이때 아르고스가 나타나 이오를 높은 언덕 위로 데리고 가 버렸다. 강의 신 이나코스는 제우스 때문에 이런 일이 생겼다고 생각했다. 화가 난 이나코스가 제우스에게 따지러 올림포스 산으로 달려갔다.

제우스는 이나코스 바로 앞 강물에 벼락을 날렸다. 그러자 강물이 부글부글 끓더니 바짝 말라버렸다. 그 후 이나코스 강은 물이 흐르지 않게 되었다.

이오의 아버지 이나코스를 외면하긴 했지만 제우스는 여전히 이오가 애처로웠다. 제우스는 헤르메스에게 아르고스를 없애라고 명령했다. 헤르메스는 날개 달린 신발을 신고, 잠을 불러일으키는 지팡이를 챙겨 지상으로 내려왔다.

목동 차림을 한 헤르메스는 지팡이만 들고 양 떼를 몰고 다니며 피리를 불었다. 이때 헤르메스가 분 피리가 바로 '시링크스 피리' 또는 '판의 피리'다.

아르고스는 아름다운 피리 소리에 마음을 빼앗겼다. 아르고스는 헤르메스를 불러 세웠다. "이보게 젊은이, 피리 소리가 참 좋군. 심심해서 그러니 이리 와서 피리를 좀 불어주게."

헤르메스는 아르고스가 졸리도록 잔잔하게 피리를 불었다. 감시하는 눈들을 잠재우기 위해서 였지만 두어 개는 뜨고 있었으므로 소용이 없었다. 헤르메스는 자기가 부는 피리를 어떻게 만들었는지 아르고스에게 이야기해 주었다.

3 숲의 신 판, 갈대가 된 시링크스로 팬파이프를 만들다

「**판과 시링크스**」 18세기 프랑스 화가 장 프랑수아 드 트루아의 작품이다. 게티 센터 소장

헤르메스의 이야기를 들어보자.

"시링크스라는 님프가 있었어요. 사티로스와 숲의 요정들이 구애를 했지만 시링크스는 거들떠보지도 않았지요. 아르테미스 여신만을 섬기며 사냥을 즐길 뿐이었어요. 시링크스는 아르테미스처럼 사냥복을 입고 활을 들고 다녔지요. 누구라도 사냥복을 입은 시링크스의 모습을 본다면 아르테미스라고 착각할 정도였어요. 단지 시링크스의 활은 뿔로 만들었고 아르테미스의 활은 은으로 만들었지요."

시링크스: 판을 피해 갈대로 변신했어요.
판은 그런 나를 피리로 만들었지요.

헤르메스는 이어서 이야기했다.

"어느 날 사냥을 마치고 돌아오는 길에 시링크스는 숲과 들의 신인 판을 만났어요. 판은 온갖 말로 시링크스를 유혹했지요. 유혹에 넘어가지 않으려고 시링크스는 도망갔지만 판은 강둑까지 따라왔어요.

시링크스는 친구인 물의 님프들에게 자신을 갈대로 변하게 해 달라고 도움을 요청했어요. 판이 팔을 뻗어 덥석 시링크스를 껴안았을 땐 정작 품에 안겨 있는 건 갈대 한 다발뿐이었지요.

판이 한숨을 내쉬자 갈대가 울려 구슬픈 가락이 흘러나왔어요. 아름다운 선율에 사로잡힌 판은 갈대의 길이를 서로 다르게 잘라 붙여 악기를 만들었어요. 이것이 바로 시링크스라는 피리랍니다."

「**시링크스**」 19세기 영국 화가 아서 해커의 작품이다. 아르카디아의 산에 사는 님프로 아르테미스를 숭배했다. 관악기인 팬파이프(팬플루트)의 유래가 되었다.

4 잠든 아르고스의 목을 치고 암소를 풀어주다

헤라: 충성스런 아르고스야. 너의 눈을 공작 꼬리에 붙여 영원히 잊지 않겠다.

「**헤라와 아르고스**」17세기 화가 루벤스의 작품이다.

헤르메스가 이야기를 채 끝내기도 전에 아르고스의 눈들은 스르르 감겼다. 헤르메스는 지팡이를 꺼내 아르고스의 눈들 앞에서 흔들었다. 잠을 다스리는 마법의 지팡이가 아르고스의 눈들을 모두 감기게 했다. 이때 헤르메스는 칼을 빼들고 아르고스의 목을 쳤다. 아르고스의 커다란 몸뚱이가 맥없이 쓰러졌다. 헤르메스는 소를 묶은 끈을 풀어주었다.

헤라가 아르고스의 죽음을 안타깝게 여겨 아르고스의 눈들을 공작의 꼬리에 붙였다. 지금도 우리는 공작 꼬리에서 아르고스의 눈을 볼 수 있다.

아르고스와 이오는 밤하늘의 별들과 달 같다. 이오는 달이고 아르고스는 밤새 달을 지키는 밤하늘의 별들이다.

아르고스의 죽음을 추모하던 헤라는 복수심에 불타올랐다. 이오를 괴롭히려고 쇠파리 한 마리를 날려 보냈다. 소의 피를 빨아먹는 쇠파리가 끊임없이 쫓아오자 이오는 온 세상 구석구석 안 가본 곳이 없을 정도로 도망을 다녔다.

자신의 이름을 딴 이오니아 바다를 헤엄쳐 건넜고 트라키아의 보스포루스 해협을 지났다. 보스포루스는 소가 건넜다는 뜻이다. 이오는 마침내 나일 강 기슭까지 다다랐다.

기진맥진한 이오는 하늘을 쳐다보며 울었다. 이오를 내려다보고 있던 제우스는 마침내 헤라에게 말했다. "헤라, 저 소는 소가 아니라 강의 신 이나코스의 딸인 이오요. 다시는 이오를 만나지 않겠으니 원래 모습으로 되돌리는 것을 허락해주시오."

헤라는 여전히 못마땅했지만 제우스의 부탁을 들어주었다. 제우스는 이오를 원래 모습으로 되돌렸다. 이때 사람들이 몰려들어 소리쳤다. "나일 강의 여신이 나타나셨다."

이오는 제우스의 아들 에파포스를 낳았다. 에파포스는 이집트의 왕이 되었고 아피스라고 불렸다.

「**이오의 신화**」 15세기 이탈리아 화가 바르톨로메오 디 지오반니의 작품이다. 소가 된 이오가 다시 님프의 모습으로 돌아가는 과정을 한 폭에 담았다. 월터스 미술관 소장

1 제우스, 아르테미스로 변신해 칼리스토에 접근하다

제우스: 나는 아르테미스로 변신한 제우스라오. 아름다운 칼리스토와 사랑을 나 누려면 어쩔 수 없지요.

「칼리스토와 아르테미스로 변신한 제우스」 18세기 프랑스 화가 프랑수아 부셰의 작품이다. 넬 슨—앳킨스 미술관 소장

처녀신 아르테미스는 숲에서 사냥을 할 때 자신의 시중을 드는 숲의 요 정들을 거느렸다. 아르테미스는 늘 숲의 요정들에게 순결을 지키라고 강 조했다.

요정들 중에서 칼리스토가 가장 예뻤다. 칼리스토가 숲에서 사냥을 하 고 있을 때 제우스가 내려다보며 칼리스토의 아름다움에 감탄했다.

제우스는 칼리스토에게 나타나 말했다. "나의 요정이 되어 다오."

「**사냥꾼 아르테미스**」 19~20세기 프랑스 화가 기욤 세냑의 작품이다. 아르테미스가 처녀를 지키지 못한 칼리스토를 벌하기 위해 곰으로 만들었다는 설도 있다. 아르테미스는 처녀의 수호신이며 순결의 상징이다. 사냥을 좋아하며 활의 명수다.

칼리스토는 달아나며 외쳤다. "제우스님, 저는 아르테미스 여신에게 순결을 맹세했어요."

제우스는 아르테미스의 모습으로 변신하고 칼리스토에게 다가갔다. 그러고는 마음을 놓고 있는 칼리스토를 껴안았다. 칼리스토는 저항했지만 제우스의 완력을 당할 수는 없었다.

2 제우스, 칼리스토와 아들을 곰 별자리로 만들다

칼리스토: 제우스의 완력을 제가 어떻게 당하나요. 제발 용서해주세요.

아르테미스: 순결을 잃은 칼리스토야, 내가 너를 용서해도 헤라 여신이 너를 용서하지 않을 것이다.

제우스의 아이를 밴 칼리스토와 아르테미스 16세기 이탈리아 화가 티치아노의 「디아나와 칼리스토」다. 로마신화의 디아나는 그리스신화의 아르테미스에 해당한다. 스코틀랜드 내셔널 갤러리 소장

칼리스토는 제우스의 아이를 가지게 되었다. 몇 달이 지나자 배가 불룩해졌다. 아르테미스가 임신한 칼리스토를 매정하게 내쳤다.

칼리스토는 숲 속 동굴로 들어가 아들을 낳았다. 헤라가 제우스의 아들을 낳은 것을 눈치채지 못하도록 동굴 속에서 아들 아르카스를 길렀다. 걸음마를 시작한 아르카스가 동굴 밖으로 걸어 나왔다.

헤라가 단박에 제우스의 아들임을 알아차리고 소리쳤다. "칼리스토, 순결을 내쳤구나. 내 남편 제우스를 홀린 너의 아름다움을 빼앗겠다."

헤라의 질투심은 어김없이 복수로 이어졌다. 이번에는 칼리스토를 곰으로 바꾸었다. 칼리스토는 무릎을 꿇고 간청했지만 소용없었다. 제우스가 그렇게 좋아하던 칼리스토의 예쁜 입은 무시무시한 주둥이로 변했고 가냘픈 목소리는 으르렁거리는 괴성으로 변했다. 사냥을 즐기던 칼리스토가 이제는 사냥개와 사냥꾼이 무서워 도망치는 신세가 됐다.

제우스는 헤르메스의 어머니 마이아에게 아르카스를 맡겼다. 늠름한 청년으로 자란 아르카스가 어느 날 숲으로 사냥을 나갔다. 아들임을 알아본 칼리스토는 아들을 안아보고 싶어서 다가갔다.

깜짝 놀란 청년은 사냥용 창을 치켜들었다. 청년이 곰을 창으로 찌르려하자 제우스가 청년과 곰의 동작을 멈추게 했다. 아들이 어머니를 죽이게할 수는 없었던 것이다. 제우스는 칼리스토와 아르카스를 하늘로 데려와 큰곰자리와 작은곰자리 별자리로 만들었다.

헤라는 자기가 벌을 준 칼리스토와 아르카스가 반짝반짝 빛나는 별이된 것이 몹시 못마땅했다. 당장 바다의 여신 테티스와 옛 바다의 여신 오케아노스에게 가서 부탁했다. "두 곰자리 별이 푸른 바다에 몸을 담그지 못하게 해주세요."

바다의 여신은 헤라의 부탁을 들어주었다. 지금도 큰곰자리와 작은곰자리는 북쪽 하늘에서만 맴돈다. 야간 항해를 하는 뱃사람들은 늘 자리를 지키는 이 별자리를 보고 방향을 잡았다.

1 악타이온, 처녀 신 아르테미스의 알몸을 보다

악타이온: 얘들아, 그물과 무기가 벌써 짐승들의 피로 흠뻑 젖었어. 오늘은 사냥을 할 만큼 했으니 이제 사냥 도구를 내려놓고 푹 쉬자.

「**사냥을 즐기는 악타이온**」반인반마 케이론에게 가르침을 받은 영웅이다. 브장송 미술관 소장

　해가 중천에 높이 떠 있었다. 카드모스 왕의 아들인 악타이온은 산에서 친구들과 사냥을 즐겼다. 사냥꾼들은 사냥을 충분히 하자 화살통을 벗어 놓고 숲에서 쉬었다. 그런데 삼나무와 소나무로 우거진 아름다운 숲의 골짜기는 사냥과 달의 여신인 아르테미스에게 바쳐진 곳이었다. 아르테미스는 어렸을 적 아버지 제우스에게 영원한 처녀성을 선물로 달라고 졸랐다. 아르테미스가 늘 들고다니는 활과 화살은 키클롭스가 준 것이다.

「순결의 여신 아르테미스의 알몸을 훔쳐보는 악타이온」 19세기 프랑스 화가 장 밥티스트 카미유 코로의 작품이다. 메트로폴리탄 미술관 소장

아르테미스: **악타이온! 여기가 어디라고 온 거야? 네놈이 아르테미스의 알몸을 봤다고 말할 수 있으면 말해봐!**

아르테미스를 놀라게 하는 악타이온 16세기 이탈리아 화가 티치아노의 작품 「디아나와 악타이온」이다. 로마신화의 디아나는 그리스신화의 아르테미스에 해당한다. 스코틀랜드 내셔널 갤러리 소장

아르테미스가 요정들을 데리고 악타이온이 쉬고 있는 숲에서 사냥을 했다. 아르테미스는 사냥을 마치고 요정들과 함께 계곡 깊은 곳에 있는 동굴 속 연못에서 목욕을 했다.

동굴 위쪽은 돌로 덮여 둥글게 휘어진 모양이었고, 장인의 손길이 빚어낸 듯이 매우 아름다웠다. 한쪽에서는 샘이 퐁퐁 솟았다. 샘 주위에는 파릇파릇한 풀들이 자라고 있었다. 숲의 여신 아르테미스는 사냥의 피로를 풀기 위해 순결한 몸을 샘물에 담갔다.

아르테미스는 창과 화살통 그리고 활을 한 님프에게 맡겼고 옷은 다른 님프에게 맡겼다. 세 번째 님프는 여신의 신발을 벗겼다. 님프들 중에서 사냥 솜씨가 가장 좋은 크로칼레는 여신의 머리를 빗겼다.

이때 친구들과 헤어진 악타이온이 우연히 동굴 입구를 지나갔다. 아르테미스와 님프들은 남자를 보자 크게 놀랐다. 님프들은 비명을 지르며 아르테미스에게 달려가 자신들의 몸으로 발가벗은 여신을 가렸다. 하지만 여신은 키가 컸기 때문에 머리는 드러났다.

악타이온은 아르테미스의 아름다운 모습을 보고는 넋이 나간 채 그 자리에 서 있었다. 숲으로 달아나지 않은 게 큰 실수였다.

님프들로 둘러싸인 아르테미스는 몸을 돌려서 손을 뻗었지만 활이 손에 닿지 않았다. 아르테미스는 대신 불청객에게 물을 끼얹으며 쏘아붙였다. "내 알몸을 보았다고 어디 한번 말해보아라."

「**아르테미스와 악타이온**」 16세기 이탈리아 화가 티치아노 베첼리오의 작품이다. 맨 왼쪽이 아르테미스다. 이마 위에 초승달이 그려져 있다.

2 사슴이 된 악타이온, 자기 사냥개에게 물려 죽다

악타이온: 우연히 아르테미스의 알몸을 보았을 뿐인데 사슴이 되는 벌을 받았구나. 그동안 내가 키워 온 사냥개가 주인인 나도 못 알아보다니···.

「**악타이온의 죽음**」 16세기 이탈리아 화가 티치아노의 작품이다. 아르테미스의 마법에 걸려 사슴으로 변한 악타이온을 사냥개들이 물어 죽였다. 스코틀랜드 내셔널 갤러리 소장

아르테미스의 앙칼진 말이 끝나자마자 악타이온의 머리에 사슴뿔이 한 쌍 돋아났다. 귀는 뾰족해졌고 온몸은 털로 덮였다. 악타이온은 기겁하고 동굴 밖으로 뛰어나왔다. 냇가에 이르러 물에 자신의 모습을 비춰보니 머리에 뿔이 난 사슴의 모습이었다. 당황한 악타이온은 어찌할 바를 몰랐다. 숲에서 지내기는 무섭고, 그렇다고 집으로 돌아갈 수도 없었다.

한참 망설이는 동안 사냥개들이 악타이온을 발견했다. 수많은 개들이 일제히 쫓아왔다. 악타이온은 바위 절벽을 넘고, 협곡을 지나 달아났다. 얼마 전까지만 해도 악타이온은 사냥개를 몰며 사슴을 쫓았는데, 이제는 반대로 동료 사냥꾼과 사냥개한테 쫓기는 신세가 됐다.

사냥개 한 마리가 악타이온의 등에 달려들었고 다른 한 마리는 어깨를 물고 늘어졌다. 나머지 사냥개들은 일제히 주인인 악타이온에게 달려들어 갈가리 물어뜯었다.

신이 난 동료 사냥꾼들은 목청을 높였다. "악타이온! 어디에 있는 거야? 우리가 뭘 잡았는지 어서 와서 보라고!"

사냥개들은 악타이온의 목숨이 끊어질 때까지 살 속에 이빨을 깊숙이 박았다. 마침내 악타이온은 온몸에서 피를 흘리며 쓰러졌다. 악타이온은 아무것도 모른 채 기뻐 날뛰는 친구들의 목소리를 들으며 숨을 거두었다.

순결의 신 아르테미스는 악타이온의 죽음으로 진노를 풀었을까? 아르테미스 여신이 지나치게 엄한 처벌을 내린 걸까? 아니면, 순결의 여신답게 마땅히 할 일을 한 것일까?

「**악타이온과 그의 개들**」 17세기 이탈리아 조각가 프란체스코 파넬리의 작품이다. 사슴으로 변한 채 자신의 개들로부터 공격당하는 악타이온의 모습을 표현했다. 월터스 미술관 소장

1 아스테리아, 떠다니는 섬이 되다

제우스: 아스테리아, 너도 내 자식을 낳아줘.

제우스 흉상 루브르 박물관 소장

아스테리아: 싫어요. 언니에게나 가서 자식을 낳아달라고 하세요.

아스테리아 베를린의 페르가몬 박물관 소장

아르테미스의 어머니 레토도 헤라에게 잔인하게 핍박받은 티탄족 중 한 명이다.

어느 날 바닷가 풀숲에서 레토는 제우스와 사랑을 나누고 있었다. 이때 레토의 여동생 아스테리아가 언니를 찾으러 왔다. 제우스가 아스테리아를 보니 언니보다 더 예쁜 게 아닌가. 제우스는 아스테리아에게 손을 뻗으며 접근했다. 아스테리아는 메추라기로 변해 달아나며 언니에게나 가라고 말했다.

제우스는 독수리로 변해 쫓아가서 메추라기를 움켜쥐었다. 아스테리아는 메추라기에서 바위로 변했다. 제우스는 무거운 바위를 놓쳤다. 바위가 바닷물에 떨어지자 제우스는 심술이 나서 저주를 퍼부었다. "끝까지 고집을 부리다니. 그렇다면 바다에서 영원히 떠다녀라."

바위는 점점 커지더니 떠다니는 섬이 되었다.

레토가 제우스의 아이를 가지자 헤라의 질투가 폭발했다. "레토의 아기가 태어나는 땅을 박살 내 버리겠다."

헤라는 피톤이라는 왕뱀에게 레토를 잡아먹으라고 명령했다. 가엾은 레토는 괴물 피톤에게 쫓기는 신세가 되었다. 레토는 헤라의 분노를 피해서 에게 해에 있는 온갖 섬을 떠돌았다. 주변에서는 헤라가 무서워 레토를 도우려 하지 않았다. 어느 바닷가에 이르렀을 때 바다의 신 포세이돈이 바다에 떠 있는 작은 바위섬으로 가라고 일러주었다. "저 섬은 바다에 둥둥 떠다니므로 땅이라고도 할 수 없고 섬이라고도 할 수 없다. 그러니 그곳에서는 아기를 낳을 수 있을 것이다."

포세이돈은 레토의 손을 잡고 떠다니는 섬에 데려다 주었다. 그때 섬이 말했다. "언니, 잘 왔어. 나는 아스테리아야. 어서 여기서 아이를 낳아."

그런데 레토는 9일이나 진통을 해도 아기를 낳을 수 없었다. 헤라가 자신의 딸이자 출산의 여신인 에일레이티아를 보내주지 않았기 때문이다. 레토가 배를 부둥켜안고 신음하자 여신들이 걱정했다. 무지개의 여신인 이리스가 헤라 몰래 에일레이티아에게 선물을 주고 데려왔다.

레토 신전 델로스 섬에 위치하며, 기원전 550년 경에 세워진 것으로 추정된다. 당시에 델로스는 둥둥 떠다니는 섬이었다. 레토가 도착하자 제우스는 섬과 바다 밑바닥을 튼튼한 쇠사슬로 묶어 고정시켜 애인인 레토에게 안전한 휴식처를 제공해주었다. ©Zde

2 레토, 델로스 섬에서 아르테미스와 아폴론을 낳다

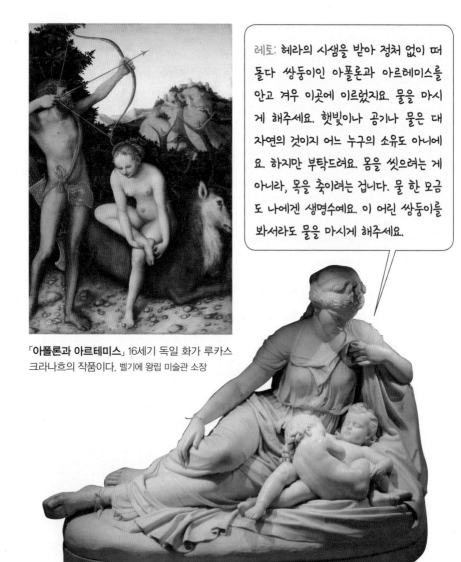

레토: 헤라의 시샘을 받아 정처 없이 떠돌다 쌍둥이인 아폴론과 아르테미스를 안고 겨우 이곳에 이르렀지요. 물을 마시게 해주세요. 햇빛이나 공기나 물은 대자연의 것이지 어느 누구의 소유도 아니에요. 하지만 부탁드려요. 몸을 씻으려는 게 아니라, 목을 축이려는 겁니다. 물 한 모금도 나에겐 생명수예요. 이 어린 쌍둥이를 봐서라도 물을 마시게 해주세요.

「**아폴론과 아르테미스**」 16세기 독일 화가 루카스 크라나흐의 작품이다. 벨기에 왕립 미술관 소장

「**레토와 쌍둥이 자녀 아폴론과 아르테미스**」 미국 조각가 윌리엄 헨리 라인하트의 작품이다. 레토는 티탄족이었지만 제우스와 사랑을 나누었다. 헤라는 레토가 낳을 쌍둥이가 제우스 다음 가는 권력을 누릴 것이란 말을 듣고 레토의 해산을 막으려고 했다. 메트로폴리탄 미술관 소장

레토: 연못 물도 못 마시게 하는 인정머리 없는 농부들아, 연못에서 떠나지 못하고 영원히 여기서나 살아라!

「**사람들을 개구리로 만드는 레토**」 16세기 이탈리아 화가 틴토레토의 작품이다. 리키아 사람들이 흙탕물을 만들고 있다. 쌍둥이를 안은 레토는 사람들을 개구리로 만들려고 하고 있다. 코톨트 미술 학교 소장

　마침내 레토는 남녀 쌍둥이 아폴론과 아르테미스를 낳았다. 제우스는 자기 자식을 낳게 해준 고마움을 잊지 않고 아스테리아가 변한 그 섬을 쇠사슬로 바다 밑 바위에 고정시켜 떠다니지 않게 해주었다. 오르티기아(메추라기의 섬)이라고 불리던 그 섬은 제우스가 고정시켜준 이후 델로스 섬(빛나는 섬)이라고 불리게 됐다.

　레토는 두 아기를 안고 다니느라 기진맥진했고 갈증에 입이 바싹 말라 있었다. 그러다 우연히 맑은 물이 솟아나는 연못을 발견했다. 레토가 연못가에서 목을 축이려고 하자 리키아의 시골 사람들이 마시지 못하게 했다. 고약한 마을 사람들은 여신의 간청을 외면한 채 썩 꺼지지 않으면 해코지를 하겠다고 위협까지 했다. 심지어 물을 마시지 못하게 하려고 연못에 들어가 발로 휘저어 흙탕물을 일으켰다.

　화가 난 레토는 목마름도 잊은 채 마을 사람들이 연못에서 영원히 살게 해달라고 외쳤다. 결국 무례한 마을 사람들은 개구리로 변해 진흙투성이 연못 속에 살게 됐다. 늘 불평을 쏟아내다 보니 입은 커졌고 목은 자꾸 줄어들어 머리가 몸통에 딱 달라붙어 버렸다.

5 여신들의 애틋한 사랑
| 엔디미온, 오리온, 에오스와 티토노스

여신들은 자기를 능멸하는 자는 가차 없이 복수했다. 하지만 미남에게는 한 없이 약했다. 여신이 사랑한 남자는 대체로 슬픈 운명을 맞았다. 여신의 노리 갯감으로 전락하는 경우도 있었다.

어느 고요한 밤 달의 여신 아르테미스가 양치기 엔디미온이 잠자는 모습을 보게 됐다. 절세의 미남을 언제까지나 그 대로 보려고 영원히 깨어나지 못하게 하였다. 권력을 추구하고 재산을 늘리려는 인간의 욕구 한편에는 그리움과 시적인 사랑, 현실보다는 꿈을 찾는 삶, 죽음에의 동경이 자리 잡고 있다. 어쩌면 그게 사는 것 아니겠나.

포세이돈의 아들 오리온은 사냥을 즐겼다. 사냥의 여신 아르테미스는 오리온이 마음에 쏙 들어 함께 지냈다. 아르테미스의 오빠 아폴론은 그런 동생을 못마땅하게 여겨 꾸짖었지만 소용없었다. 아폴론은 오리온이 머리만 물 위에 내놓고 바다를 건너오는 모습을 보고는 여동생 아르테미스에게 활솜씨를 보여 달라고 부탁했다. 아르테미스는 사랑하는 오리온에게 운명의 화살을 날렸다.

새벽의 여신 에오스는 남자답게 생긴 아레스를 좋아했다. 아레스의 애인 아프로디테는 화가 나서 에오스가 인간 남자를 사랑하게 만들었다. 에오스는 트로이의 미소년 왕자 티토노스를 납치해서 결혼했다. 제우스에게 부탁해 티토노스에게 영원한 삶을 얻게 하였지만 늙는 것은 막지 못했다. 젊고 아름다운 새벽의 여신과 늙어도 죽지 못하는 인간은 함께 할 수 없었다. 에오스는 티토노스를 매미로 만들어 자신을 위해 노래하도록 했다.

- 자신들이 용감한 전사 멤논에게서 태어났음을 아는 듯, 새들은 그의 시신이 타고 남은 재 위로 몸을 던졌다. 제우스는 그 새들에게 아버지의 이름을 딴 멤노니데스라는 이름을 주었다. (오비디우스 『변신 이야기』)
- 나 오직 그대 앞에서만 꿇어 엎드리네. 제우스와 하늘, 벼락도 두렵지 않지만 그대는 두렵소, 네레우스의 딸이여! 그대의 분노는 모든 것을 꿰뚫는 제우스의 벼락보다 더 무섭다오. (오비디우스 『변신 이야기』)

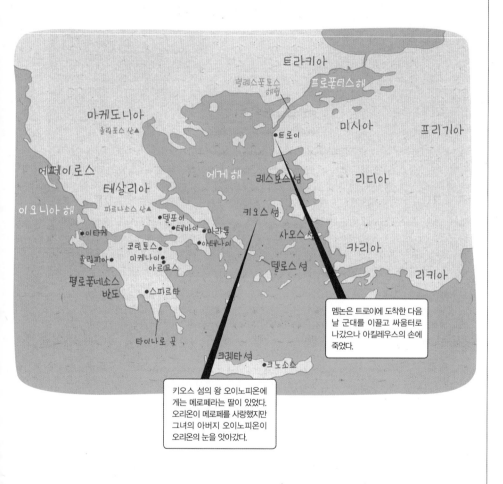

멤논은 트로이에 도착한 다음 날 군대를 이끌고 싸움터로 나갔으나 아킬레우스의 손에 죽었다.

키오스 섬의 왕 오이노피온에게는 메로페라는 딸이 있었다. 오리온이 메로페를 사랑했지만 그녀의 아버지 오이노피온이 오리온의 눈을 앗아갔다.

1 아르테미스, 잠자는 미청년 엔디미온을 사랑하다

아르테미스: 엔디미온이 젊고 멋있는 모습을 언제까지나 간직할 수 있도록 영원히 잠재워 주십시오.

「**아르테미스와 엔디미온**」 프랑스 화가 피에르 쉬블레이라스의 작품이다. 잠자는 엔디미온의 모습에 완전히 매료된 아르테미스는 엔디미온을 영원히 잠들게 했다. 그리스인들은 초승달에서 보름달로 부풀어 가는 달의 모습에서 '풍요'와 '아기를 잉태한 여성'을 연상했다. 그래서 달의 여신 아르테미스를 풍요와 다산을 관장하는 신으로 여겼다. 내셔널 갤러리 소장

달의 여신 아르테미스는 밤이면 어두운 하늘에서 세상을 향해 빛을 비췄다. 그러던 어느 고요한 밤 라트모스 산에서 양 떼를 기르는 엔디미온이라는 양치기를 보게 되었다. 잘생긴 청년 엔디미온을 보자 처녀 여신인 아르테미스의 가슴도 녹아내렸다.

아르테미스는 하늘에서 내려와 잠든 엔디미온의 얼굴에 입을 맞추며

말했다. "오, 이렇게 잘 생긴 청년은 지금까지 본 적이 없어."

아르테미스는 잠자는 엔디미온의 모습을 밤새 바라보다가 아름다운 모습을 영원히 그대로 볼 수 있으면 좋겠다고 생각했다. 결국 제우스를 찾아가 부탁했고, 제우스는 아르테미스의 청을 들어주었다.

엔디미온이 영원히 잠든 데에는 다른 이유 때문이라는 이야기도 있다. 엔디미온이 젊음을 유지하기 위해 영원히 잠들기를 바라자 제우스가 엔디미온의 소원을 들어주었다는 이야기도 전한다. 헤라가 엔디미온과 사랑에 빠져 제우스가 영원히 잠드는 벌을 내린 것이라고도 한다.

아르테미스는 잠든 엔디미온을 근처의 동굴로 옮기고 하염없이 쳐다보았다. 어느 순간 엔디미온이 잠에서 깨어나지 않는다는 사실을 떠올리자 아르테미스는 아차 싶었다. 엔디미온과 사랑을 주고받을 수 없었기 때문이다.

아르테미스는 엔디미온의 재산인 양들을 지켜주어 양떼가 많이 늘었다. 양떼가 늘어난들 무슨 소용인가. 영원한 잠에 빠졌는데! 사람들 역시 영원한 잠에 빠지게 될 줄 알면서도 재산 늘리기에 열중하지 않는가.

「아르테미스와 엔디미온」 이탈리아 화가 우발도 간돌피의 작품이다.

2 아르테미스, 사랑하는 오리온을 실수로 죽이다

오리온: 헤파이스토스가 눈 먼 나에게 보내온 케달리온아, 내 어깨 위에서 길을 안내해다오.

아르테미스: 능름한 오리온과 함께 지내고 싶구나

「아르테미스와 오리온이 있는 풍경」 17세기 프랑스 화가 푸생의 작품이다. 오이노피온의 복수로 눈이 먼 오리온이 케달리온을 어깨 위에 태운 채 걸어가고 있다. 저 멀리 구름 위에서 아르테미스가 오리온을 지켜보고 있다. 메트로폴리탄 미술관 소장

포세이돈의 아들 오리온은 몸집도 크고 미남이었다. 아버지에게서 물려받은 능력 덕분에 바닷물 위를 걷는 재주도 있었고 사냥 솜씨도 뛰어났다.

오리온은 메로페라는 아가씨에게 반해 청혼했다. 메로페는 키오스 섬의 왕 오이노피온의 딸이었다. 오리온은 메로페를 아내로 삼기 위해 왕과의 약속대로 섬에 있는 야수들을 모조리 잡아서 메로페에게 선물로 바쳤다. 오이노피온은 약속을 지키지 않고 메로페의 결혼을 자꾸 미뤘다. 기다리다 못한 오리온은 메로페를 강제로 취하려 했다. 이 사실을 안 오이노피온은 오리온에게 술을 먹여 잠들게 한 뒤 장님으로 만들어 바닷가에 내다 버렸다.

오리온은 외눈박이 키클롭스의 망치 소리를 따라 렘노스 섬에 간신히 도착해 헤파이스토스의 대장간으로 갔다. 헤파이스토스는 오리온을 불쌍히 여겨 눈을 뜨는 방법을 알려주었다. "동쪽으로 가서 수평선으로부터 솟아오르는 태양 쪽으로 눈을 돌리면 된다."

헤파이스토스는 케달리온이라는 부하를 길잡이로 내주었다. 오리온은 케달리온을 어깨에 올리고 동쪽으로 가서 태양신을 만났다. 태양신의 빛나는 광채 덕분에 오리온은 시력을 되찾았다.

세상을 다시 보게 된 오리온은 좋아하는 사냥을 즐겼다. 사냥의 여신 아르테미스는 오리온이 마음에 쏙 들어 함께 지냈다. 아르테미스가 오리온을 얼마나 아꼈던지 오리온과 결혼할 거라는 소문까지 나돌았다. 여신의 쌍둥이 오빠 아폴론은 그런 동생을 못마땅하게 여겨 자주 꾸짖었지만 소귀에 경 읽기였다.

아폴론은 아르테미스가 오리온과 결혼하게 될까 걱정하여 거대한 전갈을 보내 오리온을 감시했다. 전갈이 오리온을 해치려 하자 오리온은 전갈을 피해 바다로 도망쳤다.

아폴론은 오리온이 머리를 물 위에 내놓고 바다를 건너오는 모습을 보고는 여동생 아르테미스에게 말했다. "아르테미스야, 네가 사냥의 여신으로서 아무리 활을 잘 쏜다지만 저렇게 멀리 있는 검은 물체를 맞추지는 못하겠지?"

아르테미스는 발끈했다. "잘 봐! 쐈다 하면 백발백중이야."

운명의 화살은 바람을 가르고 날아갔다. 얼마 후 오리온의 시신이 파도에 떠밀려오자 아르테미스는 자신이 무엇을 쏜지 깨닫고 눈물을 쏟았다.

아르테미스는 오리온을 하늘의 별자리로 만들었다. 사자 가죽을 걸친 오리온이 허리띠와 칼을 차고 몽둥이를 든 거인의 모습으로 지금도 밤하늘에 빛나고 있다. 뒤에서는 오리온의 사냥개인 시리우스가 주인을 따라오고 앞에는 플레이아데스 성단이 날아가고 있다.

1 에오스, 늙어가는 남편 티토노스를 매미로 변신시키다

티토노스: 내가 몸을 가누지 못하는데, 이 늙은이를 두고 떠나시려오?

에오스: 새벽빛을 전하러 다녀와야 해요.

「**서둘러 떠나는 에오스**」 프랑스 화가 루이 장 프랑수아 라그르네의 작품이다. 수염이 덥수룩한 노인 티토노스를 두고 에오스가 새벽빛을 전하러 서둘러 떠나고 있다. 홍조를 띤 여신은 마치 바구니에 담긴 분홍색 장미꽃처럼 젊고 아름답다. 반면 노인은 여신을 애처롭게 바라보며 힘없는 팔로 떠나지 말라고 애원하는 듯하다. 아침을 여는 새벽의 여신과 저물어가는 황혼녘의 노인은 함께할 수 없는가 보다. 개인 소장

새벽의 여신 에오스는 달의 여신인 아르테미스 못지않게 종종 인간을 연모했다. 새벽이 되면 에오스는 장밋빛 손가락으로 밤의 어두운 장막을 거둬내 인간에게 빛을 가져다주었다.

로마 신화에서는 에오스가 아우로라(Aurora)에 해당한다. 티탄족인 에오스는 태양신 헬리오스와 달의 여신 셀레네와 남매지간이다. 제우스가 티탄족들을 물리친 이후에는 아폴론과 아르테미스가 각각 태양신과 달의

신의 지위를 이어받았다.

성격이 거칠고 우락부락한 아레스가 부드러운 성격에 얼굴도 예쁜 에오스를 사랑했다. 에오스도 남자답게 생긴 아레스를 좋아했다.

아프로디테가 아레스와 에오스가 만나는 모습을 보자 화가 치밀어 저주를 내렸다. "하찮은 새벽의 여신인 주제에 내 애인인 아레스를 유혹하다니! 앞으로 인간 남자를 사랑하게 될 것이다."

어느 날 에오스가 밤의 장막을 걷고 트로이를 내려다보았다. 트로이의 미소년 왕자 티토노스가 새벽빛을 받아 아름다운 광채를 내고 있었다. 에오스는 티토노스에게 반해 에티오피아로 납치해 와서 결혼했다.

에오스는 티토노스와 언제까지나 함께하고 싶어 제우스에게 티토노스를 신으로 만들어달라고 애원했다. 둘은 아들 멤논을 낳았다.

티토노스는 아무리 세월이 흘러도 죽지는 않았지만 점점 늙어갔다. 영원한 삶을 얻었지만 인간으로서 늙는 것은 어쩔 수 없었다.

에오스는 늙은 티토노스를 방 안에 가두어 두었지만 죽지 않고 골골댔다. 에오스는 남편의 모습이 너무 안쓰러워 매미로 변신시켜 버렸다. 매미로 변한 티토노스는 침실 한편에 걸어둔 매미장에서 에오스를 위해 매일 노래를 불러주었다.

「에오스」 20세기 영국 화가 에블린 드 모건의 작품이다. 콜롬버스 미술박물관 소장

2 멤논, 트로이 전쟁에서 아킬레우스의 손에 죽다

멤논: 에오스의 아들 멤논입니다. 트로이군을 도우러 갔다가 아킬레우스의 창에 찔려 죽었지요.

「**멤논 상**」 이집트 룩소르에 있는 파라오 아멘호테프 3세 묘역에 멤논의 모습을 한 거대한 석상이 세워져 있다. 멤논 이야기가 이집트에 전래되었음을 보여주는 유적이다. ⓒMarc Ryckaert

새벽의 여신 에오스와 티토노스 사이에서 태어난 멤논은 아버지를 닮아서 절세의 미남이었다. 멤논은 에티오피아의 왕이 되어서 동쪽 끝자락에 있는 오케아노스의 바닷가에서 살았다. 멤논이 형으로부터 왕위를 물려받을 무렵 트로이 전쟁이 일어났다. 사촌인 헥토르가 죽자 멤논은 군대를 이끌고 아마조네스와 함께 트로이를 도우러 갔다.

트로이에 도착한 바로 다음 날 멤논은 군대를 이끌고 싸움터로 나갔다. 네스토르의 용감한 아들 안틸로코스가 멤논의 손에 쓰러지자 아킬레우스가 멤논을 창으로 찔러 죽였다. 멤논이 죽자 트로이군은 도망치기에 바빴다.

에오스는 아들이 죽자 멤논의 형제인 바람의 신들에게 지시했다. "멤논의 시신을 파플라고니아에 있는 아이세포스 강가로 데려오너라."

저녁 무렵 강가에 도착한 에오스는 죽은 멤논을 끌어안고 하염없이 울었다. 밤의 여신도 에오스가 가여워 애도하는 마음으로 하늘을 검은 구름으로 덮었다.

에오스는 아들을 잃은 슬픔에서 헤어나지 못하고 지금도 눈물을 흘린다. 새벽에 풀잎에 맺힌 이슬은 에오스의 눈물이라고 한다.

멤논 이야기가 장대한 『일리아스』의 원본이라고 주장하는 사람들이 있다. 아주 간단한 멤논 이야기를 확장해 호메로스가 『일리아스』를 대작으로 만들었다는 것이다. 멤논이 헥토르의 아들 안틸로코스를 죽이고 복수에 나선 아킬레우스에게 죽는 것처럼, 『일리아스』에서 헥토르가 아킬레우스의 친구인 파트로클로스를 죽이고 아킬레우스에게 죽는다.

트로이 전쟁에 출전을 준비하는 멤논

6 무엇이 우리를 숨 쉬게 하나
| 파에톤, 다이달로스와 이카로스

인간은 늘 높은 곳을 향한다. 그래서 화려한 성공을 거둔 위인과 영웅을 숭배한다. 누구에게나 우리를 진정 살아 있도록 이끄는 것이 있을 것이다. 그 상승의 열망과 현실의 만족이 함께 가지 않으면 상승 엔진이 갑자기 멈출 수도 있다. 추락하는 것에는 날개가 없다지 않은가.

파에톤은 친구에게 자기가 태양신의 아들이라고 자랑하다가 거짓말쟁이로 몰린다. 모욕을 당한 파에톤은 직접 아폴론을 찾아가 태양신의 아들이란 사실을 증명해 달라고 요구했다. 아폴론은 그 증거로 무슨 소원이든 들어주겠다고 했고 파에톤은 태양 마차를 몰게 해 달라고 졸랐다. 아폴론은 어쩔 수 없이 태양 마차를 맡겼지만 파에톤은 대담하게 마차를 몰다 하늘을 태우고 강과 바다도 말렸다. 파에톤이 태양 마차를 몰고 하늘로 치솟은 것은 무모한 고집일까, 아니면 위대한 도전 정신일까?

괴물 미노타우로스를 가둔 미궁을 만들 정도로 최고의 실력을 가진 대장장이 다이달로스에게는 이카로스라는 아들이 있었다. 이카로스는 아버지가 만든 날개를 달고 무리하게 태양을 향해 솟아오르다 결국 날개를 잃어버렸다. 인간 세상에서도 새로운 시도를 하다 이름은 남겼지만 목숨을 잃은 사람들이 얼마나 많은가?

- 너는 어리석구나. 아버지에 대해 둘러댄 어머니 말을 그대로 믿고 우스운 희망에 부풀어 있으니.
  (오비디우스 『변신 이야기』)

- 제우스는 마부를 마차에서 끌어내리고 죽음으로 쫓아냈다. 파에톤이 불이 되니 세상의 불은 꺼졌다.
  (오비디우스 『변신 이야기』)

- 헬리아데스 중 셋째가 두 손으로 머리카락을 쥐었는데 뜯겨져 나온 것은 나뭇잎이었다. 한 명은 줄기가 다리를 감싸고 있다고 소리쳤고, 다른 한 명은 두 팔이 나뭇가지로 변하는 고통에 비명을 질렀다.
  (오비디우스 『변신 이야기』)

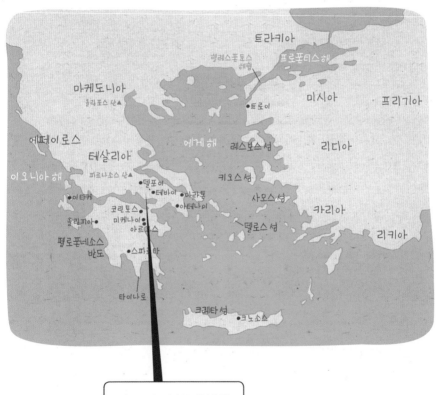

그리스 보이오티아 주 남부에 있는 헬리콘 산에는 지금도 무사의 신전, 극장 터 등이 남아 있다. 신화에서 아폴론과 무사 여신들이 헬리콘 산 동쪽 골짜기에 살았다.

1 파에톤, 아폴론에게 태양 마차를 몰게 해달라고 조르다

파에톤: 오, 세상의 빛, 태양의 신이시여! 어머니는 제가 당신의 아들이라고 말씀하셨어요. 제가 아버지의 아들이라는 증거를 보여주세요.

아폴론: 네 어머니가 한 말은 사실이란다. 그 증거로 너의 소원은 무엇이든 들어주마. 스틱스 강에 대고 맹세하겠다. 말해 보거라.

파에톤: 그렇다면 하루만이라도 태양의 마차를 몰 수 있도록 해주세요.

「**태양 마차를 몰게 해 달라고 아폴론에게 부탁하는 파에톤**」 18~19세기 미국 화가 벤자민 웨스트의 작품이다. '파에톤'이란 '눈부신', '빛나는'이란 뜻이다. 고대 로마 시인 오비디우스가 쓴 『변신 이야기』에 파에톤 일화가 자세히 실려 있다. 루브르 박물관 소장

아폴론: 내가 경솔했구나. 위험천만한 일이라서 그 부탁만은 들어줄 수가 없다. 내 아들아, 너는 인간일 뿐인데, 신도 감당하기 힘든 일을 요구하는구나. 나 말고는 어느 누구도 불타는 태양 마차를 몰 수 없단다. 하늘 길은 가파르기 이를 데 없단다. 게다가 하늘에서 빙글빙글 도는 별의 운행에 휩쓸리지 않도록 나도 늘 신경을 곤두세우지. 그러니 누가 하늘 길을 놓치지 않고 마차를 몰 수 있겠느냐? 하늘 길에는 끔찍한 괴물들도 기다리고 있단다. 말이 숨 쉴 때마다 입과 코에서 불길을 내뿜으면 나도 감당하기 힘들다. 그러니 제발 부탁을 거두어라. 대신 다른 소원은 뭐든 들어주마.

「아폴론에게 태양 마차를 끌겠다고 조르는 파에톤」 17세기 프랑스 화가 외스타슈 르 쉬외르의 작품이다. 루브르 박물관 소장

아폴론: 아들아, 정 태양 마차를 타겠다면 어쩔 수 없구나. 하지만 채찍질을 삼가고 고삐를 단단히 움켜쥐어라. 말들이 제멋대로 달리기 때문에 힘을 다해 속도를 조절해야 한다. 가운데로 나 있는 하늘의 마차 바큇자국만 따라가면 된다.
너무 높이 올라가면 하늘의 집들을 태우게 되고, 너무 낮게 내려오면 땅을 불바다로 만들게 될 것이다. 이제 고삐를 쥐어라.

「**아폴론의 태양 마차를 끄는 파에톤**」 18세기 프랑스 화가 니콜라 베르탱의 작품이다. 파에톤이 아폴론의 충고를 들으며 막 태양 마차를 끌기 시작하는 모습을 다루었다. 푸른 색 망토를 두른 아폴론이 마차가 가야 할 방향을 가리키고 있다. 루브르 박물관 소장

파에톤은 아폴론과 님프인 클리메네 사이에서 태어났다. 파에톤이 자신은 태양신의 아들임을 내세웠지만 한 친구가 이를 믿지 않고 조롱했다.

분개하여 집으로 돌아온 파에톤은 어머니에게 증거를 보여달라고 따졌다. "내 아버지는 태양신이라고 말했더니 친구들이 거짓말이라며 막 놀려댔어요. 제가 정말 태양신의 아들이라면 증거를 보여주세요."

클리메네가 대답했다. "너는 태양신의 아들이 틀림없단다. 태양신에게 가서 직접 물어보렴. 우리의 이웃 땅이 태양이 떠오르는 곳이란다."

파에톤은 그길로 태양이 뜨는 곳인 아버지의 궁전으로 향했다. 어느덧 아버지가 하늘의 운행을 시작하는 목적지에 도착한 파에톤은 가파른 계단을 올라 아버지의 궁전으로 들어갔다. 태양신 아폴론은 다이아몬드 왕좌에 앉아 있었다. 아폴론의 좌우에는 날(Day)의 신, 달(Month)의 신, 해(Year)의 신, 시간(Hour)의 신이 서 있었다.

한 여신이 파에톤을 아폴론 앞에 데려다주었다.

태양신은 아들에게 말했다. "스틱스 강을 걸고 네가 원하는 것은 무엇이든 들어주겠다."

파에톤은 망설임 없이 대답했다. "아버지의 태양 마차를 몰고 싶어요."

이 말을 들은 아폴론은 약속한 것을 후회했다. 아폴론이 간절하게 말렸지만, 파에톤은 막무가내였다. 이미 스틱스 강을 걸고 맹세했으므로 더 이상 어쩔 수가 없었다.

스틱스 강은 지하 세계에서 흐르는 강인데, 이 강을 걸고 한 맹세는 신들도 어길 수 없었다. 만약 맹세를 어기면 암브로시아를 먹을 수도, 넥타르를 마실 수도 없고 9년 동안 신들의 모임이나 잔치에 참석할 수 없다. 이튿날 새벽 아폴론은 파에톤의 몸에 영험한 약물을 발라주었다. 눈부신 불꽃을 오래 쬐어도 견딜 수 있게 해주는 약물이었다. 그리고 파에톤을 태양 마차가 있는 곳으로 데려갔다. 머리에 빛의 관을 씌워 주면서 앞일을 예감한 듯 여러 가지 주의를 주었다.

2 파에톤, 땅으로 추락하다

파에톤: 아버지의 마차를 타지 말았어야 했는데··· 세상의 열기에 더 이상 견딜 수가 없어. 차라리 아버지가 누군지 알지 못했다면 태양 마차를 타겠다고 조르는 일도 없었을 거야.

「**파에톤의 추락**」 19세기 프랑스 화가 귀스타브 모로의 작품이다. 파에톤의 주검을 받아 준 에리다노스는 클리메네와 남매간이다. 파에톤에게는 외숙이다. 루브르 박물관 소장

파에톤은 아버지의 충고를 한 귀로 흘려들었다. 고삐를 움켜쥐고 기뻐서 어쩔 줄을 몰랐다. 말들은 쏜살같이 구름을 헤치며 날아올랐다. 말들이 이전보다 짐의 무게가 더 가볍다는 걸 알아차렸다. 균형이 깨진 마차는 마치 빈 차처럼 덜컹거리며 더 빨리 내달리다가 하늘 길에서 벗어났다. 잠시 후 큰곰자리와 작은곰자리가 열기에 그슬렸다.

땅을 내려다본 파에톤은 겁에 질려 덜덜 떨었다. 주변에 온통 불꽃이 가득한데도 주변은 자꾸 어두워졌다. 파에톤은 어떻게 해야 할지 몰랐다.

게다가 하늘 여기저기서 괴물들까지 출몰했다. 전갈이 파에톤을 보자 독침으로 위협을 가해 왔다. 멈칫하는 순간에 파에톤은 그만 고삐를 놓쳤다. 고삐가 풀리자 말들은 별들 사이를 제멋대로 휘젓고 다녔다. 마차는 하늘 높이 솟구치기도 하고 지상 근처까지 곤두박질치기도 했다.

온 세상이 불타는 열기에 파에톤은 더 이상 견딜 수가 없었다. 에티오피아 사람들은 그 열기로 살갗이 검어졌고, 리비아는 열기에 메말라 사막이 되었다. 강물도 무사하지 못했다. 바빌로니아의 유프라테스 강과 갠지스 강은 메마르다 못해 연기까지 피어올랐다. 나일 강은 도망치다 머리를 사막에다 처박았는데, 지금도 여전히 그 모습으로 마른 강바닥이 드러나 있다.

바다가 줄어들어 예전에 바닷물이 가득했던 곳이 이제는 평야가 되었다. 바닷물에 잠겨 있던 산들은 섬이 되었다. 해신(海神) 네레우스조차 아내와 딸들을 모두 데리고 바닷속 깊은 동굴로 대피했다.

바다의 신 포세이돈은 세 번이나 물 밖으로 머리를 내밀었지만 열기에 못이겨 물속으로 다시 들어갔다. 대지의 여신도 뜨거운 열기로 인한 고통을 제우스에게 호소했다.

제우스는 높은 탑 위에 올라가서 번쩍이는 번개를 잡고 휘두르다가 태양 마차를 향해 던졌다. 번개가 마차에 내리꽂히자 파에톤은 마차에서 튕겨 나와 별똥별처럼 추락했다. 거대한 강의 신 에리다노스는 파에톤을 받아 안고서 불타는 몸을 식혀주었다. 강의 요정들은 불쌍한 파에톤을 강가에 묻어주었다.

「**파에톤의 추락**」 16세기 스위스 화가 조셉 하인즈의 작품이다. 라이프치히 조형예술 박물관 소장

「**포플러 나무로 변신하는 파에톤의 누이들**」 16세기 이탈리아 화가 산티 디 티토의 작품이다. 파에톤의 누이들은 오빠의 무덤을 찾아와 슬피 울다가 포플러 나무로 변했다. 쉴 새 없이 흐르던 누이들의 눈물은 태양 빛을 받아 방울방울 떨어져 호박(보석)이 되었다. 호박은 인류가 사용한 가장 오래된 보석으로 알려져 있다. 베키오 궁전 소장

1 미궁을 만든 다이달로스, 미궁에 갇히다

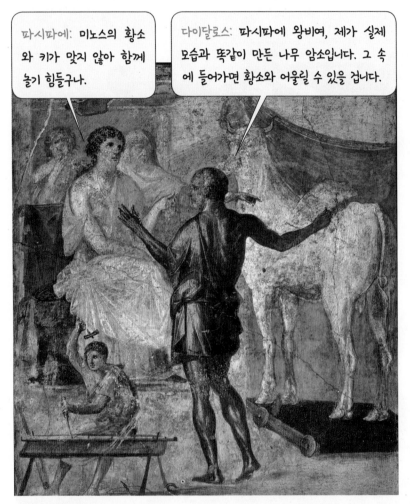

파시파에: 미노스의 황소와 키가 맞지 않아 함께 놀기 힘들구나.

다이달로스: 파시파에 왕비여, 제가 실제 모습과 똑같이 만든 나무 암소입니다. 그 속에 들어가면 황소와 어울릴 수 있을 겁니다.

「**다이달로스와 파시파에**」 폼페이 유적에 그려진 벽화다. 파시파에 왕비와 다이달로스, 나무 암소가 그려져 있다.

포세이돈은 미노스에게 훌륭한 황소를 갖게 해주었는데, 크레타의 왕 미노스는 이 황소를 제물로 바치지 않았다. 화가 난 포세이돈은 왕비 파시파에가 황소에게 욕정을 품게 했다.

크레타 섬에 머물던 대장장이 다이달로스는 실제 모습과 똑같은 암소를 만들어 그 속에 파시파에가 들어갈 수 있게 했다.

음란한 왕비 파시파에는 미노스의 황소에게 욕정을 느껴 다이달로스가 만들어준 나무 암소의 뱃속으로 들어갔다. 황소는 이를 진짜 암소인줄 착각하고 교접했다. 파시파에는 이 나무 암소의 뱃속에서 황소의 씨앗을 받아 미노타우로스를 낳았다.

미노타우로스는 머리는 황소이고 몸뚱이는 사람의 모습을 한 괴물이다. 미노타우로스가 사람들을 잡아먹으며 말썽을 피우자 미노스 왕은 다이달로스에게 괴물을 가둘 미로를 만들게 했다.

하지만 왕은 다이달로스가 왕비에게 나무 황소를 만들어준 것을 괘씸하게 여기고 있었다. 더구나 다이달로스가 아리아드네에게 실타래를 주어 테세우스의 탈출을 도운 것을 알게 되자 노발대발했다. 미노타우로스는 다이달로스가 만든 미궁 속에 갇혀 아테네의 처녀 총각들을 제물로 잡아먹다가 영웅 테세우스의 손에 죽었다.

미노스 왕은 다이달로스와 그의 아들 이카로스를 함께 미궁에 가두었다. 자신이 설계한 미궁에 자신이 갇히게 된 것이다.

「**파시파에가 나무 암소에 들어가는 것을 도와주는 다이달로스**」 16세기 화가 줄리오 로마노의 작품이다. 파시파에 왕비가 다이달로스가 만들어준 나무 암소의 뱃속으로 들어가고 있다.

2 이카로스, 감옥을 탈출해 하늘을 날다 주락하다

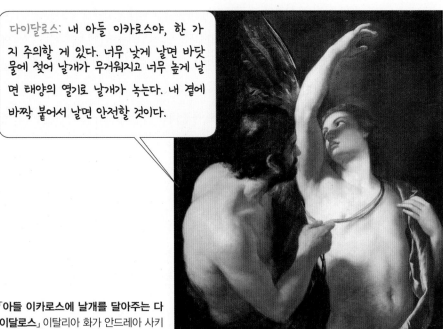

다이달로스: 내 아들 이카로스야, 한 가지 주의할 게 있다. 너무 낮게 날면 바닷물에 젖어 날개가 무거워지고 너무 높게 날면 태양의 열기로 날개가 녹는다. 내 곁에 바짝 붙어서 날면 안전할 것이다.

「**아들 이카로스에 날개를 달아주는 다이달로스**」 이탈리아 화가 안드레아 사키의 작품이다. 스트라다 누오바 미술관 소장

다이달로스는 탑에서 탈출하려 했지만 미궁의 탑이 바다로 둘러싸인 섬에 세워져 있어 탈출하는 게 불가능했다. 어느 날 문득 다이달로스는 하늘에서 새의 깃털 하나가 떨어지는 것을 발견하고 하늘에도 길이 있다고 생각했다.

다이달로스는 깃털을 모아 자신과 아들 이카로스를 위해 날개를 만들기 시작했다. 큰 깃털들은 실로 묶고 작은 깃털들은 천장에 달려 있는 벌집에서 밀랍을 모아 붙였다. 다이달로스가 완성된 날개를 퍼덕이자 몸이 공중에 떠올랐다. 아들에게도 날개를 입히고 하늘을 나는 법을 가르쳐 주었다. 날아갈 준비가 끝나자 다이달로스는 아들에게 적당한 높이로 날아야 한다고 당부했다. 곧이어 둘은 날개를 펄럭여 하늘로 솟아올랐고 아버지는 뒤를 돌아보며 아들이 잘 따라오는지 내내 살폈다. 하늘을 날던 이카로스는 기고만장해져

「**이카로스의 추락을 바라보는 다이달로스**」 17세기 플랑드르 화가 페테르 루벤스의 작품이다.
이카로스는 태양에 너무 가까이 다가갔다가 에게 해에 추락한다. 이카로스의 추락은 과욕의
결말을 잘 보여준다. 벨기에 왕립 미술관 소장

서 아버지의 충고를 무시하고 더 높이 솟아올랐다. 하지만 얼마 안 가 태
양의 열기에 밀랍이 녹았고 깃털이 하나둘 떨어져 나갔다. 이내 이카로스
는 바다로 추락했다. 다이달로스는 애타게 아들을 찾다가 아들의 깃털이
바닷물 위에 떠 있는 것을 확인했다. 자신의 재주 때문에 아들이 죽은 것
을 한탄하면서 시신을 묻은 다음 그 땅을 이카리아(이카로스의 땅)라고
이름 붙였다. 다이달로스는 무사히 시칠리아에 이르렀다. 거기서 아폴론
을 위한 신전을 짓고 자신의 날개를 신에게 바쳤다.

7 인생에서 정말로 소중한 것
| 미다스, 바우키스와 필레몬

미다스는 디오니소스의 스승 실레노스를 깍듯이 대접했다. 디오니소스는 미다스를 기특하게 여겨 미다스의 손이 닿는 것은 무엇이든 황금이 되게 해주었다. 하지만 판과 아폴론의 피리 시합에서 판의 손을 드는 바람에 아폴론의 노여움을 사서 귀가 당나귀 귀로 바뀌었다. 미다스는 소원을 이뤘지만 욕심을 부려 도리어 화를 불렀다. 인간의 욕심은 한도 끝도 없다. 욕심이 채워진다고 해서 행복해지는 것은 아니다. 배가 살짝 고플 때 먹는 음식이 더 맛있는 법이다.

노부부 바우키스와 필레몬은 나그네 행색의 제우스를 정성을 다해 대접했지만 노부부의 소원은 고작 제우스 신전을 지키는 것이었다. 인생에서 정말 소중한 것은 무엇일까? 우리의 신전은 어떤 것이어야 할까?

- 미다스가 훌륭한 음식을 입에 넣으면 황금 조각들이 이 사이로 씹힐 뿐이었다. (오비디우스 『변신 이야기』)
- 바라노니 저를 불쌍히 여기시어 이 번쩍이는 재앙에서 구해주십시오! (오비디우스 『변신 이야기』)
- 나뭇가지에 화환이 걸린 것을 직접 보았습니다. 나도 나뭇가지에 화환을 걸고 말했습니다.
  "신이 아끼는 자는 신이 될 것이다. 신을 모시는 자는 모심을 받는 법이다." (오비디우스 『변신 이야기』)

미다스 왕이 프리기아 왕국을 건설했다. 또한 레아가 디오니소스의 광증을 치료한 곳이다. 레아는 프리기아의 '대지의 여신'이다.

1 미다스, 디오니소스의 스승 실레노스를 돌보다

실레노스: 생긴 것은 이래도 나는 산야를 떠도는 지혜의 요정이다. 인간의 가장 큰 행복은 애당초 태어나지 않는 것이다. 일단 태어났으면 되도록 빨리 죽는 것이 상책이야. 아니면 술이나 마시는 게지.

「술에 취한 실레노스」 17세기 플랑드르 화가 안토니 반 다이크의 작품이다. 거나하게 취한 실레노스가 반인반수인 숲의 신 사티로스의 부축을 받고 있다. 실레노스는 대개 술에 취한 모습으로 작품에 등장한다. 내셔널 갤러리 소장

　어느 날 디오니소스의 스승인 실레노스가 갑자기 사라졌다. 술에 취해 온 마을을 이리저리 헤매고 다니자 농부들이 붙잡아 미다스 왕에게 데려갔던 것이다.

　미다스는 깜짝 놀랐다. 그 노인은 많은 사람들이 떠받드는 술의 신 디오니소스의 스승이자 양아버지인 실레노스였기 때문이다. 디오니소스에 심취해 있던 미다스는 노인을 위해 열흘 밤낮으로 잔치를 열어주었다.

2 미다스의 손에 닿은 것은 황금이 되게 하다

「**미다스와 디오니소스**」 17세기 프랑스 화가 니콜라 푸생의 작품이다. 포도 넝쿨 관을 쓴 채 비
스듬히 서 있는 디오니소스가 미다스 왕에게 소원을 묻고 있다. 디오니소스 옆에 술에 취한 실
레노스가 앉아 있다. 알테 피나코테크 소장

　실레노스는 미다스에게 자신이 지닌 지혜를 아낌없이 말해주었다. 철학
자 소크라테스는 실레노스의 모습과 닮았고 지혜도 많다는 점에서 실레
노스와 비교된다.
　열하루 만에 왕은 실레노스를 디오니소스에게 데려다주었다. 디오니소
스는 스승을 돌봐준 미다스의 소원을 들어주었다. 미다스는 손으로 만지
면 무엇이든 황금으로 변하게 되는 능력을 얻었다.

3 미다스, 소원을 취소해달라고 애원하다

미다스: 제 딸의 머리를 쓰다듬으니 제 딸도 황금으로 변했습니다. 제발 제 소원을 취소해주십시오.

디오니소스: 그래서 내가 다른 소원을 말하라고 하지 않았느냐? 팍톨로스 강에서 손을 씻어보아라.

「손으로 만지자 황금으로 변하는 미다스의 딸」 월터 크레인의 삽화이다.

「디오니소스」 2세기 이탈리아에서 발견된 디오니소스 상이다.

떡갈나무에서 가지를 뽑아냈더니만 황금으로 변했다. 잔디를 움켜쥐자 똑같은 일이 벌어졌다. 나무에서 사과를 땄더니, 마치 헤스페리스의 정원에서 황금 사과를 훔친 것 같았다. 헤스페리스의 정원에는 황금 사과가 열리는 사과나무가 있다고 한다. 미다스는 기뻐서 어쩔 줄을 몰랐다.

그런데 빵을 만졌더니 딱딱해져 씹을 수가 없었다. 포도주 한 잔을 마셔 보았더니 녹은 황금이 목구멍을 따라 내려갔다. 딸의 머리를 쓰다듬자 딸도 황금으로 변해버렸다. 얼마 전까지만 해도 갈구했던 능력이 끔찍하게 싫어졌다. 하지만 아무 소용이 없었다. 이대로 굶어 죽는 수밖에 없었다. 미다스는 죽어 가는 자신을 구해 달라고 디오니소스에게 간절히 기도했다. 디오니소스는 팍톨로스 강에 머리와 몸을 담그고 죄를 씻으라고 일러주었다. 미다스가 그대로 실행하자, 황금으로 변화시키는 능력은 물속으로 녹아들어갔다. 이후 팍톨로스 강의 모래가 황금으로 바뀌는 바람에, 오늘날에도 강바닥에서 사금이 많이 나온다고 한다.

이후 미다스는 호사스러운 생활을 멀리하고 들판과 목동의 신인 판을 숭배하며 자연을 가까이 하게 되었다. 판은 시링크스를 쫓아다니다 시링크스가 갈대로 변하자 그 갈대로 피리를 만든 신이다.

미다스: 모든 것을 황금으로 바꾸는 재앙에서 벗어나게 강물에 내 죄를 씻노라.

「**팍톨로스 강이 시작되는 곳에서 몸을 씻는 미다스**」 17세기 프랑스 화가 푸생의 작품이다. 미다스가 몸을 씻는 모습을 왕관을 쓴 강의 신 팍톨로스가 지켜보고 있다. 팍톨로스 강은 현재 터키 지방 에게 해 연안을 흐른다. 메트로폴리탄 미술관 소장

1 미다스, 판과 아폴론의 연주를 듣고 판의 손을 들다

판: 아폴론이시여, 리라 연주 실력과 저의 피리 연주 실력을 겨뤄보실래요?

아폴론: 건방진 놈, 감히 이 아폴론의 음악에 도전하다니!

「**아폴론과 판의 경연**」 17~18세기 이탈리아 화가 세바스티아노 리치의 작품이다. 피리(팬파이프)와 리라는 각각 판과 아폴론을 상징하는 악기다. 아폴론에게 도전한 존재는 신화에서 여러 명 등장한다. 대부분 도전자는 끔찍한 형벌을 받았다.

판은 갈대를 밀랍으로 이어 붙여 만든 피리를 즐겨 불었다. 어느 날 판은 무모하게도 리라의 신 아폴론에게 음악 실력을 겨루어 보자고 제안했다. "아폴론이시여, 제 음악 실력도 만만치 않습니다. 어때요. 겨뤄보시겠어요?"

아폴론이 도전을 수락하자, 산의 신인 트몰로스가 심판으로 나섰다. 이 노인은 음악이 잘 들리게 귀에서 자라난 나무들을 베어냈다.

「**미다스의 심판**」 17세기 플랑드르 화가 헨드릭 드 클레르크의 작품이다. 화면 중앙에 심판관 트몰로스가 앉아 있고 그 옆에 월계수 관을 쓰고 연보라색 옷자락을 두른 아폴론이 리라를 연주하고 있다. 갑옷 차림의 아테나 여신과 무사이 여신들이 응원하고 있다. 판은 시링크스라는 악기를 들고 요란하게 춤을 추고 있다. 암스테르담 국립미술관 소장

　판은 자신의 피리인 시링크스를 불었다. 목가풍의 아름다운 가락이었다. 뒤이어 아폴론이 리라의 현을 퉁겼다. 아름다운 음률에 매혹된 트몰로스는 아폴론의 연주가 훌륭하다고 평가했다. 모두 트몰로스의 판정에 동의했지만 판을 숭배하던 미다스는 판정이 공정하지 못하다며 딴지를 걸었다.

2 아폴론, 미다스의 귀를 당나귀 귀로 만들다

아폴론: 미다스 네놈은 음악의 신을 모독했다. 신의 음악도 들을 줄 모르는 너에게는 인간의 귀가 아닌 당나귀의 귀가 더 어울릴 것이다.

「미다스의 판결(미다스에게 당나귀 귀를 붙인 아폴론)」 17세기 프랑스 화가 미냐르 다비뇽의 작품이다. 릴 미술관 소장

미다스를 괘씸하게 여긴 아폴론은 미다스의 귀를 당겨 당나귀 귀로 바꿔놓았다. 미다스는 커다란 보라색 모자를 써서 초라한 모습을 숨겼다.

그렇지만 모자를 쓰고 이발을 할 수는 없었다. 이발사는 미다스의 귀를 보고 놀라 뒷걸음질 쳤다. 미다스는 이발사의 머리를 쥐어박으며 엄중하게 경고했다. "다른 사람들에게 내 귀에 대해 말하면 목숨을 부지하기 힘들 줄 알아라."

미다스의 이발사는 두 손으로 빌며 말했다. "저는 임금님의 귀를 보지 못했습니다."

이발을 마치고 돌아온 이발사는 비밀을 폭로하고 싶어 목이 근질근질했다. 이발사는 들판으로 가서 구덩이를 파고 소리를 질렀다. "임금님 귀는 당나귀 귀! 임금님 귀는 당나귀 귀!"

　이발사는 소리를 지르고 난 뒤 후련함을 느꼈다. 구덩이는 흙으로 메웠다. 얼마 후 억새가 들판에 빽빽이 자랐는데, 억새밭에 바람이 불면, '미다스 임금님 귀는 당나귀 귀'라는 소리가 흘러나왔다.

「당나귀 귀를 가진 미다스 왕」 17세기 이탈리아 화가 안드레아 바카로의 작품이다. 미다스가 다스렸던 프리기아 지역은 근방에서 가장 부유한 나라였다. 한편 손대는 일마다 큰 성과를 내는 사람을 빗대어 '미다스의 손'이라고 한다.

3 미다스의 아버지 고르디아스, 마차를 끈으로
매듭지어 묶다

알렉산드로스 대왕: 고민할 게 뭐 있나? 고르디아스의 매듭이 풀리지 않으면 칼로 잘라버리면 되지 않는가?

「**고르디아스의 매듭**」 18세기 이탈리아 화가 조반니 파올로 파니니의 작품이다. 알렉산드로스 대왕이 칼을 뽑아 들어 고르디아스의 매듭을 자르고 있다. 월터스 미술관 소장

미다스는 기원전 8세기 무렵 소아시아 지역에 위치한 프리기아의 왕이었다. 아버지 고르디아스는 가난한 농부였다. 사람들이 미래의 왕은 짐마차를 타고 올 것이라는 신탁을 놓고서 궁금해 하고 있을 때였다. 마침 고르디아스가 처자식을 짐마차에 태우고 마을로 들어왔다. 사람들은 신탁에 따라 고르디아스를 왕으로 추대했다.

고르디아스는 신탁을 내린 신에게 짐마차를 바쳤다. 짐마차는 견고하게 매듭을 지어 묶어두었다. 이것이 그 유명한 '고르디아스의 매듭'이다. 훗날 매듭을 푸는 사람이 아시아 전역을 다스리는 왕이 된다는 소문이 퍼졌다.

많은 사람들이 매듭을 풀려고 시도했지만 아무도 성공하지 못했다. 알렉산더 대왕이 원정길에 프리기아에 들렀다. 알렉산드로스 대왕도 매듭을 풀 수 없었다. 분통이 터진 대왕은 칼을 뽑아 들어 매듭을 댕강 잘라 버렸다. 신탁대로 나중에 알렉산더 대왕이 아시아 전역을 정복했다. 하지만 칼에 잘린 매듭이 여러 조각으로 나뉜 것처럼 알렉산드로스가 정복한 땅도 4개 지역으로 나뉘었다.

뒷날 사람들은 '너무 어려워 해결하기 힘든 문제' 혹은 '대담하게 행동할 때에만 풀 수 있는 문제'를 '고르디아스의 매듭'이라고 불렀다. '고르디아스의 매듭을 잘랐다.'라는 말은 '복잡한 문제를 대담한 방법으로 풀었다.'는 뜻이다.

「고르디아스의 매듭을 자르는 알렉산드로스」 18세기 화가 베르텔레미의 작품이다.

4 마르시아스, 아폴론과 피리 불기 시합을 하다
가죽이 벗겨지다

아폴론: 마르시아스, 피리를 거꾸로 불지 못했기 때문에 너의 가죽을 벗기겠다.

「**아폴론과 마르시아스**」 17세기 에스파냐 화가 리베라의 작품이다. 아폴론은 자신의 리라를 거꾸로 들고 연주한 후, 마르시아스에게 그렇게 연주하라고 명령했다. 피리를 거꾸로 불 수 없었기 때문에 마르시아스는 잔혹한 형벌을 받았다. 산 마르티노 국립박물관 소장

음악의 신 아폴론에게는 들판의 신인 판뿐만 아니라 사티로스인 마르시아스도 도전했다.

아테나 여신이 아름다운 소리를 내는 피리를 발명했다. 아테나는 피리를 불어 천상의 신들을 즐겁게 해주었다. 하지만 헤라, 아프로디테, 에로스가 피리 부는 아테나를 보며 웃었다. 장난꾸러기 에로스는 키득거리기까지 했다.

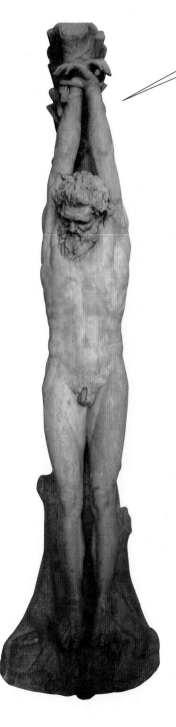

마르시아스: 피리를 거꾸로 부는 법이 어디 있소? 멋대로 하는 게 신의 법이오? 억울하기 짝이 없구료.

아테나는 밖으로 나가 피리를 부는 얼굴 모습을 개울물에 비춰보았다. 너무 힘을 주어서 그런지 얼굴이 우스꽝스럽게 일그러져 있었다.

아테나는 분통이 터져 피리를 멀리 던져버렸다. 피리는 올림포스 산 아랫길에 떨어졌다. 지나가던 사티로스 '마르시아스'가 피리를 주웠다.

마르시아스가 피리를 불자 황홀한 가락이 흘러나왔다. 열심히 연주 연습을 한 마르시아스는 음악의 신 아폴론에게 도전장을 던졌다. "아폴론님의 리라 솜씨와 저의 피리 솜씨 가운데 어느 게 나은지 겨뤄볼까요?"

아폴론은 시합을 하되, 진 쪽이 어떤 벌이라도 달게 받는다는 조건을 달았다. 둘의 솜씨는 엇비슷해 승부를 가리기가 힘들 정도였다.

아폴론은 리라를 거꾸로 들고 연주했다. 마르시아스에게도 거꾸로 들고 피리를 불어보라고 제안했다. 마르시아스는 거꾸로 연주하는 연습은 하지 않았기 때문에 포기할 수밖에 없었다.

감히 신에게 도전한 마르시아스는 산 채로 가죽이 벗겨지는 무시무시한 벌을 받았다.

「산 채로 살가죽이 벗겨지는 마르시아스」 1세기 경 이탈리아 로마에서 발견된 대리석 작품이다. 루브르 박물관 소장

1 바우키스와 필레몬, 나그네 행색의 제우스를 극진히 대접하다

> 제우스: 나는 제우스다. 거위는 죽이지 말라. 그리고 우리를 박대한 마을 사람들은 벌 받을 것이지만 너희는 벌을 면하리라. 이 집을 떠나 저 언덕 꼭대기로 함께 올라가자.

「**거위를 잡는 바우키스**」 17세기 화가 야콥 반 오스트의 작품이다. 나그네 행색을 한 제우스를 위해 거위를 잡아 식사를 준비하는 바우키스의 모습이다. 샌프란시스코 순수예술박물관 소장

어느 날 제우스가 사람의 모습을 하고서 아들 헤르메스와 함께 프리기아에 내려왔다.

둘은 지친 나그네 행색으로 하룻밤 묵을 곳을 찾았다. 마을을 돌며 집집마다 들렀지만 주민들에게서 인정머리라고는 찾아볼 수 없었다. 제우스와 헤르메스를 하나같이 문전에서 박대했다. "거지꼴을 한 나그네를 우리 집에 들일 수 없지. 다른 데 알아보시오."

쌀쌀맞은 주민들과 다르게 한 작은 오두막에 사는 할머니 바우키스와 남편 필레몬은 두 손님을 따뜻하게 맞았다. 부부는 정성스레 음식을 대접했다. 식사를 하는 동안 두 노인은 깜짝 놀랐다. 포도주를 잔에 따랐는데도 주전자에는 포도주가 새로 채워졌기 때문이다.

그제야 부부는 두 손님이 인간이 아니라는 것을 알아차렸다. "도대체 누구십니까? 이런 누추한 곳에 있을 분들이 아니신 것 같은데…. 식사 대접도 변변치 않아서 정말 죄송합니다."

부부는 남루한 오두막을 지키는 거위를 대접해야겠다고 생각했다. 두 노인네가 거위를 쫓아가자 거위는 요리조리 잘도 피하더니 신들 사이에 자리를 잡았다. 두 신은 거위를 죽이지 말라고 말했다. "애꿎은 거위를 죽이지는 마시오. 자, 집을 나섭시다. 앞으로 일어나는 일을 잘 보시오."

두 신은 노부부에게 집을 떠나 언덕 꼭대기로 올라가자고 말했다.

「바우키스, 필레몬과 함께한 제우스와 헤르메스」 17세기 독일 화가 아담 엘스하이머의 작품이다. 앉아 있는 제우스와 헤르메스, 이들을 맞이한 바우키스와 필레몬 부부가 보인다. 인간과 신들 사이에는 제우스 덕분에 죽음을 면한 거위가 어둠 속에 있다. 알테마이스터 회화관 소장

2 홍수를 비켜간 바우키스와 필레몬, 신전을 지키다 함께 죽다

제우스: 인정 많은 노인네여, 무엇이든 소원이 있으면 말해보라.

바우키스와 필레몬: 우리는 당신들의 신전을 지키는 사제가 되고 싶습니다. 또한 우리 부부는 평생 해로했으니 한날한시에 죽기 바랍니다. 누군가의 무덤을 바라보는 일이 없도록 해주십시오.

「폭풍우 치는 풍경」 17세기 플랑드르 화가 페테르 루벤스의 작품이다. 마을에 폭풍우를 내리는 제우스와 이를 두려워하는 바우키스, 떠내려가는 마을을 바라보는 필레몬의 모습이 그려져 있다. 빈 미술사 박물관 소장

바우키스몬: 필레몬, 몸에서 나뭇잎이 돋는구려. 이제 갈 때가 되었나 보오. 함께 갑시다. 영원한 내 사랑이여!

신전 계단 앞에서 이야기를 나누는 바우키스와 필레몬 (좌) 독일 화가 야누스 제넬리의 「바우키스와 필레몬」 부분이다. 부부가 신전 계단 앞에서 이야기를 나누고 있다. 드레스덴 국립미술관 소장

나무로 변한 바우키스와 필레몬 (우) 바우키스와 필레몬 이야기는 오비디우스가 『변신 이야기』에서 처음 썼다. 이후 20세기에 이르기까지 산문, 시, 오페라 등에 여러 차례 수용되었다. 드레스덴 국립미술관 소장

늙은 부부는 두 신을 따라 나서 가파른 언덕배기로 올라갔다. 꼭대기에 거의 다다라 고개를 돌려 내려다보니 온 마을이 홍수로 물에 잠겼다. 하지만 자신들의 집은 신전으로 변하고 있었다. 제우스가 부부에게 소원을 묻자 노부부는 제우스 신전을 지키다 한날한시에 죽고 싶다고 말했다.

두 사람은 소원대로 신전을 지키게 되었다. 세월이 흐른 어느 날 바우키스는 필레몬의 몸에서 나뭇잎이 돋는 것을 보았다. "여보, 당신 몸이 나무로 변하고 있어요. 신전을 지키는 나무가 되려나 봐요."

필레몬도 바우키스의 몸에서 나뭇잎이 돋는 것을 보았다.

두 사람은 각각 참나무와 보리수로 변하면서 마지막 순간까지 평온하게 함께했다.

8 소중한 이를 찾아서
| 페르세포네와 데메테르, 글라우코스와 스킬라

곡물의 여신 데메테르는 딸 페르세포네가 하데스에게 납치되자 저승 세계까지 내려가서 페르세포네를 지상으로 데려왔다. 페르세포네는 저승 세계의 음식을 먹는 바람에 8개월 동안만 지상에 머물 수 있었다. 그 결과 일 년에 8개월만 곡식이 여물었다.

소중한 사람을 찾아 세상 끝까지라도 가는 것은 아름답다. 하지만 아무리 간절하게 사랑을 찾아도 메아리 없는 외침은 슬프다.

수컷 인어 글라우코스는 아름다운 처녀 스킬라에게 반해 따라다녔지만 스킬라는 글라우코스를 피해 달아났다. 글라우코스는 마녀이자 여신인 키르케를 찾아가 스킬라가 자기를 사랑하도록 해달라고 부탁하지만 키르케는 오히려 글라우코스를 유혹한다.

키르케가 조언했다. "당신을 경멸하는 여자는 경멸하고 당신을 따르는 여자를 따르세요." 그래도 글라우코스는 스킬라를 간절하게 원했다. 키르케가 스킬라를 괴물로 만들자 글라우코스는 슬퍼하며 키르케를 외면했다.

- 하데스여, 더 이상 갈 수 없습니다. 데메테르께서 원하지 않으면 당신은 그분의 사위가 될 수 없습니다. 그분의 딸을 납치하다니요. 당신은 청혼을 했어야 합니다. (오비디우스 『변신 이야기』)
- 아이를 돌려준다면 납치한 것은 참겠습니다. 당신도 딸에게 도둑을 섬기라고 할 순 없을 테지요. (오비디우스 『변신 이야기』)
- 당신을 경멸하는 여자를 경멸하고, 당신을 따르는 여자를 따르세요. (오비디우스 『변신 이야기』)

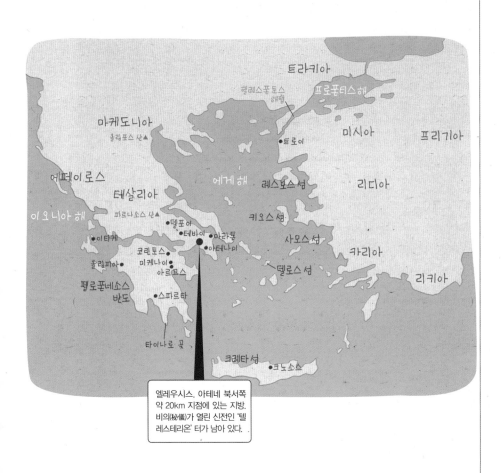

엘레우시스. 아테네 북서쪽 약 20km 지점에 있는 지방. 비의(秘儀)가 열린 신전인 '텔레스테리온' 터가 남아 있다.

1 하데스, 데메테르의 딸 페르세포네를 납치하다

페르세포네: 어머니, 친구들아, 나 좀 도와줘! 저승의 신 하데스가 나를 납치하고 있어.

「**페르세포네의 납치**」 19~20세기 호주 화가 루퍼트 버니의 작품이다. 호주 국립미술관 소장

지하 세계의 왕인 하데스가 동생 제우스를 찾아와 페르세포네를 아내로 맞게 해달라고 부탁했다. 페르세포네는 제우스와 농업의 여신 데메테르 사이에서 태어난 딸이었다.

제우스는 난처했다. 데메테르가 딸 페르세포네를 컴컴한 지하 세계로 시집보내지 않을 것이기 때문이다.

제우스는 얼버무렸다. "나는 상관없지만 페르세포네의 어미인 데메테르가…"

데메테르는 딸을 시칠리아 섬으로 자주 데려와서 함께 지내곤 했다. 골짜기에는 숲으로 둘러싸인 호수가 있었다. 주변 땅은 촉촉한 물기를 머금어 꽃들이 만발했다. 이곳에서 페르세포네는 백합과 제비꽃을 따면서 친구들과 놀고 있었다. 이때 갑자기 땅이 갈라지더니 하데스가 전차를 타고 지상으로 솟구쳤다. 하데스는 페르세포네를 잽싸게 낚아채 눈 깜짝할 사이에 땅속으로 사라져 버렸다. 숲과 강의 님프들이 이 광경을 지켜보면서 발을 동동 굴렀다.

하데스는 삼지창으로 강기슭을 찔러 저승으로 가는 길을 열었다. 전차

는 지하 세계의 궁전에 이르렀다. 하데스는 황금 의자에 페르세포네를 앉히고 페르세포네에게 청혼했다. "데메테르가 딸을 지하 세계로 시집보내지 않을 것 같아 납치할 수밖에 없었소. 제발 나의 아내가 되어주오. 땅속의 어마어마한 보물들은 모두 당신 것이 될 것이오."

페르세포네는 눈물을 보이며 지상으로 보내달라고 하소연했다. "보물 같은 것은 필요 없어요. 제발 저를 땅 위로 보내주세요."

하데스는 페르세포네를 보내주지 않고 강제로 결혼했다.

「**페르세포네의 납치**」 17세기 이탈리아 조각가 잔 베르니니의 작품이다. 페르세포네가 하데스로부터 벗어나기 위해 발버둥 치는 모습을 표현했다. 보르게세 미술관 소장

2 농사의 여신 데메테르가 슬픔에 잠겨 농작물이 말라죽다

데메테르: 페르세포네야, 도대체 어디로 갔니?

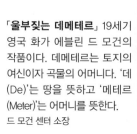

「울부짖는 데메테르」 19세기 영국 화가 에블린 드 모건의 작품이다. 데메테르는 토지의 여신이자 곡물의 어머니다. '데(De)'는 땅을 뜻하고 '메테르(Meter)'는 어머니를 뜻한다. 드 모건 센터 소장

데메테르는 이 땅 저 땅으로 사라진 딸을 찾아 나섰지만 소용없었다. 마침내 처음 길을 떠났던 시칠리아 섬으로 돌아와 키아네 강가에 서게 됐다. 페르세포네를 납치한 하데스가 저승 세계로 가는 길을 열었던 바로 그 강기슭이다.

강의 님프는 페르세포네가 발버둥을 치다가 떨어뜨린 앞치마의 허리끈을 여신의 발밑으로 흘려보냈다. 허리끈을 본 데메테르는 그제야 페르세포네가 이 세상에서 사라졌다는 사실을 알았다.

숲의 님프들과 강의 님프들은 하데스의 보복이 두려워 아무 말도 하지 않았다. 데메테르가 슬픔에 잠겨 농작물을 돌보지 않자 농작물이 모두 죽었다. 나무와 씨앗은 말라붙었고 엉겅퀴와 가시덤불만 자랐다. 사람들은 먹을 게 없어 굶주려 죽어갔다.

3 아레투사, 페르세포네가 지하 세계로 갔다고 말해주다

알페이오스: 왜 달아나느냐, 아레투사야. 나는 이 강의 신 알페이오스다.

아레투사: 살려주세요, 아르테미스 여신님! 당신을 숭배하는 님프를 살려주세요!

「**알페이오스와 아레투사**」 17세기 이탈리아 화가 카를로 마라타의 작품이다. 알페이오스는 오케아노스와 테티스 사이에서 태어난 수많은 강의 신 가운데 하나다. 아르테미스 여신이 구름으로 아레투사의 몸을 가려주고 있다. 현재 알피오스(알페이오스) 강은 펠로폰네소스 반도의 서부를 흐르는 큰 강이다. 크리스티 소장

마침내 샘의 님프 아레투사가 황폐해진 땅을 회복하기 위해 데메테르를 찾아가 말했다. "여신이시여! 땅을 나무라지는 마세요. 땅이 열려 따님이 끌려들어갔지만, 어쩔 수 없는 일이지요. 제가 그 장면을 두 눈으로 똑똑히 보았어요."

아레투사는 그때 당시의 이야기를 계속 이어갔다. "저는 숲에서 사냥을 하는 님프예요. 남들이 저를 보고 추파를 던져도 저는 거들떠보지 않았죠.

아레투사: 아르테미스 여
신이 땅을 갈랐어요.
알페이오스를 피해 제가
갈라진 틈으로 뛰어들었
지요. 땅 아래를 지나다
따님을 보았어요.
지하 세계의 여왕이 된
것처럼 보였어요.

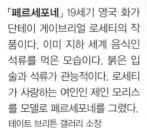

「페르세포네」 19세기 영국 화가
단테이 게이브리얼 로세티의 작
품이다. 이미 지하 세계 음식인
석류를 먹은 모습이다. 붉은 입
술과 석류가 관능적이다. 로세티
가 사랑하는 여인인 제인 모리스
를 모델로 페르세포네를 그렸다.
테이트 브리튼 갤러리 소장

어느 날 사냥을 마치고 숲에서 나오는 길이었어요. 맑은 물이 흐르는 강
가로 가서 옷을 벗어 버드나무 가지에 걸어 두고 물속으로 뛰어들었지요.
깊은 물속에서 이상한 소리가 들려와 저는 급히 가까운 강가로 피했어요.
그러자 강의 신 알페이오스가 인간의 모습으로 나타나 저를 쫓아오는 거예요. 결국 알페이오스에게 따라잡히고 말았어요.

기진맥진한 제가 아르테미스 여신에게 도움을 요청하자 여신은 두터운 구름 한 장으로 제 몸을 가려주었어요. 구름에 싸인 몸이 물로 변하자 알페이오스는 인간의 모습에서 강물로 되돌아가 저와 합치려 했지요.

그때 여신이 재빨리 땅을 갈랐고, 저는 몸을 숨기려고 갈라진 틈 속으로 뛰어들었어요. 땅속의 빈 공간을 떠돌아다니다 이곳 시칠리아 섬까지 오게 되었지요.

제가 땅 아래를 지나는 도중에 따님을 보았습니다. 슬퍼 보였지만 두려운 기색은 없었어요. 따님은 지하 세계의 여왕이 되었습니다."

알페이오스 강은 실제로 일부가 땅 밑으로 사라져 지하로 흐르다가 다시 땅 위로 나타난다고 한다. 시칠리아의 아레투사 샘은 알페이오스 강이 바다 밑을 흐르다 다시 땅으로 솟아난 것이라고 한다. 알페이오스 강에 컵을 하나 던지면 아레투사 샘에 다시 나타난다는 이야기도 전해온다.

아레투사 샘 이탈리아 시칠리아 섬 시라쿠사에 위치한 샘이다. 샘 중앙에는 종이 원료가 되는 파피루스가 자라고 있다. 고대 로마 철학자 키케로는 시라쿠사를 '가장 위대하고 아름다운 그리스의 도시'라 칭했다. ⓒGiovanni Dall'Orto

4 데메테르, 딸을 매년 8개월 동안 지상으로 불러올리다

데메테르: 내 딸 페르세포네야.
곡식이 싹트는 시기에는 내 곁으로 올 수 있단다.
어서 지하에서 나오너라.

「페르세포네와 데메테르의 재회」 19세기 영국 화가 프레더릭 레이턴의 작품이다. 페르세포네가 데메테르에게 돌아가는 장면이다. 리즈 뮤지엄 앤 갤러리 소장 아레투사의 말을 듣고 데메테르는 바로 제우스를 찾아가 딸을 되찾게 해 달라고 애원했다.

제우스는 청을 들어주되 조건을 달았다. "페르세포네가 저승 세계에 머무는 동안 그곳 음식을 먹었다면 도와줄 수 없소."

그리하여 제우스의 명을 받은 헤르메스가 봄의 여신을 대동하고 지하로 내려가 페르세포네를 돌려달라고 요구했다. 하데스는 제우스의 뜻에 따르겠다고 했다.

하데스는 페르세포네를 내실로 데려가서 과일 바구니에 있는 석류 한 개를 들더니 페르세포네의 손에 쥐어주며 말했다. "페르세포네, 내가 처음이자 마지막으로 주는 지하 세계의 음식이니 어서 드시오."

페르세포네는 땅으로 가는 게 너무 기뻐 하데스가 주는 석류 네 알을 덥석 먹었다. 헤르메스는 페르세포네를 데리고 지하 세계를 빠져나왔다.

페르세포네, 데메테르, 헤르메스는 올림포스로 올라가 제우스와 만났다. 제우스는 페르세포네에게 지하 세계의 음식을 먹었냐고 물어보았다. 페르세포네가 석류 네 알을 먹었다고 대답하자 제우스는 무언가를 계산한 후 모녀에게 말했다. "일 년은 12달인데 석류를 네 알 먹었으니 1년의 3분의 1은 지하 세계에서 하데스와 지내야 하고, 나머지 3분의 2는 땅에서 어머니와 함께 지낼 수 있다."

데메테르는 딸을 만나는 한 해의 3분의 2 동안은 농작물을 돌보았다. 사람들은 전처럼 곡식과 과일을 키우고 거둘 수 있게 되었다. 페르세포네가 지하에 가 있는 겨울 동안은 데메테르가 농작물을 돌보지 않아 곡식이 자라지 않는다.

페르세포네는 곡식의 씨앗을, 페르세포네의 운명은 곡식의 순환 과정을 상징한다. 페르세포네가 데메테르에게 돌아가는 것은 곡식이 싹트는 것을 의미하고, 하데스에게 가는 것은 수확이 끝나 곡식이 땅 위에서 사라지는 것을 의미한다.

1 글라우코스, 스킬라에 반하다

글라우코스: 나도 한때는 인간이었소. 어느 날 잡아온 물고기를 풀 위에 내려놓았는데, 그 물고기들이 물속을 헤엄치듯 풀밭을 가로질러 바다로 돌아갔다오. 그 풀에 특별한 힘이 있다고 생각해 뜯어 먹었는데, 그 즙이 혀에 닿는 순간 물이 그리워져 바닷속으로 뛰어들었다오. 이제 나는 온전히 바다에 속한 신이라오. 하지만 당신의 마음을 얻지 못한다면, 이 모든 게 무슨 소용이겠소?

「**글라우코스와 스킬라**」 18세기 프랑스 화가 자크 뒤몽의 작품이다. 트루아 미술관 소장

어느 날 글라우코스는 물의 님프들이 좋아하는 아름다운 처녀 스킬라를 보고 첫눈에 반했다. 어느 날 스킬라가 물가를 거닐다가 맑은 물에 늘씬한 다리를 씻고 있었다. 글라우코스는 스킬라에게 반해서 물 위로 모습을 드러내고 사랑을 고백했다. "스킬라, 나와 결혼해 주시오."

하지만 스킬라는 낯선 모습에 기겁을 하고 도망쳤다. 바다가 내려다보이는 벼랑에 이르러 고개를 돌려보았더니 글라우코스는 상반신은 인간이고 하반신은 물고기인 수컷 인어의 모습을 하고 있었다. 글라우코스는 물에 절반쯤 몸을 드러내고 바위에 기댄 채 자신이 변신하게 된 내력을 말했다. 하지만 스킬라는 몸을 돌리더니 달아났다.

스킬라: 싫어요. 무서우니 제발 저리 가세요.

「글라우코스와 스킬라」 16세기 플랑드르 화가 바르톨로메우스 슈프랑거의 작품이다. 스킬라의 아름다운 자태를 보고 사랑에 빠진 글라우코스의 모습을 표현했다. 빈 미술사 박물관 소장

2 글라우코스, 마법사 키르케의 구애를 물리치다

글라우코스: 내가 스킬라를 사랑하듯이 스킬라도 나를 사랑하도록 만들어 주시오.

키르케: 글라우코스 당신을 좋아하는 상대를 찾는 편이 나을 거예요. 당신을 경멸하는 여자는 경멸하고 당신을 따르는 여자를 따르세요. 서로 마음이 맞는 사랑을 만나야 사랑을 주고받는 온전한 인연을 맺게 됩니다.

글라우코스는 마녀이자 여신인 키르케를 찾아가 스킬라가 자신을 사랑하도록 만들어 달라고 부탁했다. 하지만 키르케는 자신을 좋아하는 상대를 찾는 게 좋을 것이라고 충고했다.

키르케의 충고에도 불구하고 글라우코스는 입장을 분명히 했다. "바다 밑바닥에 나무가 자라고 산꼭대기에 해초가 우거지는 날이 올지언정 스킬라만을 사랑할 겁니다."

키르케: 비웃음을 당하면 비웃음으로 갚고, 이루지 못한 사랑은 분노로 갚으리.

「**질투하는 키르케**」 19세기 영국 화가 존 워터하우스의 작품이다. 스킬라를 시기해 키르케가 바닷물에 독을 푸는 모습이다. 이 그림은 질투심에 미친 여자의 잔인한 아름다움을 표현한 것으로 유명하다. 사우스 오스트레일리아 미술관 소장

3 스킬라, 키르케의 마법에 걸려 바다 괴물로 변하다

키르케: 옳지, 스킬라여, 아무 것도 모른 채 물속으로 들어가는구나!

「키르케와 스킬라」 19〜20세기 영국 화가 존 스트루드위크의 작품이다. 키르케는 신화에 등장하는 대표적인 마녀다. 주로 사람을 동물로 변신시키는 마법을 쓴다. 화면 뒤쪽으로 독을 푼 물로 들어가려는 스킬라가 보인다. 서들리 하우스 소장 키르케는 글라우코스를 사랑하게 되었다. 여신은 이루지 못하는 사랑에 대한 분노를 스킬라에게로 돌렸다.

키르케는 스킬라가 사는 시칠리아의 어느 해변으로 갔다. 스킬라는 그곳에서 쉬면서 바닷가를 쏘다니기도 하고 미역도 감았다. 여신은 몰래 바닷물에 독약을 부은 다음 주문을 외웠다.

스킬라는 평소처럼 허리까지 차는 물속으로 뛰어들었다. 놀랍게도 한 무리의 뱀과 괴물들이 자신의 주위를 감쌌다. 벗어나려고 발버둥 쳐도 계속 따라왔다. 처음에는 뱀과 괴물이 자기 몸의 일부인지 상상조차 못했다. 허리까지는 인간 여성, 허리 아래로는 6개의 개 머리와 12개의 다리가 달린 괴물로 변한 것이다.

차츰 스킬라의 성격도 외모와 마찬가지로 흉악해져 운수 사나운 뱃사람들을 닥치는 대로 붙잡아 먹어 치웠다. 나중에 스킬라는 오디세우스의 병사 여섯 명을 잡아먹었고 아이네이아스의 배를 난파시키려 했다. 결국 바위로 변해 뱃사람들을 두려움에 떨게 했다.

한편 글라우코스는 사랑을 거절하다 괴물로 변한 스킬라의 모습에 슬퍼하면서 키르케의 구애를 피해 멀리 떠났다.

바다 괴물로 변한 스킬라 기원전 450~425년경에 제작한 보이오티아산 적회식 도기다. 님프였던 스킬라는 바다 괴물로 변모한다. 루브르 박물관 소장

9 간절히 원하면 이루어질까

| 피그말리온, 아프로디테와 아도니스,
베르툼누스와 포모나

화가 피그말리온은 자기가 조각한 여자 조각상을 무척 사랑했다. 아프로디테가 그 꿈을 들어주어 조각상이 진짜 여인으로 변했다. 이 이야기에서 '피그말리온 효과'라는 말이 생겼다. 누군가에 대한 믿음이나 기대가 그대로 실현되는 것을 말한다.

에로스의 화살에 맞은 아프로디테는 미소년 아도니스에 눈이 멀었다. 아도니스는 아레스가 질투하여 변신한 멧돼지를 사냥하다 물려 죽었다. 소망하면 이루어진다. 하지만 질투의 칼날을 막기는 어렵다. 질투는 사랑만큼 세다.

또 다른 사랑의 해답을 계절의 신 베르툼누스에게 들어보자. 님프 포모나는 과수원 돌보기에만 열중하고 연애에는 관심이 없었다. 계절의 신 베르툼누스가 노파로 변장해 포모나에게 접근해서 충고한다. "포도나무가 느릅나무를 휘감아주지 않으면 느릅나무는 홀로 서 있겠죠. 포도나무도 느릅나무를 휘감고 있지 않으면 땅바닥을 기고 있을 테고요. 포모나 아가씨도 느릅나무와 포도나무에서 교훈을 얻어 배필을 만나는 게 어떨까요?"

결국 포모나는 베르툼누스를 사랑하게 된다. 계절의 신 베르툼누스는 좋은 계절이 다 지나가기 전에 사랑이 다가오면 그 품에 안기라고 말한다. 결국 세상을 떠날 때는 후회보다 사랑한 기억만을 남겨야 하지 않을까? 영화 『사랑과 영혼』에서 샘의 영혼이 세상을 떠나면서 연인 몰리에게 말한다. "참 놀랍군. 마음속의 사랑을 영원히 간직할 수 있으니 말이야."

- 신들은 스미르나를 불쌍히 여겨 나무로 변신시켰다. 열 달 후에 나무가 갈라지고 아도니스가 태어났다. 아프로디테는 아도니스의 아름다움에 사로잡혀 어린아이를 몰래 상자에 감추고 페르세포네에게 맡겼다.
  (아폴로도로스 『도서관』)

- 풀 위에 누운 아프로디테는 아도니스의 가슴에 머리를 기대고 때때로 입 맞추며 이야기했다.
  (오비디우스 『변신 이야기』)

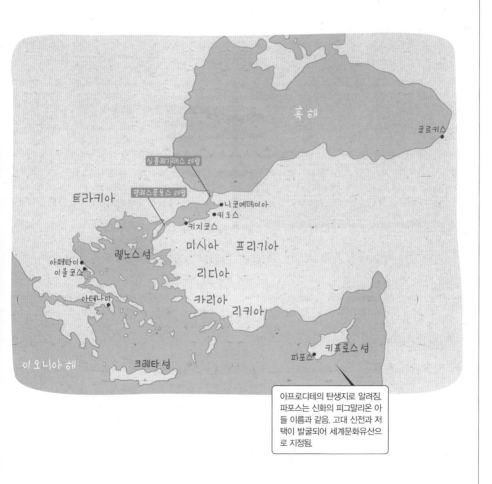

아프로디테의 탄생지로 알려짐. 파포스는 신화의 피그말리온 아들 이름과 같음. 고대 신전과 저택이 발굴되어 세계문화유산으로 지정됨.

1 피그말리온, 아름다운 여자 조각을 만들다

여자들: 피그말리온은 우리를 거들떠보지도 않아.

피그말리온: 남자에게 웃음을 흘리면서도 부끄러워할 줄 모르는 여자들은 마음에 들지 않아. 이상적인 여인을 찾고 싶어.

「피그말리온 연작 1-마음이 원하다」 19세기 영국 화가 에드워드 콜리 번 존스의 작품이다. 왼쪽 문 밖에는 거리를 지나가는 두 여인이 호기심 어린 눈으로 쳐다보고 있고 피그말리온은 여자들에게는 관심도 두지 않고 무언가 골똘히 생각하고 있다. 버밍엄 미술관 소장

키프로스 여인들은 섬에 온 나그네를 박대했다가 아프로디테의 저주를 받아 나그네에게 몸을 파는 신세가 되었다. 키프로스 여인들은 뭇 남자에게 몸을 파는 행위를 부끄럽게 여기지 않았다. 조각가 피그말리온은 그런 키프로스 여자들을 싫어했다.

피그말리온은 자신이 이상적으로 생각하는 여인의 모습을 상아 조각상으로 만들었다. 세상의 어떤 여자도 이 조각상보다 아름다울 수 없을 듯했다. 진짜 살아 있는 것 같은 여자 모습이었다. 움직이지 않는 것은 수줍음 때문인 것만 같았다. 피그말리온의 조각상은 사람의 작품이 아니라 대자연의 솜씨처럼 보였다.

「피그말리온 연작 2─손을 거두다」 19세기 영국 화가 번 존스의 작품이다. 버밍엄 미술관 소장

피그말리온은 자신의 작품에 빠져 있다가 급기야 작품에 마음을 빼앗기고 말았다. 가끔씩 조각상이 살아 있는지 확인하려고 손으로 만져보았다. 조각상을 껴안기도 하고, 젊은 아가씨들이 좋아할 만한 선물도 주었다. 옷도 입히고 가슴에는 진주 장신구를 걸쳐주었다. 서 있는 게 힘들까 봐 소파에 눕히고 아내라고 불렀다.

2 아프로디테에게 이상적인 아내를 요구하다

피그말리온: 아프로디테 여신이여, 간절히 기도합니다. 제게 정숙하고 아름다운 아내를 보내주세요.

「조각의 기원: 조각상에 사랑을 느끼고 조각상에게 생명을 달라고 아프로디테에게 기도하는 피그말리온」 18세기 프랑스 화가 장 밥티스트 레뇨 남작의 작품이다. 베르사유 궁전 트리아농 궁 소장

키프로스 섬에 아프로디테 축제가 다가왔다. 피그말리온은 축제 제단 앞에 제물을 바치며 아내를 보내달라고 기도했다. 축제에 와 있던 아프로디테가 피그말리온의 말을 듣고 제단의 불꽃을 세 번 공중으로 솟구치게 하여 소원을 들어주겠다는 의사를 표시했다.

피그말리온은 집에 돌아오자마자 어여쁜 조각상부터 보러 갔다. 에로스가 조각상에 입맞춤을 하자 온기가 전달되어 진짜 아름다운 여인으로 변했다. 피그말리온이 상아 조각상을 손가락으로 누르자 밀랍처럼 말랑말랑하게 느껴졌다. 혹시 잘못 본 게 아닌가 싶어 간절한 심정으로 거듭거듭 조각상을 만져보았다.

「피그말리온과 갈라테이아」 18세기 프랑스 조각가 에티엔 모리스 팔코네의 작품이다. 에로스가 조각상에 입맞춤을 하고 있다.

그런데 정말 살아 있는 게 아닌가! 피부를 누르면 쑥 들어갔다가 손가락을 떼면 원래대로 돌아왔다. 처녀에게 입맞춤을 하자 낯빛을 붉혔다. 아프로디테가 피그말리온의 사랑에 감동해 소원을 들어준 것이다.

피그말리온은 여신에게 감사의 인사를 올렸다. 진짜 여인으로 변한 연인에게는 '갈라테이아'라는 이름을 붙여주었다. 둘은 혼인해 아들 파포스를 낳았다. 아프로디테에게 바쳐진 파포스라는 도시는 아들 이름에서 유래했다.

이 이야기에서 심리학 용어인 '피그말리온 효과'가 유래했다. 간절히 소망하는 것이 그대로 실현되는 경우를 일컫는다.

피그말리온: 갈라테이아여, 입맞춤을 통해 내 가슴의 고동까지 받아들이는구려! 나도 젊은 열정을 다해 그대의 숨결과 따뜻함과 생명의 약동을 고스란히 받으리니!

「피그말리온과 갈라테이아」 19세기 프랑스 화가 장 레옹 제롬의 작품이다. 석고상이 인간으로 변화하고 있다. 에로스가 어김없이 등장해 활시위를 당기고 있다. 메트로폴리탄 미술관 소장

「피그말리온과 갈라테이아」 18세기 프랑스 화가 루이 라그레네의 작품이다. 갈라테이아는 아프로디테와 에로스의 도움으로 진짜 인간이 되었다.

1 아프로디테, 아도니스를 사랑하다

아프로디테: 겁 많은 것들에게는 용감하고, 용감한 것들에게는 조심하세요. 용감한 것들에게 용감하게 굴다가는 위험한 처지에 놓여요. 자연의 무기로 중무장한 짐승들은 공격하지 마세요. 이 아프로디테를 사로잡은 당신의 젊음과 아름다움도 사자나 멧돼지 앞에서는 아무 소용없답니다.

「**아프로디테와 아도니스**」 16세기 이탈리아 화가 베첼리오 티치아노의 작품이다. 아프로디테가 연인 아도니스를 붙잡고 충고의 말을 건네고 있다. 아도니스는 왠지 귀찮다는 표정이다.
게티 센터 소장

아프로디테는 아들 에로스와 놀다가 그만 아들이 갖고 있던 화살에 가슴을 찔렸다. 상처는 생각보다 깊었다. 아프로디테는 상처가 채 낫기도 전에 아도니스를 처음 보고 그만 반했다. 하늘에서 노는 것에도 흥미를 잃을 정도였다. 하늘보다 아도니스가 더 소중했다.

이전에 아프로디테는 예쁜 모습을 가꾸는 데만 정신이 팔려 있었지만 이제는 사냥개를 데리고 토끼와 사슴 등 사냥하기 안전한 짐승을 쫓아다녔다. 하지만 늑대나 곰 등 사나운 짐승들 근처에는 얼씬도 하지 않았다. 아도니스에게도 위험한 짐승은 피하라고 충고했다.

아도니스는 그런 충고에 얽매이지 않았다. 하루는 아도니스가 창을 던져 멧돼지의 옆구리에 꽂았는데, 멧돼지는 입으로 창을 물어 빼낸 다음에 아도니스를 쫓아왔다. 멧돼지가 큰 이빨로 달아나는 아도니스의 옆구리를 콱 물었다. 아도니스는 치명적인 상처를 입고 쓰러졌다. 이 멧돼지는 아프로디테의 남편인 헤파이스토스 혹은 아프로디테의 연인인 아레스가 질투하여 변신한 것이라고 한다.

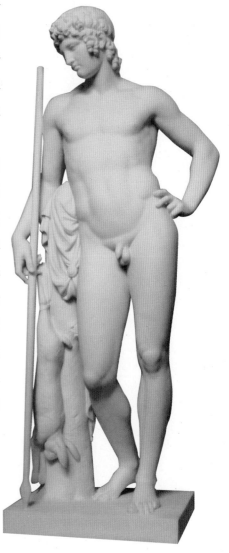

「**아도니스**」 18~19세기 덴마크 조각가 베르텔 토르발센의 작품이다. 아도니스는 신화에 등장하는 대표적인 미소년이다. 토르발센 박물관 소장

2 멧돼지에 물려죽은 아도니스를 아네모네로 피게 하다

아프로디테: 운명의 여신아, 너희가 이겼구나. 하지만 내 슬픔의 기억은 영원하리니! 오 내 사랑 아도니스, 그대의 죽음과 내 탄식이 해마다 새로워지겠네요. 당신의 피는 아네모네로 변할 거예요. 이 꽃이 주는 위안만으로도 나는 부러울 게 없답니다.

「**아도니스의 죽음을 슬퍼하는 아프로디테**」 18세기 미국 화가 벤자민 웨스트의 작품이다. 카네기 미술관 소장

아프로디테는 백조가 이끄는 이륜차를 타고 키프로스 섬으로 날아가던 중에 아도니스의 비명 소리를 들었다. 수레를 돌려 땅에 가까이 내려와 보니 아도니스는 이미 죽어 있었다.

아프로디테는 애인의 시체를 끌어안고서 가슴을 쳤다. 운명의 여신들을 원망하고서는 아도니스의 피에 넥타를 뿌렸다. 피와 넥타가 섞이자 거품이 일었고 얼마 후 붉은 꽃 한 송이가 피어났다.

꽃은 오래 피어 있지 않았다. 바람이 불면 피고 다시 바람이 불면 졌다고 한다. 그래서 이 꽃을 바람의 꽃, 즉 아네모네라고 불렀다. 그렇게 해서라도 아프로디테는 아네모네가 피고 질 때마다 사람들이 아도니스를 기억하도록 했다. 아도니스가 꽃으로 피고 지기를 반복하는 것은 죽음과 부활을 의미한다.

제우스는 아프로디테가 슬퍼하는 것을 안타깝게 여겼다. 제우스는 아도니스를 1년 중 4개월은 아프로디테와 지내게 하고 4개월은 지하 세계의 왕비 페르세포네 옆에서 살도록 했다. 나머지 4개월은 아도니스가 원하는 곳에서 지내도록 허락했다.

「죽은 아도니스와 그의 개」 17세기 프랑스 화가 로랑 드 라 이르의 작품이다.
루브르 박물관 소장

1 님프 포모나, 과수원 돌보기에만 열중하다

포모나: 제 관심은 오로지 정원을 가꾸고 과일나무를 기르는 데만 있어요. 연애는 귀찮아요.

「**숲의 님프 포모나**」 18세기 프랑스 화가 니콜라 푸셰의 작품이다. 포모나는 로마신화에 등장하는 님프다. 로마인에게는 원래 인격신(人格神)이 없었다. 로마인이 그리스인과 접촉하면서 로마 고유의 신도 모습을 바꾸어 인격신이 된 것이다. 부다페스트 미술박물관 소장

　포모나는 하마드리아데스라고 하는 숲의 님프였다. 정원을 소중히 가꾸고 과일나무를 기르는 데는 포모나를 따를 자가 없었다. 숲이나 강에는 관심이 없었고, 농사짓는 땅과 과일나무를 애지중지했다. 자신이 아끼는 나무에 물을 주거나 가지치기를 하는 일에만 열정을 바쳤다. 연애 따위는 거들떠보지도 않았다.

　포모나는 시골 사람들이 들어와서 과일을 훔쳐갈까 봐 과수원을 꼭꼭 닫아두었다. 사티로스(숲과 들의 신)들과 파우누스(들판과 목동의 신)들은 모든 것을 다 바쳐서라도 포모나의 마음을 갖고 싶어 했다. 실바누스 노인도, 솔잎 관을 머리에 쓴 판도 마찬가지였다.

2 베르툼누스, 노파로 변장해 포모나를 설득하다

베르툼누스: 저는 로마의 계절 신입니다. 다른 신들에 비해 그다지 잘난 축에 속하지는 않지만 포모나를 사랑하는 마음은 누구에게도 뒤지지 않습니다.

「베르툼누스」 16세기 이탈리아 화가 주세페 아르침볼도의 작품이다. 베르툼누스는 로마의 계절 신이다. 이 작품은 화가가 신성 로마 제국 황제 루돌프 2세를 온화한 계절의 신으로 표현한 것이다. 스코클로스터 성 소장

포모나를 가장 사랑하는 이는 베르툼누스였다. 베르툼누스는 '변화한다'는 뜻인 '베르테레(vertere)'에서 유래했다. vertere에서 versus(vs)도 나왔다. '몇 대 몇'은 늘 변하게 마련이다.

변신의 신 베르툼누스는 자신의 모습을 바꾸어 포모나에게 접근했다. 추수하는 농부로 변장해서 곡식 바구니를 포모나에게 건네주기도 하고 포도밭에서 가지 치는 일꾼 노릇을 하기도 했다. 은퇴한 군인처럼 뚜벅뚜벅 지나가기도 하고, 낚싯대를 들고 다니기도 했다. 베르툼누스는 이런 식으로 포모나 곁에 다가갔다. 베르툼누스는 포모나를 보면 볼수록 더 사랑하게 됐다.

노파로 변신한 베르툼누스: 어여쁜 아가씨, 포도나무가 느릅나무를 휘감지 않으면 느릅나무 홀로 서 있겠죠? 포도나무도 느릅나무를 휘감지 않으면 땅바닥을 기고 있을 레고요. 포모나 아가씨도 느릅나무와 포도나무에서 교훈을 얻어 배필을 만나는 게 어떨까요? 아가씨는 남자들에게 관심이 없겠지만, 끊임없이 구애받을 거예요.

「베르툼누스와 포모나」 16세기 이탈리아 화가 프란체스코 멜치의 작품이다. 로마인들은 본래 자연물을 숭배했다. 따라서 로마 신들은 그리스 신보다 자연물과 밀접한 관계를 맺었다. 포모나와 플로라 등이 이러한 예다. 베를린 국립 회화관 소장

노파로 변신한 베르툼누스: 아가씨가 정말 좋은 남편을 만나고자 한다면, 이 늙은이의 충고를 귀담아들으세요. 다른 자들은 다 물리치고 베르툼누스를 받아들여요. 여기저기 떠도는 사내들은 아무나 집적거리지만 이 산에 터를 잡고 사는 베르툼누스는 오직 아가씨만 바라보고 있어요. 젊고 잘생긴 데다 마음만 먹으면 아가씨가 원하는 어떤 모습으로도 바꿀 수 있다고요. 게다가 베르툼누스는 아가씨가 좋아하는 정원 가꾸기도 무척 좋아하지요.

「베르툼누스와 포모나」 18세기 프랑스 화가 프랑수아 부셰의 작품이다. 콜럼버스 미술관 소장

어느 날 베르툼누스는 노파로 위장하여 과수원에 들어와서는 나무에 열린 과일을 칭찬했다. 과일나무를 잘 가꾼 포모나의 이마에 경의를 표하는 키스를 했는데, 노파의 입맞춤이라기엔 제법 강렬했다. 포모나의 맞은편에는 느릅나무가 있었다. 느릅나무에는 탐스런 포도를 달고 있는 포도나무 넝쿨이 휘감겨 있었다. 노파는 느릅나무와 포도나무를 칭찬했다.

3 히폴리토스, 아프로디테를 무시하다 죽음을 맞다

노파로 변신한 베르툼누스: 또 한 가지 명심해 두세요. 아프로디테 여신은 무정한 자에게는 가차 없이 벌을 내린다는 것을요. 나그네들을 박대한 키프로스 여인들에게 저주를 내렸고, 순결의 여신 아르테미스를 섬기며 자신을 무시하는 히폴리토스를 죽였지요.

○ 「히폴리토스의 죽음」 19세기 프랑스 화가 조제프 데지레 쿠르의 작품이다. 파브르 미술관 소장

○ 「이피스와 아낙사레테」 16세기 독일 판화가 비르길 졸리스의 작품이다. 이피스가 목을 매는 장면, 이피스의 시체가 옮겨지는 장면, 아낙사레테가 2층 발코니에서 구경하는 장면이 같은 화면에 표현되어 있다. 이피스의 사연은 황진이를 짝사랑한 총각의 사연과 비슷하다.

4 아낙사레테, 이피스를 거부하다 돌이 되다

노파로 변신한 베르툼누스: 가난한 집안에서 태어난 이피스라는 젊은이가 아낙사레테라는 귀부인을 보고 사랑에 빠졌어요. 이피스는 끈질기게 구애하다 지쳐서 드디어 여자의 집 문 앞에서 마지막으로 심경을 토로했어요.

"돌덩어리 심장을 지닌 여인, 아낙사레테여, 그대가 이겼으니 나는 죽을 것이오. 내가 죽는 게 그대에겐 기쁨이 되길. 그토록 사랑을 바쳤건만, 그대의 차디찬 마음은 기어코 나를 죽게 만드는군요. 내 죽음을 그대가 소문으로 듣게 하진 않겠소. 내가 죽은 모습을 두 눈으로 똑똑히 지켜보며 마음껏 즐기시오."

말을 마치자, 이피스는 종종 사랑의 꽃다발을 걸곤 했던 여자의 집 문기둥에 이번에는 밧줄을 걸었죠. 올가미에 머리를 집어넣은 이피스는 이렇게 중얼거렸어요.

"무정한 여인이여! 그래도 이 올가미 꽃다발만큼은 기쁘게 받을 테지요."

이피스는 그렇게 목을 매 죽었어요. 하인들이 시신을 어머니에게 데려다주었더니 구슬픈 넋두리가 터져 나왔지요. 장례 행렬이 아낙사레테의 집 옆을 지나자 아낙사레테는 구경하러 2층 발코니로 올라갔어요. 그런데 시신을 구경하기도 전에 두 눈이 굳었고, 그녀의 온몸은 그녀의 마음처럼 돌덩이가 되었지 뭡니까?

5. 포모나, 베르툼누스의 진심을 받아들이다

노파로 변신한 베르툼누스: 어여쁜 아가씨! 사랑이 다가오면 비웃거나 머뭇거리지 말고 받아들이세요. 그러면 당신이 애써 가꾼 열매가 봄 서리에 시들지 않고, 사나운 바람에 떨어지지 않을 거예요.

「원래의 모습으로 돌아온 베르툼누스와 포모나」 17세기 플랑드르 화가 페테르 루벤스의 작품이다. 루브르 박물관 소장

베르툼누스는 할머니로 변신하여 님프 포모나를 설득하기 위해 이피스와 아낙사레테 이야기를 들려준다. 이런 형식을 '액자식 구성'이라고 부른다. 데메테르가 페르세포네를 찾아다니는 이야기 안에도 '액자식 구성'으로 아레투사의 이야기가 들어 있다. '과실(포모나)이 계절(베르툼누스)을 알지 못하면 제때 열매를 맺지 못한다.'는 상징성을 표현하는 데도 액자식 구성이 효과적이다.

노파의 모습을 한 베르툼누스는 사랑에 얽힌 여러 가지 이야기를 포모나에게 들려준 뒤 어엿한 청년의 모습으로 돌아왔다. 베르툼누스의 모습은 구름을 젖히고 나온 빛나는 태양의 모습과 같았다. 그는 자신의 원래 모습으로 포모나에게 구애하려고 입을 열었다. "포모나, 이 모습이 진정한 나의 모습이오. 당신을 흠모하여 여러 가지 모습으로 변신해 주변을 배회했다오. 당신에 대한 나의 마음을 고백하오. 내 사랑을 받아주시겠소?"

베르툼누스의 진심이 담긴 말솜씨와 수려한 모습에 포모나는 이미 홀딱 반해 있었다. 사랑의 불길을 나눠 가진 포모나는 더 이상 저항하지 않았다.

포모나는 사과 과수원을 지키는 수호신이었다. 갖가지 과일 재배를 주관하기도 한다. 18세기 스코틀랜드 시인 톰슨은 포모나의 과수원을 서정적으로 노래했다.

포모나여, 나를 그대의 유자나무 숲으로 데려가 주오.
상큼한 레몬과 시큼한 라임이 자라는 곳으로
푸른잎 그늘에서 진한 오렌지가 빛나는 곳으로
이 모든 경쾌한 빛깔이 뒤섞인 곳으로
가지를 펼친 타마린드 나무 그늘에 앉게 해주오.
산들바람이 불어올 때면
더위를 식히는 열매가 살랑대는 곳으로 데려가 주오.

1o 죽음도 초월한 사랑

| 오르페우스와 에우리디케, 아드메토스 왕과 알케스티스, 케익스와 알키오네

세상에는 변하지 않는 게 없다. 세상이 변한다는 사실만큼은 변하지 않는다. 사랑도 변한다. 세상에 흔한 게 멋진 남자와 아름다운 여자니까. 그래도 영원한 사랑은 있다. 죽음의 세계까지 찾으러 가기도 하고 한목숨 기꺼이 내놓는 사랑도 있다.

트라키아의 왕과 뮤즈 칼리오페 사이에 태어난 오르페우스는 아폴론에게서 리라를 배웠고 어머니에게서 노래를 배웠다. 오르페우스가 리라를 연주하면 짐승들은 물론 나무도 모여들었다. 님프인 에우리디케를 아내로 맞았지만 독사에 물려 죽었다. 오르페우스는 아내를 찾아 지하 세계까지 찾아가 데려오지만 뒤돌아보는 바람에 아내는 다시 땅속으로 빨려들어 갔다.

테살리아의 아드메토스 왕은 아름다운 알케스티스를 아내로 맞은 지 얼마 되지 않아 죽음을 맞았다. 운명의 여신은 누군가 대신 죽을 수 있다면 왕을 살려주겠다고 약속했다. 평소에는 목숨을 내놓겠다던 신하도, 자식을 끔찍이도 사랑하는 부모도 자기 목숨이 더 중했다. 하지만 아내 알케스티스는 자신의 목숨을 기꺼이 내놓겠다고 했다. 이때 테살리아에 들른 헤라클레스가 죽음의 신을 협박해 알케스티스를 살려냈다.

트라키아의 왕 케익스는 테살리아 왕 아이올로스(바람의 신과 혼동되기도 한다)의 딸 알키오네와 결혼했다. 폭풍을 만나 바다에 빠져 죽은 케익스의 시신을 발견한 알키오네는 바다에 몸을 던졌다. 그 순간 신들이 부부의 사랑을 이어주려고 함께 물총새로 변하게 했다.

- 두려움이 가득한 이곳과, 이 커다란 혼돈과, 침묵만이 맴도는 이 넓은 땅의 이름으로 부탁드립니다. 너무 일찍 끊어진 에우리디케의 운명의 실을 이어 주십시오. 어차피 우리는 모두 그대들에게 돌아가게 될 것입니다. (오비디우스 『변신 이야기』)

- "다시는 안 그럴 테니 용서해 주십시오! 저 피리를 버리겠습니다. 형벌을 거두어 주세요!" 마르시아스가 비명을 지르는 동안 아폴론은 그의 살갗을 전부 벗겨냈다. 마르시아스의 몸 전체가 하나의 상처가 되었다. (오비디우스 『변신 이야기』)

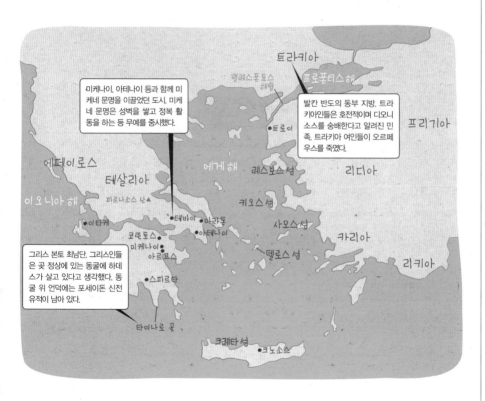

미케나이, 아테나이 등과 함께 미케네 문명을 이끌었던 도시. 미케네 문명은 성벽을 쌓고 정복 활동을 하는 등 무예를 중시했다.

발칸 반도의 동부 지방. 트라키아인들은 호전적이며 디오니소스를 숭배한다고 알려진 민족. 트라키아 여인들이 오르페우스를 죽였다.

그리스 본토 최남단. 그리스인들은 곶 정상에 있는 동굴에 하데스가 살고 있다고 생각했다. 동굴 위 언덕에는 포세이돈 신전 유적이 남아 있다.

트라키아
헬레스폰토스해협
프로폰티스해
프리기아
트로이
에페이로스
에게해
레스보스 섬
리디아
테살리아
이오니아해
파르나소스 산▲
카오스 섬
테바이
마라톤
아테나이
사오스 섬
이타케
카리아
코린토스
미케나이
델로스 섬
아르고스
리키아
스파르타
타이나로 곶
크레타 섬
크노소스

1 오르페우스의 음악에 동물도 나무도 숨죽이다

칼리오페: 우리 아들 오르페우스에게 노래 부르는 것을 가르쳐주마.
아폴론은 리라 연주하는 것을 가르쳐 줄 거야.

「**오르페우스를 가르치는 칼리오페**」 19세기 프랑스 화가 알렉상드르 오귀스트 이르슈의 작품이다. 오르페우스는 아폴론 신과 무사 여신 칼리오페(아름다운 목소리를 가진 여자) 사이에서 태어났다. 아폴론에게서는 리라(하프의 일종)를 연주하는 능력을, 칼리오페에게서는 노래를 잘 부르는 능력을 물려받았다. 월터스 미술관 소장

    제우스는 세상이 생긴 후의 일을 후손들에게 알리고 싶었다. 당시에는 글이 없어서 기억의 여신 므네모시네에게 그 일을 맡기기로 했다.
    제우스는 므네모시네와 9일 동안 사랑을 나누어 열 달 후에 아홉 명의

「뮤즈」 17세기 벨기에 화가 헨드릭 반 발렌의 작품이다.

딸을 낳았다. 므네모시네는 딸들에게 세상이 생긴 후 있었던 모든 일을 이야기해 주었다. 딸들은 어머니의 이야기를 빠짐없이 기억하려고 시와 노래로 옮겼다. 노래는 리듬을 활용한 일종의 기억법인 셈이다.

딸들은 처녀로 성장하여 신들의 잔치에서 아폴론의 리라 연주에 맞춰 노래하고 춤췄다. 아홉 명의 딸들은 무사라고 불렸는데 영어로는 뮤즈 (Muse)라고 한다. 뮤즈에서 뮤지컬(musical), 뮤지엄(museum, 박물관)이란 말이 나왔다. 아홉 여신은 시, 연극, 음악, 미술 등 예술과 역사, 철학, 천문 등 학문을 나누어 맡았다.

아홉 뮤즈 가운데 서사시를 맡은 칼리오페는 트라키아의 왕 오이아크로스와 결혼해 오르페우스를 낳았다.

아폴론은 오르페우스에게 리라를 선물하고 연주법을 가르쳐주었다. 아르고 호 원정에서 돌아온 오르페우스가 어찌나 리라를 잘 타는지 누구든 오르페우스의 연주를 들으면 황홀감에 젖어 헤어나질 못했다. 오르페우스는 음악의 여신 아들답게 노래도 기가 막히게 잘 불렀다.

오르페우스가 리라를 연주하면 동물들도 몰려왔고 바위도 딱딱함이 누그러져 말랑말랑해졌다. 이런 현상들은 옛 그리스 인들이 음악의 힘을 상징적으로 표현한 것이다.

2 아내 에우리디케가 독사에 물려 죽다

오르페우스: 에우리디케, 나는 그대 없이는 하루를 살아도 사는 게 아니오. 내 사랑 에우리디케가 없다면 눈부신 햇빛과 푸르른 하늘이 무슨 소용 있겠소.

「죽은 에우리디케를 애도하는 오르페우스」 19세기 프랑스 화가 아리 셰퍼의 작품이다. 에우리디케는 트라키아 숲의 님프다. 아르고 호 원정에서 돌아온 오르페우스와 행복한 결혼식을 올렸으나 아리스타이오스를 피하려다 독사에 물려 죽고 말았다. 블루아 성 미술관 소장

오르페우스는 아름다운 처녀 에우리디케를 보고 첫눈에 반했다. 어느덧 오르페우스는 에우리디케라는 여인과 백년가약을 맺었다.

오르페우스는 앞날에 축복을 빌어줄 결혼의 신 히메나이오스를 결혼식에 초청했다. 히메나이오스가 오긴 했지만 축복을 빌어줄 선물은 가져오지 않았다. 달랑 가져온 횃불이 연기만 피워대는 바람에 다들 눈물을 흘리고 말았다.

결혼식 소동은 앞으로 일어날 일에 대한 징조였을까? 에우리디케가 님프들과 어울려 다니다가 양치기 아리스타이오스의 눈에 띄었다. 아리스타이오스는 에우리디케의 미모에 반해 치근덕거렸다. 이를 피해 달아나던 에우리디케는 풀밭에서 독사에 물려 숨을 거두었다.

오르페우스는 에우리디케의 죽음을 받아들이기 힘들었다. 날마다 에우리디케와 즐겁게 시간을 보냈던 곳을 돌아다니며 옛 추억에 잠기기도 했다. 오르페우스는 신이든 인간이든 세상에 숨 쉬는 모든 이들을 향해 슬픔의 노래를 지어 불렀다. 슬픈 노래와 눈물로 세월을 보내던 오르페우스는 지하 세계로 가서 에우리디케를 데려오기로 결심했다.

「**오르페우스의 음악을 듣는 님프들**」 프랑스 화가 프랑수아 잘라베르의 작품이다. 오르페우스는 그리스 최고의 시인이자 음악가다. 아르고 호 원정대에 참가했을 때 리라를 연주해서 폭풍을 잠재우고, 세이렌의 노래를 물리쳤다. 월터스 미술관 소장

3 오르페우스, 아내를 찾아 저승 세계로 가다

오르페우스: 오, 저승의 신들이시여! 저의 진실한 말을 들어주소서. 저는 타르타로스의 비밀을 캐내려고 온 것이 아니라 제 아내를 찾으러 왔습니다. 제 아내는 꽃다운 나이에 독사에 물려 세상을 떠났습니다. 사랑의 신 에로스가 저를 이곳으로 이끌었습니다. 사랑의 숭고함은 저승 세계에서도 다르지 않겠지요.

「**지옥의 오르페우스**」 19세기 프랑스 화가 앙리 르노의 작품이다. 저승의 망령들이 오르페우스의 리라 연주와 노래에 감동받고 있다. 페르세포네와 하데스는 오르페우스의 간청을 들어주어야 할지 고민하고 있다. 레이스 박물관 소장

오르페우스는 타이나로스 곶에 있는 동굴로 내려갔다. 저승 세계로 가는 강에 뱃사공 카론이 쇠가죽 배에 타고 있었다. 오르페우스가 슬픈 가락

으로 리라를 연주하고 구슬프게 노래하자 카론이 눈물을 흘리며 오르페우스를 배에 태워주었다. "이렇게 아름답고도 슬픈 노래는 들어본 적이 없소. 어서 이 배를 타시오."

강을 건너자 지하 세계를 지키는 개 케르베로스가 나타났다. 케르베로스도 오르페우스의 리라 연주와 노랫소리에 눈물을 흘리며 길을 내주었다.

오르페우스는 어느새 유령들이 득실거리는 곳을 지나 하데스와 페르세포네 앞에 섰다. 오르페우스는 리라를 타면서 노래 불렀다.

"저승 세계가 공포와 적막과 죽음으로 가득 찼지만 에우리디케의 끊어진 생명의 실을 부디 다시 이어주십시오. 우리 모두 결국에는 이곳으로 와야만 합니다. 제 아내도 수명을 다하면 여기로 올 것이니 그때까지는 제아내를 돌려보내 주세요. 저의 간청을 물리치신다면 저 역시 지하 세계에 영원히 머물겠습니다. 두 분께서는 우리 부부의 죽음을 마냥 바라만 보시겠지요."

오르페우스가 리라 연주에 맞춰 구슬프게 노래를 부르자 유령들조차 눈물을 흘렸다. "저승에서는 이런 노래를 들을 수 없다고 생각했는데, 이상한 일이야."

영원한 목마름의 형벌을 받고 있던 탄탈로스는 물을 찾지 않았다.

제우스에게 벌을 받아 영원히 돌고 있던 익시온의 수레바퀴도 어쩐 일인지 멈췄다.

독수리는 프로메테우스의 간을 더 이상 쪼지 않았고, 끊임없이 바위를 굴리던 시시포스도 바위에 앉아 노래를 들었다.

복수의 여신도 눈물로 뺨을 적셨다.

하데스와 페르세포네도 눈물을 흘렸다. "이렇게 마음을 움직이는 노래는 평생에 처음 들어보는구나. 천상에나 울려퍼지는 노래가 저승 세계에도 울려퍼지다니, 생각지도 못했던 일이 일어났어. 황폐한 저승 세계를 술렁이게 하는구나!"

4 뒤를 돌아본 오르페우스, 에우리디케를 놓치다

오르페우스: 에우리디케가 잘 따라오고 있을까?

「지하 세계에서 에우리디케를 데리고 나가는 오르페우스」 19세기 프랑스 화가 장 밥티스트 카미유 코로의 작품이다. 하데스와 페르세포네의 허락을 받은 오르페우스가 에우리디케와 함께 저승을 빠져나가고 있다. 휴스턴 미술관 소장

  드디어 에우리디케가 다친 발을 절뚝이며 나왔다. 하데스가 말했다. "에우리디케를 데려가도 좋다. 오르페우스가 앞장서고 에우리디케가 뒤따라가야 한다. 두 사람이 저승을 빠져나가기 전까지 오르페우스는 뒤돌아보면 안 된다."

  둘은 하데스가 제시한 조건을 지키겠다고 굳게 맹세했다. 오르페우스가 앞서고 에우리디케가 뒤따랐다. 둘 다 말도 없이 컴컴한 통로를 빠져나갔다.

오르페우스: 에우리디케! 날 잡아요.

에우리디케: 오르페우스! 땅속으로 끌려들어가고 있어요. 이제 영영 이별인가요?

「**오르페우스와 에우리디케**」 18~19세기 프랑스 화가 마르탱 드롤링의 작품이다. 오르페우스가 뒤를 돌아본 순간, 헤르메스가 에우리디케를 다시 저승으로 끌고 들어가고 있다. 헤르메스는 죽은 자를 저승으로 인도하는 신이다. 마냉 미술관 소장

드디어 두 사람은 밝은 땅 위로 올라왔다. 오르페우스는 아내가 잘 따라오고 있는지 궁금해 조바심이 났다. 이제 땅 위로 올라왔으니 뒤돌아봐도 괜찮을 거라고 생각한 오르페우스는 조바심을 견디지 못하고 고개를 돌려 에우리디케를 바라봤다. 하지만 에우리디케의 몸은 반밖에 땅 위로 올라오지 않았다.

순간 에우리디케는 동굴 속으로 끌려 들어가기 시작했다. 둘은 팔을 뻗어 잡으려 했지만 잡히는 것은 허공뿐이었다. 오르페우스는 소리쳤다. "여보! 이럴 순 없소! 가지 마오!"

5 오르페우스, 여자를 멀리하다

오르페우스: 영원히 떠난 아내여, 내 두 눈에 눈물만 남기고 떠났구려. 사랑이 죄가 아니라면 우리에겐 죄가 없소.

트라키아의 처녀들: 우리를 무시한 오만한 오르페우스를 찢어 죽여라.

에우리디케가 동굴 속으로 빨려 들어가자 오르페우스는 뒤따라갔다. 강에 다다르자 이번에는 카론이 차갑게 말했다. "두 번은 안 되네."

오르페우스는 일주일 동안이나 자지도 않고 먹지도 않은 채 강가에 앉아 건너편을 바라보았다. 그러다 맥없이 땅 위로 올라왔다.

오르페우스는 무정한 저승의 신들을 탓하며 구슬픈 노래를 지어 불렀다. 동물도 나무도 애절한 노래에 감동하여 흐느껴 울었다. 그 후로 오르페우스는 늘 자신의 불운한 신세를 한탄하면서 여자들을 멀리했다.

트라키아의 처녀들은 오르페우스의 마음을 사로잡으려고 온갖 애교를 다 떨었다. 하지만 오르페우스는 귀찮은 듯 번번이 퇴짜를 놓았다.

어느 날 숲에서 술의 신 디오니소스를 받드는 축제가 열렸다. 광기에 사로잡힌 여자들이 술에 취해 큰 소리로 노래를 부르고 춤을 추었다. 여자들이 숲 한쪽에 멍하니 앉아 있는 오르페우스를 발견했다.

번번이 퇴짜를 맞아 분통이 터진 한 처녀가 소리쳤다. "저기 우리를 무시한 오르페우스가 있다!"

한 여자가 다짜고짜 창을 던졌지만 오르페우스의 리라 소리가 들리는 곳에 이르자 힘을 잃고 툭 떨어졌다. 여자들이 일제히 돌멩이를 던졌지만 마찬가지였다.

그러자 여자들은 고함을 질러 음악 소리를 잠재웠다. 여자들이 다시 창을 던지자 오르페우스의 몸을 뚫었다. 여자들은 오르페우스의 사지를 갈가리 찢고 머리와 리라를 헤브로스 강에 던졌다.

오르페우스의 머리와 리라는 강물에 떠내려가면서도 구슬픈 노래를 불러댔다. 이에 맞추어 양쪽 강둑에서도 애달픈 노래가 메아리처럼 들려왔다.

❂ 「**오르페우스의 죽음**」 19세기 프랑스 화가 에밀 레비의 작품이다. 트라키아 여인들의 모욕감은 디오니소스 축제를 계기로 폭발한다. 분노와 광기에 사로잡힌 여인들은 오르페우스를 펜테우스 왕처럼 갈기갈기 찢어버린다. 오르세 미술관 소장

6 오르페우스, 죽어서 에우리디케와 만나다

뮤즈: 불쌍한 오르페우스, 양지 바른 곳에 묻어주마.

「**오르페우스의 시체를 수습하는 뮤즈**」 19세기 프랑스 화가 귀스타브 모로의 작품이다. 트라키아 여인들은 오르페우스의 머리를 리라에 박아 강물에 던진다. 한 여인이 강물에 떠내려온 머리를 경건하게 수습하고 있다. 오르세 미술관 소장

오르페우스의 시체는 바다로 떠내려갔다. 어머니 칼리오페가 여덟 자매들과 함께 이 모습을 보고는 시신을 거두어 레스보스 섬에 묻어주었다.

지금도 그곳의 무덤 위에서는 밤 꾀꼬리가 다른 어느 곳에서보다 더 아름답게 노래한다. 트라키아의 양치기가 오르페우스의 무덤가에서 들었던 가락은 꾀꼬리 한 마리가 새빨간 장미 넝쿨 속에 앉아 짝을 찾을 때 부르는 가락보다 더 감미로웠다. 무덤 속의 혼백이 온 힘을 다해 꾀꼬리의 노래를 더욱 아름답게 부풀렸기 때문이다.

제우스는 오르페우스의 리라를 하늘로 올려 별자리로 만들어주었다. 그것이 바로 거문고자리다.

오르페우스는 유령이 되어 다시 타르타로스로 내려갔다. 오르페우스는 저승 세계에서 에우리디케를 만나서 얼싸안고 울었다. 이제 둘은 행복의 들판을 거닐고 있다. 오르페우스가 무심코 뒤돌아보아도 아무 일도 일어나지 않는다.

오르페우스는 신들의 사랑을 받은 영웅들의 사후 안식처인 엘리시온이라는 곳에서 리라를 연주하며 영혼들을 즐겁게 해주고 있다.

시인 포프는 오르페우스 이야기를 빌려 음악의 힘을 찬양했다.

순식간에, 너무 순식간에 지아비가 고개를 돌린다
아내는 다시 저승으로 끌려가네, 영원히
이번에는 운명의 여신인들 어찌 하겠는가?
사랑하는 것이 죄가 아니라면 그대에게 무슨 죄가 있으리
……
죽어가면서도 에우리디케를 노래하네
떨리는 혀로 에우리디케의 이름을 부르네
숲도, 강도, 바위도, 산골짜기도
그 이름을 메아리치게 하네

1 아폴론, 아드메토스 왕을 주인으로 모시다

「**아드메토스의 소 떼를 보호하는 아폴론**」 17세기 프랑스 화가 클로드 로랭의 작품이다. 로마 도리아 팜필리 궁전 소장

아폴론의 아들 아스클레피오스는 아버지에게서 훌륭한 의술을 물려받았다. 그래서 죽은 사람도 살려낼 수 있는 명의가 되었다. 위기감이 든 저승의 신 하데스는 아스클레피오스가 번개에 맞도록 제우스를 졸랐다. 아스클레피오스가 번개에 맞아 죽자, 아폴론은 아들의 죽음을 앙갚음하려고 번개를 만들던 키클롭스들에게 화살을 쏘았다. 이번에는 제우스가 불같이 화를 냈다. 제우스는 아폴론에게 일 년간 인간의 하인으로 살게 했다. 아폴론은 테살리아의 왕 아드메토스의 양 떼를 돌보며 살았다.

아드메토스는 자신의 하인이 된 아폴론을 함부로 대하지 않았다. 이에 감동한 아폴론은 아드메토스를 총애했고 많은 도움을 주었다.

아드메토스 왕은 알케스티스를 신부로 맞이하려고 다른 구혼자들과 경쟁을 벌이고 있었다. 알케스티스의 아버지 펠리아스가 구혼자들에게 말했다. "사자와 멧돼지가 끄는 이륜차를 타고 오는 자에게 딸을 주겠다."

아드메토스는 양치기가 된 아폴론의 도움으로 펠리아스가 요구한 일을 거뜬히 해냈다.

「**알케스티스의 죽음**」 프랑스 화가 프랑수아 페롱의 작품이다. 알케스티스가 아드메토스 대신 병에 걸려 죽어가고 있다. 루브르 박물관 소장

2 헤라클레스, 왕 대신 죽으려는 왕비를 구하다

헤라클레스: 내가 악당과 괴물을 처치하는 임무를 맡고 모험에 나서고 있지만 착한 왕비를 구하는 것도 영웅이 해야 할 일이오.

알케스티스: 헤라클레스님. 당신은 진정한 영웅입니다.

「지하 세계에서 알케스티스를 데려오는 헤라클레스」 19세기 프랑스 화가 폴 세잔의 작품이다.

덕분에 알케스티스를 아내로 맞아 행복하게 살고 있었다. 하지만 행복은 잠깐이었다. 아드메토스는 갑자기 병에 걸려 숨이 넘어갈 처지에 놓였다.

아폴론은 운명의 여신들에게 왕을 살려달라고 부탁했다. 여신들이 한 가지 조건을 내세웠다. "누가 왕을 대신해 죽겠다고 나선다면 왕을 살려주겠다."

아드메토스는 일단 안도의 숨을 쉬었다. 평소 신하들이나 하인들이 왕을 위해서라면 목숨도 기꺼이 버리겠다고 떠벌리고 있었기 때문이다. 하지만 실제로는 그렇지 않았다. 어렸을 때부터 왕의 은혜를 입었던 늙은 신하들도 하루라도 더 살겠다는 생각만 했다.

사람들은 이렇게 수군댔다. "왕의 부모는 이제 살 만큼 살았으니, 먼저 죽게 된 아들을 살리려 하지 않을까?"

부모도 아들을 잃는다는 생각에 슬프기 그지없었지만 아들 대신 죽으려 하지는 않았다. 이때 알케스티스가 대신 죽겠다고 나섰다. 아드메토스는 아내의 목숨을 앗으면서까지 살고 싶지는 않았다. 하지만 이미 엎질러진 물이었다. 운명의 여신과 맺은 약속을 번복할 수는 없었다. 아드메토스는 차츰 건강을 회복했고 알케스티스는 병들어 죽음에 가까이 이르렀다.

바로 이때 헤라클레스는 디오메데스의 말들을 데려오라는 명령(여덟 번째 과업)을 수행하러 트라키아로 가다가 테살리아에 들렀다.

아드메토스의 왕궁에서 묵은 헤라클레스는 신하들로부터 아드메토스가 처한 사연을 들었다. 헌신적이고 어여쁜 왕비가 죽는 게 너무 안타까워 헤라클레스는 왕비를 구하기로 마음먹었다.

헤라클레스는 죽어 가는 왕비의 방문 앞에서 기다렸다. 죽음의 신이 들어오자 멱살을 움켜잡고 협박을 가했다. 죽음의 신은 헤라클레스의 압도적인 힘에 기겁하여 왕비를 데려가길 단념했다. 알케스티스도 몸을 회복하여 남편에게로 돌아갔다. 지하 세계로 가는 알케스티스를 헤라클레스가 데리고 왔다는 이야기도 있다.

1 케익스, 신탁을 받으러 떠나다

알키오네: 여보, 당신의 사랑이 식고 말았나요? 늘 저를 먼저 생각하시지 않았던가요? 한시라도 떨어져선 못살 것 같다는 말은 거짓이었나요? 이젠 저를 떠나고 싶은 건가요? 왜 저는 데리고 가시지 않나요?

케익스: 내 아버지 샛별의 빛을 걸고 약속하리다. 운명이 허락하면 두 달 안에 돌아오겠소.

「케익스의 출발」 15~16세기 이탈리아 화가 비토레 카르파초의 작품이다. 내셔널 갤러리 소장

당시 최고의 미남이었던 케익스의 모습이 얼마나 아름다웠던지 사람들은 그에게서 신비로운 빛이 발하는 것처럼 느끼곤 했다. 테살리아의 왕 케익스는 샛별 헤스페로스의 아들답게 아버지의 준수한 용모를 빼다 박았다.

케익스의 아내 알키오네는 남편을 끔찍이 따랐다. 알키오네도 제우스의 사랑을 받을 만큼 잘 생겼던 바람의 신 아이올로스의 피를 물려받아 뛰어난 미모를 자랑했다.

서로를 끔찍이 아낀 두 사람은 사랑의 행복에 취했다. 하늘에 제우스와 헤라가 있다면 지상에는 케익스와 알키오네의 사랑이 있다고 말하곤 했다.

어느 날 케익스는 형을 잃고서 깊은 상실감에 빠졌다. 형 다이달리온은 딸 키오네가 아르테미스 여신보다 뛰어나다고 뻐기다가 아르테미스의 화살에 맞은 후 절벽에서 몸을 던져 독수리로 변했다.

형의 죽음 뒤에 기이한 일들이 잇따라 생겼고 케익스는 신들이 자신을 미워한다고 여겼다.

케익스는 멀리 이오니아 지방의 카를로스로 가서 아폴론의 신탁을 받아보기로 했다. 하지만 아내 알키오네에게 그런 뜻을 비치자, 아내는 온몸을 바들바들 떨더니 얼굴빛이 변했다.

알키오네는 바람의 신인 자신의 아버지도 무서운 폭풍을 통제할 수 없다고 겁을 주기도 했다. 바람의 왕이자 신인 아이올로스는 사실은 티레니아 바다에 있는 어떤 섬의 지배자였다. 이 왕은 토착민들에게 배에 돛을 사용하는 법과 더불어 하늘을 보고 날씨와 바람의 변화를 읽는 법을 가르쳐주었다. 그런 까닭에 바람의 신이 되었던 것이다.

왕도 왕비와 함께 가고 싶었지만, 위험한 바닷길에 동행할 수는 없었다. 케익스는 진심으로 아내를 달래며 두 달 안에 돌아오겠다고 약속했다. 알키오네는 여전히 불길한 예감에 휩싸인 듯 부들부들 떨었다.

2 케익스, 폭풍을 만나 바다에 빠져 죽다

케익스: 하늘의 별이시여, 저를 살려주세요. 알키오네! 알키오네!
파도여, 내가 살 수 없다면 시신이라도 아내에게로 데려가 다오. 아내가 장례라도 치를 수 있도록.

케익스의 죽음 19~20세기 영국 화가 허버트 제임스 드레이퍼의 「바다 신의 분노」다. 개인 소장

배가 목적지까지 절반쯤 이르렀던 어느 날 밤이었다. 폭풍은 거세지며 넘실거리는 바닷물이 하늘에 닿을 듯 솟구쳤다. 흰 물보라를 구름 속까지 흩뿌렸다. 잠시 번개가 그치자 캄캄한 밤의 어둠이 찾아오나 싶었는데 순간 번개가 다시 번쩍이면서 사방이 대낮 같이 환해졌다. 밀려오는 파도마다 죽음의 그림자가 넘실댔다.

케익스는 알키오네를 생각하며 오직 아내의 이름만을 중얼거렸다. "알키오네, 당신을 만나러 가는 길이오. 조금만 기다리시오."

잠시 후 집채만 한 파도가 쏟아져 내려 배를 산산조각 냈다. 선원들은 물밑으로 가라앉았고 다시는 떠오르지 않았다. 케익스는 널빤지를 필사적으로 붙잡고는 알키오네를 불렀다. 파도가 자신의 시신만이라도 아내에게 데려가주기를 기도했다.

결국 케익스도 바닷물에 가라앉았다. 그날 밤 샛별도 빛을 잃었다. 구름으로 슬픈 얼굴을 가리고 있었기 때문이다.

「**저녁의 화신 헤스페로스**」 18세기 독일 화가 안톤 라파엘 멩스의 작품이다. 고대 그리스인은 저녁에 보이는 금성과 새벽에 보이는 금성을 다른 별이라고 생각했다. 따라서 저녁별과 새벽별을 각각 헤스페로스와 헤오스포로스라는 다른 신으로 신격화했다. 몽클로아 궁전 소장

3 알키오네, 남편을 위해 헤라에게 기도를 올리다

알키오네: 케익스여, 무사히 돌아오세요. 그리고 집 떠났다고 다른 여자에게 눈독 들이면 안 돼요.

「케익스를 기다리는 알키오네」 19~20세기 영국 화가 허버트 제임스 드레이퍼의 작품이다. 바닷가에 나가 남편 케익스를 기다리는 알키오네의 모습을 그렸다. 개인 소장

알키오네는 끔찍한 일이 일어난 줄 꿈에도 모르고 남편이 약속한 날짜에 돌아오기만을 손꼽아 기다렸다. 알키오네는 남편을 위해 모든 신들에게 향을 피워올렸지만, 특히 헤라에게 더 자주 피웠다. 헤라는 부부의 사랑을 지켜주는 수호신이었기 때문이다.

알키오네는 남편이 저승 사람이 된 줄도 모르고 쉴 새 없이 기도했다. "신이시여, 남편의 마음을 지켜주세요. 무사히 돌아오게 도와주세요."

4 헤라, 이리스를 잠의 신에게 보내다

헤라: 나의 충실한 전령 이리스야, 잠의 신 히프노스가 사는 집으로 가거라. 케익스에게 일어난 일을 알키오네의 꿈속에서 알려주도록 부탁하여라.

헤라와 이리스 18세기 스페인 화가 안토니오 팔로미노의 「공기의 우화」다. 프라도 미술관 소장

헤라는 죽은 사람을 위한 알키오네의 기도를 더 듣고 있을 수 없었다. 마침내 전령 역할을 맡고 있는 무지개의 여신 이리스를 불렀다.

이리스는 산속 동굴에 있는 잠의 신 히프노스의 거처로 찾아갔다. 그곳은 동이 틀 때든 한낮이든 해 질 녘이든 아폴론도 접근할 수 없었다. 그야말로 쥐 죽은 듯이 고요했고 침묵만이 흘렀다. 동굴의 바위 밑에 흐르는 레테의 강이 찰랑거리는 물소리를 내면 그 소리를 듣는 사람들은 저절로 잠이 들었다.

5 히프노스, 아들 모르페우스에게 이리스의 명령을 전하다

이리스: 히프노스여, 신들 중에서 가장 점잖고, 마음을 평온케 해 주며 상심한 가슴을 달래주는 잠의 신이시여. 알키오네에게 꿈을 보내라고 헤라께서 당신에게 지시하셨소. 배가 난파하여 남편이 이미 죽었다는 사실을 꿈으로 알려주라고 하셨소.

「**히프노스**」 수면의 신이다. 로마 신화에서는 '솜노스'라고 부른다. 날개 달린 벌거벗은 청년 또는 날개 달린 턱수염 있는 남자로 묘사된다. 이 신의 이름에서 '최면술(hypnotism)'이라는 말이 유래했다. 영국 박물관 소장

히프노스가 사는 동굴 입구에는 약초들이 무성했다. 밤의 여신이 약초 즙을 지상에 뿌리면 세상 만물이 잠에 빠진다. 히프노스의 주위에는 온갖 꿈들이 놓여 있었다. 수확한 곡식의 이삭들처럼, 바닷가의 모래알처럼 많고 많았다.

무지개의 여신 이리스가 동굴에 들어가서 널려 있던 꿈들을 말끔히 치우자 여신의 광채가 동굴을 가득 메웠다.

잠의 신이 가까스로 눈을 뜨더니 입을 열었다. "무지개의 여신, 이리스여. 여기는 무슨 일로 왔소?"

이리스는 헤라의 지시를 전하고 나서 급히 자리를 떴다. 안개가 뿜어져 나와 공기가 눅눅하여 정신이 혼미해졌기 때문이다.

모르페우스: 나는 히프노스의 아들 모르페우스예요. 헤라의 전령 이리스가 전달한 내용을 실행하지요.

「모르페우스와 이리스」 19세기 프랑스 화가 게렝의 작품이다. 에르미타슈 미술관 소장

　히프노스는 아들 모르페우스를 불렀다. 모르페우스는 모양을 모방하는 데 천재였다. 사람의 외모, 말투는 물론 옷차림과 태도까지 흉내 냈다. 오직 사람만 모방할 수 있었다. 동물들을 모방하는 것은 다른 형제들의 몫이었다.

　히프노스는 모르페우스에게 이리스가 전달한 내용을 그대로 실행하라고 일렀다. 그러고선 다시 달콤한 잠 속으로 빠져들었다.

　모르페우스는 수면 및 진정에 효과적인 약품 '모르핀(morphine)'과 형태학을 뜻하는 '모폴로지(morphology)'의 어원이다.

6 모르페우스, 알키오네 꿈에 나타나 남편의 죽음을 알리다

케익스로 변신한 모르페우스: 나를 알아보겠소?
나는 이미 죽은 당신 남편의 영혼이라오.
알키오네, 당신의 기도는 이제 아무 소용이 없소.
에게 해에서 폭풍우를 만나 배는 가라앉았고,
당신을 애타게 부르던 내 입에는 바닷물이 가득 찼다오.
물에 빠져 죽은 모습으로 직접 소식을 전하러 온 것이오.
일어나서 나를 위해 울어주오.

알키오네: 가지 마세요, 케익스! 어디로 날아가시나요? 저도 데리고 가주세요.

「**케익스로 변신한 모르페우스**」 17세기 독일 판화가 요한 빌헬름 바우어의 작품이다. 케익스로 변신한 모르페우스가 알키오네 앞에 나타나는 장면이다. 물에 빠져 죽은 사람답게 괴이한 모습을 하고 있다.

  모르페우스는 소리 없이 날개를 펄럭여 금세 테살리아에 도착했다. 시체처럼 파리한 케익스의 모습으로 변신한 후 벌거벗은 몸으로 알키오네의 침대 옆에 섰다. 턱수염은 흠뻑 젖었고, 머리카락에서는 물방울이 연신 뚝뚝 떨어졌다. 하염없이 눈물을 흘리며 침대에 몸을 기댔다.

유모: 알키오네, 왜 그렇게 슬퍼하세요?

알키오네: 유모, 이제 알키오네는 없어. 난 남편과 함께 이미 죽은 목숨이야. 그이의 영혼을 내 눈으로 똑똑히 보았어. 바로 여기 이 자리에 가여운 케익스가 서 있었어.
내 예감이 맞았어. 파도에 몸을 싣지 말라고 그렇게 신신당부했거늘. 가시려거든 나도 함께 데려가 달라고 그토록 애원했건만! 그랬더라면 적어도 당신 없이 여생을 보내지 않아도 될 것을···.
나는 이제 당신과 함께하겠어요. 내가 죽으면 묘비만은 함께 있겠지요.

모르페우스는 케익스의 목소리를 그대로 흉내 냈고 진짜 눈물을 쏟아 냈으며 케익스의 손짓도 그대로 따라 했다. 알키오네는 꿈속에서도 눈물을 흘리며 남편을 껴안으려고 팔을 뻗었지만 잡히는 것이라고는 허공뿐이었다.

알키오네는 자기 목소리에 놀라 잠에서 깼다. 유모는 비명 소리를 듣고 달려와 등불로 방 안을 환히 비추었다. 알키오네는 남편의 모습이 사라지자 머리카락이 사정없이 헝클어지든 말든 도리질을 치며 가슴을 뜯었다. 유모가 왜 그렇게 슬퍼하냐고 묻자 알키오네는 탄식했다.

잠의 신 히프노스와 꿈의 신 모르페우스는 인간에게 나타나는 현상인 잠과 꿈을 신격화한 것이다. 추상적인 모습이 구체적으로 그려진 것을 '알레고리'라고 한다.

7 알키오네와 케익스, 물총새가 되다

알키오네: **아, 사랑하는 케익스여! 어째서 이런 모습으로 돌아오셨나요?**

「**케익스와 알키오네**」 18세기 영국 화가 리처드 윌슨의 작품이다. 떠내려온 케익스의 시체와 절규하는 알키오네의 모습을 그렸다.

　아침이 밝아오자 알키오네는 남편을 마지막으로 배웅했던 곳을 찾았다. 바다 저편에서 어떤 사내의 몸뚱이가 파도에 실려 떠내려오고 있었다. 누군지는 몰라도 시신이 파도에 휩쓸려 가까이 다가오자 알키오네는 자꾸만 가슴이 두근거렸다. 뭍에 가까이 다가온 사내의 얼굴을 보니 바로 자신의 남편이었다. 알키오네는 절규했다.

　알키오네는 방파제 위에 올라서서 몸을 날렸다. 그 순간 알케오네의 어깨에서 날개가 돋아 허공을 타고 내려오더니 수면을 스치듯 날았다. 이내 알키오네는 남편의 시신 앞에 닿았다.

알키오네: 여보, 나는 죽어서라도 당신 곁에 있겠어요. 가여운 케익스, 아직도 미약하게 삶을 웅켜쥐려는 듯하네요. 바다도 이제 노여움을 까맣게 잊었답니다.

「케익스와 알키오네」
18세기 이탈리아 화가 코라도 지아퀸토의 작품이다.

방금 새로 생긴 날개로 사랑하는 이의 몸을 감싸고선 뾰족한 부리로 키스를 하려고 애썼다. 그러자 케익스가 실제로 머리를 치켜드는 것처럼 보였다. 이 부부를 가엾게 여긴 신들이 알키오네와 케익스를 물총새로 만들었다. 안락한 바닷새는 바다가 잠잠하고 평온한 동안에 고통스러운 영혼의 바다에서 짝짓기를 하고 알을 품는다.

영어에 '핼시언 데이(halcyon days)'라는 말이 있다. 평온하고 행복한 시대라는 뜻이다. 12월 21일 전후의 고요한 날들을 일컫는다. 바람의 신 아이올로스가 물총새가 된 케익스와 알키오네가 알을 품을 수 있도록 바람을 막아준 이야기에서 유래했다. 이 말은 영미권 국가에서 인기가 많아 건물, 도시 이름, 소설 제목 등에 자주 쓰인다.

11 영혼의 고통을 이겨낸 사랑의 희열
| 에로스와 프시케

프시케는 어느 왕국의 세 공주 가운데 막내다. 미의 여신 아프로디테가 프시케의 아름다움을 질투하여 아들 에로스에게 프시케를 이 세상에서 가장 혐오스러운 사람의 품에 안기게 하라고 시켰다.

하지만 에로스는 프시케의 미모에 반해 결혼했다. 에로스는 프시케에게 어둠 속에서만 만날 수 있고, 자신의 모습을 보게 되면 헤어지게 될 것이라고 경고했다. 동생을 시기한 두 언니가 남편의 정체를 확인하라고 프시케를 부추겼다. 프시케가 밤에 등불을 밝혀 에로스를 살펴보았다. 잠에서 깨어난 에로스는 떠나며 말했다. "사랑은 의심과 함께할 수 없어요."

시어머니 아프로디테는 프시케에게 산더미처럼 쌓인 온갖 곡식을 종류별로 나누어 정리하는 과제를 내리기도 하고 황금 양털을 가지고 오라고 지시하기도 했다. 프시케는 신데렐라나 콩쥐처럼 과제를 모두 통과했다. 마지막으로 하데스의 아내 페르세포네를 찾아가서 아름다움이 담긴 상자를 가져 오기만 하면 된다. 프시케는 상자를 가져오던 길에 호기심을 참지 못해 상자를 열었다. 상자에서 빠져나온 기운 때문에 죽음의 잠에 빠진 프시케를 에로스가 사랑의 키스로 깨웠다.

- 프시케는 잠든 남편 옆에 있던 화살집에서 화살 하나를 꺼내다가 상처를 입었다. 상처에서 피가 흐르더니 사랑의 열꽃이 더욱 타올랐다. 프시케는 에로스를 껴안고 셀 수도 없이 입맞춤했다.
  (아풀레이우스 『황금 당나귀』)

- 가니메데스가 제우스의 잔을 채우고 디오니소스가 다른 신들의 잔을 채웠다. 신의 음료인 넥타였다. 헤파이스토스가 만찬을 준비하는 동안 시간의 신들이 장미와 달콤한 향으로 결혼식장을 장식했다.
  (아풀레이우스 『황금 당나귀』)

바람의 신

1 아프로디테, 프시케의 아름다움에 질투하다

아프로디테: 트로이의 왕자 파리스도 아테나, 헤라, 아프로디테, 이 세 여신들 중에서 가장 아름다운 여신을 지목하라는 제우스의 명을 받들어 바로 나를 선택했다. 그런데 한낱 인간 계집이 여신의 명예에 먹칠을 한단 말인가? 분수에 넘치는 아름다움을 얻은 걸 후회하도록 해주겠노라.

프시케: 아름다운 것도 죄가 되나요?

❖ 「**아프로디테**」 BC 350년경의 그리스 조각가 프락시텔레스의 작품을 복원한 것이다.
❖ 「**프시케**」 19세기 프랑스 화가 윌리암 아돌프 부그로의 작품이다.

한 나라에 공주가 세 명 있었다. 첫째와 둘째도 미모를 자랑했지만 막내 프시케는 눈부시게 아름다워서 인간의 언어로는 표현할 수 없을 정도였다. 공주를 본 사람들은 눈을 의심하며 미의 여신인 아프로디테에게나 어울릴 만한 최고의 찬사를 늘어놓았다.

소문이 널리 퍼지는 바람에 이웃나라의 사내들도 막내 공주를 보고 싶어 몰려들었다. 프시케의 얼굴을 본 사람들은 아름다움에 몸 둘 바를 모를 정도로 놀랐다.

사내들은 여신의 제단으로 향하는 발걸음을 돌려 프시케를 보러갔다. 아프로디테는 프시케 때문에 자신의 제단이 텅 비었다는 것을 알게 되었다. 여신은 분함을 못 이겨 비단결 같은 머리를 마구 헝클어뜨렸다.

「**프시케의 목욕**」 19세기 영국 화가 프레더릭 레이턴의 작품이다. 프시케(psyche)는 그리스어로 '영혼' 또는 '나비'라는 뜻이다. 프로메테우스가 인간을 창조할 때 아테나가 날려 보낸 나비가 인간의 콧구멍으로 들어갔다고 한다. 여기서 나비는 영혼을 의미한다. 영어 사이콜러지(psychology)는 심리학이고, 사이코어낼러시스(psychoanalysis)는 정신분석이다. 테이트 브리튼 갤러리 소장

2 에로스에게 프시케를 벌주라고 지시하다

아프로디테: 사랑하는 내 아들아, 저 오만불손한 계집을 벌하여라. 기고만장한 계집이 비천하고 아무짝에도 쓸모없는 사내에게 열정을 품도록 해다오. 지금은 기고만장해 있지만 그만큼 뼈저리게 후회하도록 해다오. 저 계집이 받는 상처가 크면 클수록 이 어미는 더 달콤한 복수의 기쁨에 취하게 된단다. 자, 납 화살을 쏘아 미움과 원망으로 한 세상을 살다 가게 할 테냐, 금 화살을 쏘아 가장 비천한 남성을 그리워하다 죽게 할 테냐?

「**비너스의 화장**」 17세기 스페인 화가 벨라스케즈의 작품이다. 아프로디테와 에로스는 모자 간에 어울리지 않는 모습으로 자주 등장한다. 내셔널 갤러리 소장

　단단히 화가 난 아프로디테는 날개 달린 아들 에로스를 불러 요망한 프시케를 벌해달라고 요청했다. 장난꾸러기 에로스가 어머니의 불평을 듣자 은근히 신명이 났다.

에로스는 어머니가 내린 명령을 수행할 준비를 했다. 아프로디테의 정원에는 단맛이 나는 샘과 쓴맛이 나는 샘이 있었다. 에로스는 두 샘물을 각각 물병에 담은 다음 화살통에 매달고 프시케의 방으로 날아들었다.

에로스는 곤히 자고 있는 프시케의 입술에 쓴 물을 몇 방울 떨어뜨렸다. 곧이어 에로스는 화살촉으로 프시케의 옆구리를 살짝 건드렸다. 그러자 프시케가 잠에서 깨어나 에로스 쪽을 바라보았다. 물론 프시케는 인간이었으므로 에로스를 보지 못했다. 그런데도 깜짝 놀란 에로스는 화살을 치운다는 것이 엉겁결에 그만 금 화살로 자기 손을 찌르고 말았다.

에로스는 프시케를 사랑하게 되었다. 에로스는 원래 몸이 자라지 않는데 사랑을 하게 되면서 금방 자라 청년 에로스가 되었다. 에로스는 상처에는 아랑곳하지 않고 자기가 저지른 장난을 돌이키고 싶어 프시케의 머리카락에 기쁨의 단물을 부었다.

프시케의 머리에 단물이 묻은 순간부터 나날이 아름다움을 더해갔다. 하지만 입술에 묻은 쓴물 때문에 이제는 아무 남자도 프시케를 사랑하지 않게 되었다.

에로스: 가엾은 프시케, 하지만 어머니의 명령을 수행할 수밖에 없네요.

「에로스와 프시케」 19세기 프랑스 화가 알퐁스 르그로의 작품이다. 에로스가 프시케와 처음 대면하는 장면이다. 에로스는 고대 그리스 미술에서 주로 날개 달린 청년의 모습으로 등장한다. 테이트 브리튼 갤러리 소장

1 프시케, 신탁에 따라 괴물 신랑에게 시집가다

> 여사제: 그 처녀는 인간의 신부가 될 팔자가 아니다. 신랑감은 산꼭대기에서 기다리고 있노라. 신도 인간도 대적할 수 없는 괴물이다 아름다움이란 비와 같아서 모자라면 가뭄과 같고 넘치면 홍수와 같다.

「**아폴론에게 희생을 제공하는 프시케의 부모**」 17세기 이탈리아 화가 루카 지오다노의 작품이다.

에로스는 창문 밖으로 나가 아폴론에게 날아갔다. 아폴론은 에로스의 금 화살에 맞아 다프네를 쫓아다녔는데, 납 화살을 맞은 다프네는 달아나다 월계수로 변했다. 그런 아픈 기억 때문에 아폴론은 에로스를 시큰둥하게 맞았다.

그런 아폴론에게 에로스는 부탁을 하나 했다. "프시케의 아버지가 아폴론님의 신전에 신탁을 들으러 올 거예요. 그때 '괴물이 프시케를 데려 갈 것이다.'라는 거짓 신탁을 내려주세요. 부탁을 안 들어주시면 지난번처럼 또 화살을 쏘아 사랑의 아픔을 맛보게 할 거예요."

아폴론은 자신을 협박하는 에로스가 괘씸했지만 화살이 겁나 부탁을 들어주기로 했다.

아프로디테의 미움을 받고부터 프시케의 미모는 실질적인 도움이 되지 못했다. 사람들은 여전히 프시케를 칭송했지만, 아무도 청혼하지 않았다. 어느 정도 미모를 갖춘 두 언니는 다른 나라 왕자들에게 시집을 간 지 오래였다. 하지만 프시케는 쓸쓸하게 자신의 고독을 한탄했다.

프시케의 부모님은 신들의 노여움을 산 게 아닐까 싶어 아폴론 신전에 가서 신탁을 청했다. 여사제가 입을 열었다. "프시케를 피테스 산의 꼭대기에 데려가라. 그러면 괴물 신랑이 와서 프시케를 데려갈 것이다."

프시케의 신랑감이 괴물이라는 신탁에 온 백성이 낙담했다. 왕과 왕비는 시름에 빠졌다.

하지만 프시케는 왕과 왕비에게 신탁에 따르겠다고 말했다.

「아폴론 신전에 신탁하는 프시케의 아버지」 17세기 플랑드르 화가 야코프 요르단스의 작품이다. 고대 그리스인들은 중요한 일에 대한 조언을 구하기 위해 아폴론 신전을 찾았다. 개인 소장

> 프시케: 사람들은 모두 나를 아프로디테라고 떠받들었다. 그 이름 때문에 이런 대가를 치러야 하는가? 아폴론의 뜻이라면 피할 수 없다. 저 바위산 꼭대기에 사는 괴물의 아내가 될 운명이라면 제 발로 가련다.

「**프시케의 혼례**」 19세기 영국 화가 번 존스의 작품이다. 괴물이 프시케의 남편이라는 신탁을 받았기 때문에 혼례 행렬 분위기가 우울하다. 벨기에 왕립미술관 소장

준비가 갖추어지자 공주는 행렬 속으로 들어갔다. 혼례 행렬이라기보다 장례 행렬에 더 어울렸다. 부모와 백성의 탄식 속에서 프시케는 산으로 올라갔다. 꼭대기에 이르자 사람들은 프시케만 남겨놓고 산을 내려갔다.

프시케는 산등성이에서 두려움을 이기지 못해 눈물을 흘리고 있었다. 마침 친절한 제피로스(서풍)가 프시케를 공중으로 띄워, 꽃이 만발한 골짜기로 살며시 옮겨주었다. 골짜기에 오면서 마음의 안정을 되찾자 프시케는 풀밭에 누워 잠을 청했다.

「**바다 위로 프시케를 날려 보내는 제피로스**」 이탈리아 화가 리날도 만토바노의 작품이다. 제피로스는 서풍의 신이다. 남풍 노토스, 북풍 보레아스와 형제다. 봄을 불러오는 부드러운 바람으로 알려졌다. 팔라초 델 테 소장

2 괴물의 집이 아닌 에로스의 궁전에 들어가다

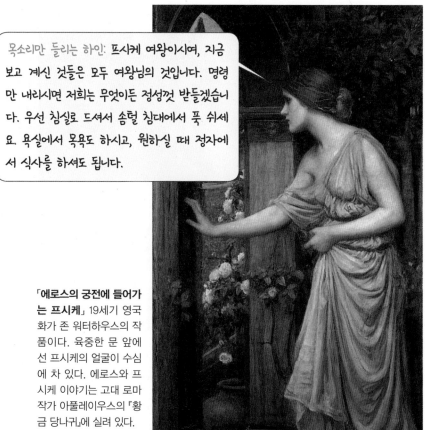

목소리만 들리는 하인: 프시케 여왕이시여, 지금 보고 계신 것들은 모두 여왕님의 것입니다. 명령만 내리시면 저희는 무엇이든 정성껏 받들겠습니다. 우선 침실로 드셔서 솜털 침대에서 푹 쉬세요. 욕실에서 목욕도 하시고, 원하실 때 정자에서 식사를 하셔도 됩니다.

「에로스의 궁전에 들어가는 프시케」 19세기 영국 화가 존 워터하우스의 작품이다. 육중한 문 앞에 선 프시케의 얼굴이 수심에 차 있다. 에로스와 프시케 이야기는 고대 로마 작가 아풀레이우스의 「황금 당나귀」에 실려 있다.

눈을 떠서 주위를 둘러보니 근처에 큰 나무들이 울창하게 들어선 숲이 있었다. 숲으로 들어가니 한가운데에 수정처럼 맑은 물이 솟아나는 샘이 있었다. 샘을 지나자 으리으리한 궁전이 나타났다.

프시케는 용기를 내 궁전 안으로 들어갔다. 마주치는 것마다 경이롭고 환상적이었다. 황금 기둥들이 둥근 지붕을 떠받치고 있었고 사방의 벽에는 사냥하는 광경과 전원의 풍경이 그려져 있었다.

3 보이지 않는 에로스, 밤에만 나타나다

프시케: 왜 신랑은 보이지 않을까? 눈에 보이는 남편과 사랑을 나누고 싶어.

「**사랑의 신전에 있는 프시케**」
19세기 영국 화가 에드워드 포인터의 작품이다. 아프로디테는 몇 가지 시련으로 프시케를 시험한다. 워커 미술관 소장

프시케가 화려한 방과 갖가지 보물들에 정신이 한참 팔려 있을 때 어디에선가 프시케를 부르는 소리가 들렸다. 프시케는 목소리만 들리는 하인들의 안내에 따라 욕실에서 몸을 씻고 푹 쉰 다음 정자의 식탁에 가서 앉았다. 하인이 안 보이는데도 진수성찬이 금세 차려졌다. 어디선가 음악이 흘러나와 프시케의 귀를 즐겁게 했다.

프시케는 식사를 마치고 침대에 누웠다. 피곤이 몰려와 금방 잠이 들었다. 얼마나 시간이 지났을까? 프시케는 누군가가 자기 머리카락을 쓰다듬는 것 같아서 눈을 떴다. 이번에는 프시케의 이마에 입을 맞추었다. 프시케가 기어들어가는 목소리로 누구냐고 묻자 다정한 목소리가 들렸다. "나는 당신의 남편이오."

프시케를 남겨두고 떠나는 에로스 19세기 프랑스 화가 피코의 「큐피드와 프시케」다. 날이 밝아오자 에로스가 떠나려 한다. 에로스는 로마신화의 큐피드와 동일하다.

하지만 신랑은 보이지 않았다. 신랑은 어두운 밤에만 살며시 나타났다가 아침 해가 뜨기 전에 급하게 떠났다.

프시케는 하루 종일 눈에 보이지 않는 시녀들의 시중을 받았고 역시 눈에 보이지 않는 남편과 사랑을 나누었다. 괴물이라고 알고 있는 남편의 목소리는 부드럽고 다정했다. 그럴수록 남편의 얼굴이 보고 싶었다.

프시케는 종종 남편에게 새벽에 떠나지 말고 얼굴을 보여달라고 부탁했지만 남편은 요지부동이었다.

"왜 내 모습을 보려고만 합니까? 내 사랑을 믿지 못하나요? 내 모습을 보면 나를 두려워할 수도, 숭배할 수도 있겠죠. 하지만 내가 바라는 것은 당신이 나를 사랑해주는 것뿐이오. 당신이 나를 신처럼 떠받들기보다는 같은 인간으로 사랑해주기를 바랍니다."

4 초대받은 프시케의 언니들, 의심을 부추기다

프시케의 언니들: 아폴론 신의 신탁에 따르면 너는 무시무시한 괴물과 혼인할 운명이야. 이 골짜기에 사는 사람들은 네 남편이 끔찍한 뱀이라고 말하더라. 맛있는 음식을 먹여 너를 살찌운 다음에 결국 잡아먹고 말 거래.
그러니 우리가 시키는 대로 하렴. 먼저 등불과 날카로운 칼을 감춰둬야 해. 네 남편이 잠들면 등불을 켜서 사람들의 말이 맞는지 확인해보렴. 만약 괴물이면 머뭇거리지 말고 머리를 도려내버려. 그래야 네가 다시 자유를 얻을 수 있단다.

「프시케를 부추기는 언니들」 17세기 이탈리아 화가 조르다노의 작품이다. 프시케의 언니들이 프시케에게 의심을 심어주는 장면이다. 로얄 콜렉션 소장 남편의 말을 듣고 프시케는 한동안 마음이 놓였다. 하지만 부모님과 언니들 생각이 나서 궁전이 그저 화려한 감옥처럼 느껴지기 시작했다. 어느 날 밤 프시케가 남편에게 고민을 털어놓았다. "부모님과 언니 소식이 궁금해요. 언니들을 초대하면 안 되나요?"

남편은 머뭇거리며 대답했다. "언니를 만나면 우리에게 불행이 올지도 모르니 만나지 않는 게 좋겠소."

프시케가 밤낮으로 눈물을 흘리자 남편이 한숨을 지으며 말했다. "언니를 만나게 해주겠소."

날이 밝자 프시케는 제피로스에게 남편의 명령을 전달했다. 제피로스는 산 아래로 내려가 두 언니를 골짜기로 데려왔다. 세 자매는 오랜만에 감격 어린 포옹을 나눴다.

프시케는 두 언니의 손을 이끌고 황금 궁전으로 갔다. 두 언니는 보이지 않는 하인들의 시중을 받으며 마음껏 호사를 누렸다. 하지만 막내가 자기들과는 비교할 수 없을 정도로 호강을 누리는 모습을 보자 시샘이 났다.

두 언니는 질문을 쏟아냈다. 프시케는 언니들이 궁금하게 여기는 신랑에 대해 말했다. "남편은 잘 생긴 청년인데, 낮에는 주로 산에서 사냥을 하고 지내요."

두 언니가 남편에 대해 더욱 집요하게 질문했다. "어디가 가장 잘생겼니? 키는 얼마나 크니?"

프시케는 더 이상 거짓말을 할 수 없었다. 결국 남편의 얼굴을 본 적이 없다고 실토했다. 기다렸다는 듯 두 언니는 프시케에게 남편의 존재를 확인하라고 부추겼다. "어떻게 한 번도 본 적이 없어? 남편이라면 그 존재를 눈으로 확인해야지. 자신의 모습을 절대 보지 못하게 하는 건 너를 사랑하지 않는다는 뜻 아닐까? 넌 참 안됐구나. 남편에게 사랑받지 못하는 걸 보니 이 언니의 마음이 찢어진다."

5 에로스 "사랑은 의심과 함께할 수 없다."

에로스: 어리석은 프시케여. 내 사랑에 대한 보답이 이건가요? 나는 어머니의 명령을 어기면서까지 당신을 아내로 맞았는데 당신은 나를 괴물로 생각해 목을 자르려고 했어요. 이제 당신이 믿는 언니들에게 가세요. 나는 나의 길을 가렵니다.
사랑은 의심과 함께할 수 없는 법이거든요. 내가 그대에게 모습을 보이지 않은 것은 그대가 나를 사랑하기만 바랄 뿐이지 삼가거나 섬기기를 바라지 않았기 때문이오.

「에로스와 프시케」 17~18세기 이탈리아 화가 주세페 마리아 크레스피의 작품이다. 등불로 에로스의 모습을 확인하는 장면이다. 호기심이 왕성한 프시케는 이야기가 진행되는 내내 금기를 계속 깼다. 우피치 미술관 소장 언니들이 떠난 후에도 프시케의 귓가에는 언니들의 충고가 들려오는 듯했다. 궁금증을 참지 못하고 기어이 등불과 날카로운 칼을 준비해 남편이 보지 못하는 곳에 숨겼다.

남편이 깊이 잠들었을 때 프시케는 등불을 켜서 남편의 얼굴을 보았다. 프시케는 하마터면 소리를 지를 뻔했다. 무서운 괴물이기는커녕 신들 중에서도 가장 잘생기고 매력적인 청년 에로스였다. 프시케는 남편을 자세히 보려고 등불을 얼굴 가까이에 갖다 대려했다. 램프를 든 손이 마구 떨리는 바람에 뜨거운 기름 한 방울이 에로스의 어깨에 떨어졌다.

깜짝 놀라 눈을 뜬 에로스는 프시케를 노려보며 탄식했다. "내 사랑에 대한 보답이 의심이라니! 사랑은 의심과 함께할 수 없는 법이오."

말을 마친 에로스는 날개를 펴고 창밖으로 날아갔다. 프시케는 남편을 따라가려다 창밖으로 떨어졌다. 에로스는 가엾은 프시케만 홀로 땅바닥에 남겨둔 채 저 멀리 날아가 버렸다.

프시케는 정신을 차리고 주위를 둘러봤다. 궁전과 정원은 온데간데없었다. 프시케는 남편을 찾아 나섰다. 하지만 어찌 된 일인지 프시케는 언니들이 사는 곳에서 그리 멀지 않은 들판에 와 있었다. 프시케는 언니들에게 가서 자초지종을 들려주었다. 언니들은 함께 슬퍼하는 척하면서도 속으로는 고소해 했다. 언니들은 에로스가 둘 중 한 명을 신부로 맞이할지도 모른다고 생각했다.

이튿날 새벽 언니들은 몰래 산으로 올라갔다. 산꼭대기 근처 바위에 이르러 언니들은 제피로스를 불렀다. "제피로스여! 우리를 프시케가 살던 궁전으로 데려가 주세요."

제피로스가 자신들을 받아줄 거라 생각하고 바위에서 뛰어내렸지만 제피로스는 오지 않았다. 프시케의 두 언니는 벼랑 아래로 떨어져 비참하게 죽고 말았다.

시련 끝에 찾아온 사랑의 결실

1 데메테르의 조언을 듣다

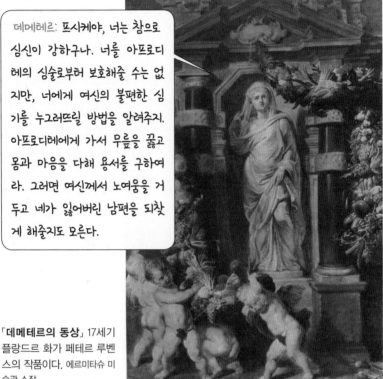

데메테르: 프시케야, 너는 참으로 심신이 강하구나. 너를 아프로디테의 심술로부터 보호해줄 수는 없지만, 너에게 여신의 불편한 심기를 누그러뜨릴 방법을 알려주지. 아프로디테에게 가서 무릎을 꿇고 몸과 마음을 다해 용서를 구하여라. 그러면 여신께서 노여움을 거두고 네가 잃어버린 남편을 되찾게 해줄지도 모른다.

「데메테르의 동상」 17세기 플랑드르 화가 페테르 루벤스의 작품이다. 에르미타슈 미술관 소장

　프시케는 밤낮으로 남편을 찾아 헤매던 중 어느 산의 벼랑 근처에서 장엄한 신전을 발견했다. 프시케는 남편이 있을지도 모른다는 기대를 하며 신전으로 올라갔다.

　신전에 남편은 없고 곡식 무더기와 농기구가 흩어져 있었다. 신에 대한 믿음이 독실한 프시케는 곡식 낟가리와 농기구를 정리하고 신전 바닥을 깔끔하게 청소했다. 신전의 주인은 농업의 여신인 데메테르였다. 데메테르는 프시케가 경건하다는 것을 알고서 아프로디테의 노여움을 누그러뜨리려면 몸과 마음을 다해 용서를 구하라고 조언했다.

아프로디테: 사랑을 배신으로 갚은 배은망덕한 것! 그러고도 네 남편을 찾으러 왔느냐? 에로스는 너 때문에 몸져누웠다. 너처럼 발칙한 것이 남편의 용서를 구할 수 있는 길은 오직 부지런히 일하는 것뿐이다. 네가 집안 살림을 잘할지 시험해 보리라.

「아프로디테 왕좌 아래서 무릎 꿇은 프시케」 영국 화가 에드워드 매튜 해일의 작품이다. 아프로디테는 기원전 1200년경에는 지중해 일대에서 숭배 받는 강력한 신이었다. 고대 그리스 시대에 들어서 제우스 밑으로 편입되었다.

데메테르의 말에 따라 프시케는 아프로디테의 신전으로 가서 여신 발 앞에 엎드렸다. "어떤 벌이라도 달게 받겠으니 제 남편을 찾게 해주세요."

아프로디테는 성난 얼굴로 프시케를 내려다보며 용서를 구할 자격이 있는지 시험해 보겠다고 말했다.

2 아프로디테, 프시케를 시험하다

강의 신: 오, 초췌한 여인이여, 아프로디테가 시켜 위험한 강을 건너려 하는군요. 해가 떠오르는 아침에는 강 저편 양들이 태양의 기운을 받아 날카로운 뿔과 이빨로 사람을 해친다오. 한낮이 되면 태양이 양떼들을 그늘로 보내 쉬게 해 준다오. 그때 강물을 건너 황금 양털을 깎아오시오.

「**프시케의 두 번째 시험**」 16세기 이탈리아 건축가이자 화가인 줄리오 로마노의 작품이다. 줄리오 로마노의 작품은 과장된 기교로 유명하다. 프시케를 도운 강의 신이 다소 기괴하게 표현되어 있다. 팔라초 델 테 궁전 소장

아프로디테가 프시케를 시험하는 이야기는 『콩쥐 팥쥐』, 『신데렐라』와 비슷하다. 사람 혼자서는 할 수 없는 불가능한 일을 시켜 애초에 상대를 내치려는 속셈을 이 세 가지 이야기에서 모두 엿볼 수 있다.

아프로디테는 프시케를 밀, 보리, 콩 등 온갖 곡식이 수북이 쌓여 있는 신전 창고로 데려갔다. 아프로디테의 상징 동물인 비둘기 모이로 모아둔 것이었다.

신전에서 아프로디테는 프시케에게 명령했다. "너 혼자서 이 모든 곡식들을 종류별로 나누어 놓아라. 해가 지기 전에 돌아올 테니 그 전에 반드시 일을 마쳐야 한다."

프시케는 산더미처럼 쌓인 곡식 더미를 바라보며 멍하니 앉아 체념하고 있었다. "이건 내 능력 밖의 일이야. 이제 모든 게 끝났어."

프시케를 잊을 수 없었던 에로스는 이 사실을 알고 들판에 사는 개미들을 불러 모아 프시케를 도우라고 시켰다. 개미들이 새까맣게 몰려와 일사천리로 곡식들을 종류별로 나눈 다음 흔적도 없이 사라졌다.

저녁 무렵에 돌아온 아프로디테가 곡식이 말끔하게 정리된 것을 보자 냅다 소리쳤다. "앙큼한 계집! 이건 네가 꼬드겨 신세를 망친 네 남편이 한 일이다."

아프로디테는 검은 빵 한 조각을 프시케에게 던져주고는 가 버렸다.

이튿날 아침 아프로디테는 프시케를 다시 불러 이렇게 말했다. "물가를 따라 나무들이 줄지어 선 곳을 가면 양치기 없이 풀을 뜯고 있는 양들이 있을 것이다. 황금빛 양털을 모조리 깎아 나에게 가져오너라."

프시케는 이번에는 직접 과제를 수행하겠다고 다짐하며 강가로 갔다. 강의 신은 아름다운 프시케가 혼자 끙끙대며 일하는 모습을 보고 안타까웠다. "어여쁜 프시케, 그 고운 손을 보니 이제껏 일을 안 해 본 여인인 듯하네. 일을 쉽게 하는 방법을 알려주지."

프시케는 인정 많은 강의 신이 가르쳐 준 대로 하여 금방 일을 마쳤다. 프시케는 황금 양털을 가득 안고서 아프로디테에게 돌아왔지만 이번에도 여신은 누군가가 도왔다며 인정하지 않았다. "혼자 힘으로 하라고 했더니, 머리를 굴려? 이제는 누구도 도와주지 못하게 하겠어."

3 프시케, 페르세포네의 화장품을 구하러 가다

아프로디테: 이번에는 지하 세계로 가서 페르세포네에게 이렇게 전해라. '제 주인이신 아프로디테 님께서 페르세포네 왕비님의 화장품을 조금 나눠 주셨으면 하더이다. 몸져누운 아드님을 간호하느라 조금 수척해지셨거든요.'
심부름은 지체 없이 해야 하느니라. 오늘 저녁에 화장을 하고 신들의 연회에 참석해야 하니까.

아프로디테 BC 350년경의 그리스 조각가 프락시텔레스의 작품을 복원한 것이다.

아프로디테는 지하 세계에 있는 페르세포네에게 가서 아름다움이 담긴 화장품을 얻어오라고 프시케에게 시켰다. 프시케는 시어머니가 자신을 죽음으로 몰고 있다고 생각했다. 지하 세계는 죽은 사람만이 갈 수 있는 곳이기 때문이다.

프시케는 한 번밖에 보지 못한 늠름한 에로스의 모습을 떠올렸다. 눈물 속에서 남편의 모습이 어른거리다 사라졌다. 프시케는 이왕 죽을 바에야 지체하지 않는 게 좋다고 생각하고 높은 탑 꼭대기로 올라갔다. 탑 아래로 뛰어내려 죽어서라도 남편을 볼 수 있다면 기꺼이 탑에서 뛰어내릴 마음의 준비가 되어 있었다.

프시케가 탑 꼭대기에 서서 뛰어내리려 하자 어떤 목소리가 들렸다. "내가 너를 도와줄 테니 서둘지 말라. 탑 아래층에 동전 두 개와 빵 두 개가 있을 것이다. 그걸 들고 가서 뱃사공 카렌에게 뱃삯으로 주어라. 다만 페르세포네가 아름다움이 담긴 화장품 상자를 건네주면 호기심에 못 이겨 열어보아서는 안 된다."

프시케: 뱃사공 카론이여, 여기 2오보로스의 돈과 굳은 빵 2개를 드릴 테니 저 승의 강을 건너게 해주세요.

「**카론과 프시케**」 19세기 영국 화가 존 로댐 스펜서 스탠호프의 작품이다. 카론은 바닥이 없는 쇠가죽 배에 죽은 자들을 태워서 아케론강에서 스틱스강까지 건너게 해주었는데, 장례를 치르고 통행료를 내는 사람들만 저승으로 이끌었다.

목소리는 뱃사공 카론을 매수하는 방법 외에도 도중에 마주칠 온갖 위험을 피하는 방법, 머리가 셋 달린 개 케르베로스를 따돌리는 방법, 검은 강을 건너갔다 다시 돌아올 수 있는 방법도 일러주었다.

프시케는 시키는 대로 탑 맨 아래층에서 동전 두 개와 빵 두 개를 집어 들었다. 목소리는 어떤 동굴로 들어가 하데스의 나라로 가는 길을 알려주었다. 곧이어 이승과 저승 사이를 흐르는 강이 나타났다. 카론이란 뱃사공이 나룻배를 몰고 다가왔다. 카론은 동전 한 개를 받고 프시케를 강 건너편으로 건너게 해주었다.

지하 세계의 문에서는 머리가 셋 달린 무서운 개 케르베로스가 지키고 있었다. 프시케는 빵 하나를 주고 문으로 들어갔다.

4 프시케, 화장품을 열고 영원한 잠에 빠지다

에로스: 이번에도 당신은 호기심 때문에 죽을 뻔했구려. 어쨌든 어머니가 분부하신 일을 하시오. 나머지 일은 내가 알아서 할 테니.

「에로스의 키스로 되살아나는 프시케」 18세기 이탈리아 조각가 카노바의 작품이다. 에로스의 입맞춤으로 깨어나는 프시케의 모습을 표현했다. 육감적이지만 동시에 투명하고 우아한 분위기를 풍긴다. 신고전주의 조각의 진수를 보여주는 작품이다. 루브르 박물관 소장

지하 세계 궁전에 무사히 도착한 프시케는 페르세포네에게 아프로디테의 부탁을 전하고 귀중한 화장품이 담긴 상자를 받았다. 프시케는 상자를 가지고 왔던 길로 되돌아갔다. 프시케는 오는 길에 나무 아래에 앉아 쉬면서 생각했다. '여신의 화장품을 조금만 내 뺨에 바르면 사랑하는 님의 눈에 더 예쁘게 보이지 않을까?'

조심스레 상자를 열어보니 화장품은 없었고, 지옥의 영원한 잠이 들어 있었다. 잠이 덮쳐 오자 프시케는 나무 아래에서 쓰러져 죽음의 깊은 잠에 빠져들었다.

그 무렵 에로스는 사랑하는 프시케를 보고 싶어 견딜 수가 없었다. 에로스는 창문 틈새로 빠져나가 프시케가 잠들어 있는 곳에 도착했다. 에로스는 프시케의 몸에서 잠을 끌어 모아 상자에 도로 넣고 화살촉으로 잠든 프시케를 살짝 건드렸다. 프시케는 눈을 뜨자마자 남편의 품에 안겼다.

「에로스와 프시케」
프랑스 화가 프랑수아 제라르의 작품이다. 루브르 박물관 소장

5 에로스와 프시케, 올림포스에서 결혼하다

제우스: 프시케야, 암브로시아를 받아 마시고 불사의 존재가 되어라. 그러면 너희 둘의 인연은 에로스도 끊을 수 없게 되니 이 결혼은 영원히 지속되리라.

「**에로스와 프시케의 결혼식**」 19세기 이탈리아 화가 펠라지오 팔라지의 작품이다. 암브로시아는 신화에 등장하는 신들의 음식이다. 꿀 · 물 · 과일 · 치즈 · 올리브유 등으로 만든다고 한다. 암브로시아를 마시면 영생할 수 있다. 디트로이트 미술관 소장

「**에로스와 프시케의 결혼식**」 16세기 이탈리아 화가 라파엘(라파엘로 산치오)의 작품이다. 빌라 파르네지나 소장

에로스는 어머니가 분부한 일을 마치라고 말했다. 에로스는 하늘로 솟아오르더니 순식간에 제우스 앞에 갔다. "제우스님, 불쌍한 프시케를 어여삐 여겨주십시오. 저와 프시케는 진정으로 사랑하고 있으니 결혼할 수 있도록 도와주세요."

제우스는 먼저 아프로디테를 불렀다. "프시케를 여기로 불러 에로스와 함께 살도록 하는 게 어떻겠소?"

아프로디테도 동의했다. 프시케를 올림포스로 불러오면 사람들이 프시케를 찬미하는 일도 없어질 것이라고 생각한 것이다.

제우스는 헤르메스에게 프시케를 천상으로 데려오게 했다. 프시케가 도착하자 제우스는 직접 신들의 음식인 암브로시아를 대접했다. "신의 음식인 암브로시아를 먹거라. 이 음식을 먹으면 너도 신처럼 죽지 않고 영원히 살 수 있다."

불사의 존재가 된 프시케는 에로스와 결혼하여 행복하게 살았다.

「에로스와 프시케」19세기 프랑스 화가 윌리앙 아돌프 부그로의 작품이다. 프시케는 미술 작품에서 흔히 나비 날개를 가진 형상으로 묘사된다. 개인 소장

에로스와 결혼한 프시케는 예쁜 딸을 하나 낳았는데, 딸의 이름은 라틴어로 볼룹타스(voluptas 쾌락, 기쁨)라고 한다. '육감적인' 혹은 '관능적인'을 의미하는 영어 단어 벌럽츄어스(voluptuous)는 볼룹타스에서 유래했다. 사랑과 마음이 짝을 이뤘으니 그 딸의 이름이 기쁨이 되는 것은 자연스럽다. 밀턴이 그 대목을 노래했다.

천상의 멋진 에로스가
사랑에 빠진 프시케를 차지하도다
프시케가 길고 긴 방황을 끝낸 후에
신들이 너그러이 승낙한 후에
프시케는 에로스의 영원한 신부가 되었네
곧 프시케의 고운 허리춤에서
축복이 넘치는 쌍둥이가 태어났다네
'젊음'과 '기쁨'이.
– 밀턴 『코머스』의 마지막 대목

프시케는 그리스어로 '영혼' 또는 '나비'를 의미한다. 영어로는 사이키로 읽는다. 나비는 영혼의 불멸성을 상징한다. 나비는 기나긴 애벌레 시절을 보내고서야 무덤과도 같은 고치에서 나와 날개를 펼친다. 팔랑팔랑 봄꽃의 가장 향기롭고 감미로운 꿀물을 빨아먹는다. 프시케는 기나긴 고난을 거치면서 정화된 인간의 영혼을 상징한다. 영혼의 고통을 이겨낼 때 비로소 사랑의 희열을 얻는다는 것을 프시케 이야기가 보여준다.
에로스와 프시케의 이야기에서 눈에 띄는 것은 프시케가 시어머니인 아프로디테의 명령을 수행하는 과정이다. 곡식 나르기, 양털 모으기, 물 긷기 등은 집안일에 해당한다. 고부갈등의 시작은 예나 지금이나 출발점이 비슷하다.

12 응답 없는 사랑의 메아리
| 에코와 나르키소스, 미노스와 스킬라

사랑을 위해서는 무엇이든 다 해도 되는 것일까? 에코는 신을 속였고, 스킬라는 아버지를 배신했다. 어떤 결과가 나왔을까?

우리가 무슨 말을 외치든 산은 메아리로 돌려준다. 하지만 메아리가 먼저 말을 걸지는 못한다. 미소년 나르키소스는 동성과 이성을 가리지 않고 수많은 사람과 님프로부터 구애를 받았지만 모두 거부했다. 나르키소스로부터 무시를 당한 숲의 님프 에코는 여위어가다 형체가 사라지고 메아리만 남았다. 사랑을 거절당한 또 다른 님프가 나르키소스도 똑같은 고통을 겪게 해 달라고 신에게 빌었다. 분노의 여신이 응답했다. 나르키소스는 물에 비친 자신의 아름다운 모습을 사랑하다가 마침내 탈진하여 죽었다. 나르키소스가 자기 자신의 모습을 몰랐으면 그렇게 죽진 않았을 것이다.

메가라의 왕 니소스의 정수리에는 보라색 머리카락이 한 올 있었다. 이 머리카락이 남아 있는 한 죽지 않을 것이고 왕국도 안전할 것이라는 신탁이 있었다. 크레타 왕 미노스가 메가라를 공격했을 때 스킬라는 적국의 왕 미노스를 짝사랑하게 되었다. 스킬라는 전쟁을 끝내고 사랑을 얻기 위해 아버지의 머리카락을 잘라 미노스에게 바쳤다. 미노스는 아버지를 죽음에 이르게 한 스킬라의 사랑을 받아들이지 않았다. 바다수리로 변한 아버지 니소스가 스킬라를 부리로 쪼았다. 어떤 신이 동정을 베풀어 스킬라는 작은 새가 되었다.

• 우리가 나르키소스를 사랑했듯 그도 누군가를 사랑하게 하소서. 하지만 그 사랑은 이루어지면 안 됩니다. 부디 그가 사랑의 아픔을 겪게 하소서. (오비디우스 『변신 이야기』)

• 내가 허리를 숙여 수면에 얼굴을 가져다 대면 너 역시 얼굴을 가져오며 입술로 나를 맞이하는구나. (오비디우스 『변신 이야기』)

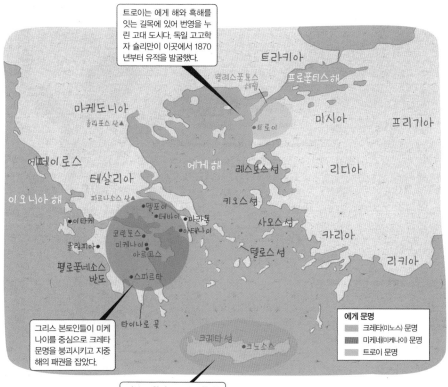

트로이는 에게 해와 흑해를 잇는 길목에 있어 번영을 누린 고대 도시다. 독일 고고학자 슐리만이 이곳에서 1870년부터 유적을 발굴했다.

마케도니아
올림포스 산▲
에페이로스
테살리아
이오니아 해
파르나소스 산▲
이타케
코린토스
올림피아
미케나이
아르고스
펠로폰네소스 반도
스파르타
타이나로 곶

트라키아
헬레스폰토스 해협
프로폰티스 해
미시아
프리기아
에게 해
레스보스 섬
리디아
키오스 섬
사모스 섬
카리아
델로스 섬
리키아
트로이
델포이
테바이
마라톤
아테나이

크레타 섬
크노소스

에게 문명
크레타(미노스) 문명
미케네(미케나이) 문명
트로이 문명

그리스 본토인들이 미케나이를 중심으로 크레타 문명을 붕괴시키고 지중해의 패권을 잡았다.

미노스 왕이 크노소스를 중심으로 중앙 집권화를 이뤘다. 이후 크레타의 정치·예술·무역이 발달했다.

1 헤라, 에코의 수다로 님프와 노는 제우스를 놓치다

> 에코: 위대한 헤라님! 우리 숲에 산책을 오셨네요. 오늘따라 유난히 아름다우세요. 예쁜 숲도 여신님의 아름다움에는 고개를 숙이네요.

아름다운 님프 에코는 숲과 언덕을 좋아해 틈만 나면 사냥을 즐기거나 숲속에서 놀았다. 아르테미스도 사냥을 갈 때엔 에코를 데리고 다녔다. 그런데 에코는 말이 너무 많았다. 잡담할 때나 입씨름할 때 늘 생떼를 쓰거나 남의 말이 끝난 뒤에도 계속해서 지껄였다.

어느 날 바람둥이 신 제우스가 숲속에서 한 님프들과 어울려 놀고 있었다. 제우스의 아내 헤라가 남편을 찾으러 숲에 나타났다.

헤라를 본 에코는 자신이 제우스와 어울리지 않았는데도 두려움을 느꼈다. '헤라가 제우스님과 님프들이 사랑을 속삭이는 현장을 보면 제우스님이 난처해지실 거야. 무엇보다 우리 님프들이 잔인한 벌을 받게 될 거야.'

「에코」 영국 조각가 에드워드 온슬로 포드의 작품이다. 에코는 숲과 샘의 님프다. 레이디 레버 아트 미술관 소장

헤라: 에코 너의 수다와 아부 때문에 제우스와 님프들이 만나는 현장을 덮치지 못했다. 제우스가 시킨 짓이지? 너는 이제부터 하고 싶은 말을 할 수 없고 남이 한 말의 끝 부분만 되풀이할 수 있을 것이다.

「**헤라**」 기원전 4세기경 만들어진 작품이다. 나폴리 국립 고고학 박물관 소장

에코는 헤라의 앞에 나타나 수다를 떨기 시작했다. "위대하신 헤라님이 우리 숲에 산책을 나오셨군요. 오늘따라 아름다우시고 멋있으세요."

에코가 수다 떠는 소리를 제우스가 듣고는 님프들을 데리고 숲속 깊이 달아났다.

에코가 조잘거리며 수다를 떠는 바람에 헤라는 님프들을 놓쳤다. 화가 난 헤라는 에코에게 남의 말 끝부분만 따라하게 하는 벌을 내렸다. 에코는 혼잣말을 했지만 말이 입 밖으로 나오지 않았다. 숲 안쪽으로 걸어가고 있는 님프들을 불렀지만 역시 소리가 나지 않았다.

2 나르키소스, 에코의 구애를 물리치다

나르키소스: 이거 놔! 너한테 안기느니 차라리 죽겠어!

「**나르키소스**」 헝가리 화가 줄러 벤추르의 작품이다. 오비디우스의 『변신 이야기』에 따르면 나르키소스는 태어났을 때 "자기 자신을 모르면 오래 살 것"이라는 예언을 받았다. '나르시서스 (narcissus)'는 수선화라는 뜻의 영어 단어다.
헝가리 국립 박물관 소장

어느 날 에코는 숲에서 사냥감을 쫓고 있던 나르키소스를 보고는 반해 뒤를 몰래 따라갔다. 사랑을 고백하고 싶었지만 말할 수 없었다. 에코는 속이 탔지만 나르키소스가 먼저 말을 건네기만 기다렸다.

어느 날 나르키소스가 사냥하던 일행과 떨어지져 길을 잃자 큰 소리로 외쳤다. "거기 누구 없나?"

에코는 대답했다. "없나?"

나르키소스는 두리번거렸지만 아무도 보이지 않자 다시 외쳤다. "이리 나와 보게."

에코가 대답했다. "이리 나와 보게."

역시 아무도 나오지 않자 나르키소스는 소리쳤다. "왜 나를 피하지?"

그러자 에코도 똑같이 물었다. "피하지?"

나르키소스가 안달하며 말했다. "그러지 말고 함께 다니자."

에코도 끝말을 똑같이 따라했다. 그러고는 떨리는 가슴을 달래며 숨어 있던 곳에서 뛰쳐나가 청년의 목을 감싸 안았다. 청년은 깜짝 놀라 뿌리치며 외쳤다. "이거 놔! 너한테 안기느니 차라리 죽겠어!"

"차라리 죽겠어."

에코는 무심코 따라했다.

에코: 누군가가 불러주면 언제라도 따라서 대답할 준비가 되어 있어요.

「에코」 19세기 프랑스 화가 카바넬의 작품이다. 에코(echo)는 '메아리'라는 뜻의 영어 단어이기도 하다. 메아리라는 자연 현상을 에코와 나르키소스 이야기에서 찾아볼 수 있다. 메트로폴리탄 미술관 소장

3 나르키소스, 자신의 모습을 사랑하다

> 나르키소스: 아름다운 임이시여, 왜 나를 피하시나요? 분명 내 얼굴이 못생기지는 않았을 텐데요. 님프들이 전부 반한 얼굴이라 그대도 무관심해 보이지는 않네요. 내가 손을 내밀면 그대도 똑같이 내게 손을 내밀고, 내가 웃으면 그대도 똑같이 따라하지 않았나요?

「**나르키소스**」 16세기 이탈리아 화가 카라바조의 작품이다. 로마 국립 고대 미술관 소장

　나르키소스는 에코 곁을 떠났고, 에코는 부끄러워서 붉어진 얼굴을 감추려고 깊은 숲속으로 숨었다. 이후로 에코는 동굴이나 산의 벼랑 위에서만 살았다.

　에코는 슬픔에 빠져 나날이 여위더니 마지막 살점까지 빠져나갔다. 뼈는 바위로 변했고, 남은 것이라고는 목소리뿐이었다. 누군가가 불러주면 대답했다. 하지만 말을 따라하는 버릇은 여전히 버리지 못했다.

나르키소스는 에코에게 그랬듯이 다른 님프들에게도 냉담했다. 어느 날 나르키소스의 관심을 끌려다 상처만 입은 한 님프가 신에게 기도했다. 짝사랑하는 고통이 어떤 것인지 나르키소스도 느끼게 해 달라고. 분노의 여신 네메시스가 님프의 기도를 들어주었다.

물이 맑은 샘이 하나 있었다. 물이 어찌나 맑았는지 양치기도 그곳으로 양 떼를 몰지 않았고 숲의 짐승도 샘으로는 가지 않았다. 낙엽이나 부러진 나뭇가지도 샘을 더럽히지 않았다. 바위가 뜨거운 햇빛을 가려 풀이 시들지 않았다.

어느 날 사냥에 지친 나르키소스가 샘가로 다가왔다. 샘물을 마시려고 몸을 구부리다 샘물에 비친 자기 모습을 보았다. 수면에 비친 제 모습을 샘에 사는 물의 정령이라고 여겼다.

나르키소스는 넋을 놓고 바라보았다. 별처럼 빛나는 두 눈, 디오니소스나 아폴론의 머리카락처럼 흔들리는 고수머리, 둥그스름한 뺨, 상아같이 흰 목, 조금 벌어진 입술, 건장한 몸매. 나르키소스는 그만 자신의 모습에 눈이 멀고 말았다.

입맞춤하려고 입술을 댔다. 사랑스런 몸을 껴안으려고 팔을 물속에 담그기도 했다. 만지면 사라지더니 잠시 후 다시 나타나 나르키소스를 애태웠다.

나르키소스는 자신을 버리고 떠날 수가 없었다. 먹는 것도 쉬는 것도 잊은 채 샘 가장자리를 맴돌며 자기 모습만 하염없이 바라봤다. 물의 정령이라고 여긴 자신의 모습에 나르키소스는 사랑을 느꼈다.

수면을 물끄러미 바라보던 나르키소스는 눈물을 흘렸다. 눈물이 떨어져 물에 비친 모습이 출렁이자 물의 정령이 떠나가는 줄 알고 가지 말라고 다급히 외쳤다. "부디, 가지 마세요! 그대에게 손을 대지는 않을 테니 그저 바라만 보게라도 해 주세요."

나르키소스는 물에 비친 자신의 모습을 보며 애원했다.

4 나르키소스가 죽은 자리에 수선화가 피어나다

에코: 나르키소스 당신이 어떻게 되든 나는 당신 곁을 지킬 거예요.

나르키소스: 임이시여, 사랑의 불길이 너무 타올라 몸과 마음도 타들어가는군요. 그런데도 나를 애타게만 하시네요.

「에코와 나르키소스」 19세기 영국 화가 존 워터하우스의 작품이다. '자기도취증'을 뜻하는 나르시시즘(narcissism)은 이 나르키소스의 이야기에서 비롯했다. 워커 미술관 소장

이제는 사랑의 불길에 몸과 마음이 타들어 갔고 에코를 반하게 했던 아름다운 외모도 활기찬 모습도 사라졌다. 그래도 에코는 나르키소스의 곁을 지켰다. 나르키소스는 시름시름 앓더니 마침내 죽고 말았다.

죽은 후 망령이 되어 배를 타고 저승의 강을 건널 때에도 강물에 비친 제 모습을 보려고 뱃전에서 몸을 구부렸다.

결혼의 신 휘메나이오스: 나르키소스여, 너의 뇌쇄적인 미모는 스스로를 찌르는 예리한 칼날이다. 너를 포함해 너를 바라보는 사랑은 모두 혼을 빼앗길 것이니 어찌 조화로운 남녀의 결합을 생각할 수 있겠느냐!

「**에코와 나르키소스**」 17세기 프랑스 화가 니콜라 푸생의 작품이다. 에로스가 들고 있는 횃불이 마구 타오르자 결혼의 신 휘메나이오스가 고개를 돌리고 있다. 나르키소스의 미래가 순조롭지 않음을 암시한다. 루브르 박물관 소장

에코와 물의 님프들은 가슴을 치며 나르키소스를 위해 울었다. 님프들은 나르키소스를 화장하려고 시신을 찾았지만 어디 있는지 알 수 없었다.

나르키소스가 죽었던 자리에는 시신 대신 한 송이 꽃이 피어 있었다. 슬픈 사연을 간직한 이 꽃은 지금도 나르키소스(수선화)라 불린다.

나르키소스를 영어로는 나르시스라고 한다. 나르시스에서 나르시시즘이라는 말이 생겼다. 자기 자신을 너무나 사랑하는 것 혹은 자신을 아주 훌륭하다고 생각하는 것을 의미한다.

1 스킬라, 사랑에 눈이 멀어 아버지를 배신하다

> 스킬라: 비록 적이지만 늠름한 미노스를 내 눈으로 보게 되니 마구 가슴이 뛰는구나. 저이가 나를 인질로 아버지에게 화평을 요구한다면 얼마나 좋을까? 하지만 나처럼 뜨거운 사랑으로 불타는 여자라면 어떤 사랑의 장애물도 물리칠 것이다. 비록 아버지일지라도!

메가라의 아이고스테나
ⓒNefasdicere

크레타의 미노스 왕은 메가라의 니소스 왕과 전쟁을 하고 있었다. 니소스에게는 '스킬라'라는 딸이 있었다. 메가라는 여섯 달 동안 포위를 당하고서도 여전히 건재했다. 니소스에게 보랏빛 머리카락 한 가닥이 남아 있는 한 메가라는 절대 함락되지 않으리라는 예언이 있었기 때문이다.

니소스의 힘은 보랏빛 머리카락에 달려 있었다. 어떤 존재의 힘이나 생명이 외부의 물질에 달려 있을 때 이를 '외부 영혼'이라고 부른다. 구약 성서에 나오는 삼손 이야기에서도 삼손이 잠든 사이에 적들이 그의 머리카락을 자르자 삼손의 엄청난 힘이 사라졌다.

스킬라는 성벽의 탑에 올라가 적군의 막사를 살펴보곤 했다. 스킬라는 적군의 우두머리인 미노스를 보며 감탄했다. 투구를 쓰고 방패를 든 늠름한 모습에 반한 것이다. 활시위를 당길 때는 아폴론이라도 나타난 것 같았다.

스킬라는 적진을 지나 미노스에게로 가고 싶은 충동에 빠졌다. 전쟁을 오래 지속하다가 미노스가 죽을 수도 있다는 걱정까지 하게 됐다. 결국 스킬라는 사랑의 걸림돌을 치우기로 결심했다. 스킬라는 탑에 앉아서 혼잣말을 했다.

"이 참혹한 전쟁을 기뻐해야 하나 슬퍼해야 하나? 미노스가 어찌하여 우리의 적이 되었나. 정복자가 인자하고 너그러운 사람이라면 정복당하는 편이 더 나을지도 몰라. 전쟁을 하다 패하는 것보다는 미노스에게 성문을 열어주는 게 더 낫지 않을까? 전쟁이 오래 지속되면 미노스가 다치거나 죽을 수도 있어. 그전에 내가 가서 항복해야 해. 내 나라를 지참금으로 바치고 미노스의 신부가 되면 이 지긋지긋한 전쟁도 끝날 수 있어. 내가 사랑의 걸림돌을 치워버릴 거야. 사랑을 위해서라면 물불을 가리지 않을 거야. 아버지의 보랏빛 머리카락만 있으면 돼."

용을 깔고 앉은 미노스 이탈리아 트렌토 지역에 있는 단테 기념비에서 용을 깔고 앉은 미노스 부분 ⓒJaqen

2 미노스, 스킬라의 구애를 물리치다

미노스: 악랄한 계집 같으니. 사랑에 눈이 멀어 제 아버지를 배신하고 적장인 나에게 오다니. 제우스께서 어린 시절을 보낸 이곳 크레타가 너 같은 괴물로 더럽혀지지 않기를!

미노스 16세기 이탈리아 화가 미켈란젤로 부오나로티의 「최후의 심판」이다. 뱀들을 온몸에 감고 있는 미노스는 작품 제작 당시의 교황 보좌관 비아조 다 체세나를 모델로 한 것이라 전해진다. 미노스는 생전에 공정했기 때문에 죽어서 지옥의 심판관이 되었다고 신화에 전한다.

밤이 찾아와 온 궁궐이 잠에 빠져 들었을 때 스킬라는 아버지의 침실에 들어가 운명의 보랏빛 머리카락을 잘랐다. 곧바로 스킬라는 성을 빠져나가 적진으로 들어갔다.

스킬라는 미노스 왕을 찾아가 모든 것을 바친다는 의미로 머리카락을 내놓으며 말했다. "니소스의 딸 스킬라예요. 제 나라와 아버지의 궁전을 당신께 바치겠어요. 오직 당신을 사랑하기 때문에 이런 일을 벌였습니다."

미노스는 뒤로 발을 빼며 말했다. "악랄한 계집! 신들이 너를 파멸시킬 것이다. 내 나라 크레타가 너 같은 괴물로 더럽혀져서는 안 될 것이다."

미노스는 정복한 나라를 부하에게 맡기고 함대를 섬에서 철수시켰다. 함대들이 섬을 떠날 때 스킬라도 바다로 뛰어들어 미노스 왕이 타고 가는 배의 꼬리 부분을 붙잡았다.

스킬라가 배에 달라붙어 바닷길을 가고 있을 때 하늘 높이 날던 바다수리 한 마리가 스킬라를 보자 내려와 덮쳤다. 스킬라의 아버지 니소스가 바다수리로 변신한 것이다. 스킬라는 물속으로 가라앉을 뻔했지만 동정심 많은 어떤 신의 도움으로 작은 새가 되었다. 바다수리는 하늘 높이 날다가도 그 작은 새를 발견하면 곧장 내려와 공격한다.

미노스: 지옥은 생전에 공정했던 내가 심판하노라.

지옥의 심판관 미노스 19세기 프랑스 화가 귀스타브 도레의 작품이다. 알리기에리 단테의 서사시 『신곡』 「지옥편」에 들어간 삽화다.

13 고난 후에 얻게 된 사람들

| 카드모스, 미르미돈

살다 보면 뜻밖의 어려움에 처할 때가 있다. 세상이 나를 버렸다고 느낄 때도 있을 것이다. 하지만 희망을 품고 고난을 극복하기 위해 노력하면 주변에서 도움의 손길을 뻗는다. 가만히 있는 사람이나 포기한 사람에게는 기회가 오지 않는다. 카드모스와 미르미돈 이야기에서 그런 교훈을 찾을 수 있다.

제우스가 황소로 둔갑하여 카드모스의 누이 에우로페를 약탈해 갔다. 카드모스는 아버지의 명령대로 누이를 찾아 나섰으나 도저히 찾을 수 없었다. 카드모스는 델포이 신탁에 따라 큰 뱀을 퇴치하고 테바이를 세웠다.

아이아코스가 다스리던 아이기나 섬에 전염병이 돌았다. 아이아코스는 제우스에게 백성들을 다시 살려주지 않으려거든 자신의 목숨도 거두어가라고 호소했다. 아이아코스는 낮에 보았던 나무 밑의 개미 떼가 사람으로 변하는 꿈을 꾸었다. 다음 날 잠에서 깨어나자 꿈이 현실로 나타났다. 아이아코스의 손자인 아킬레우스는 미르미돈족을 이끌고 트로이전쟁에 참가하기도 했다. 미르미돈은 명령을 어김없이 수행하는 충실한 부하를 가리키는 말로 쓰인다.

- 아게노르의 아들아, 지금 네가 죽인 뱀을 보느냐? 너도 인간들 앞에서 그렇게 뱀이 될 것이다.
  (오비디우스 『변신 이야기』)

- 이렇게 테바이라는 도시가 섰다. 카드모스는 아버지에게 추방당한 덕분에 축복을 받은 셈이다.
  (오비디우스 『변신 이야기』)

- 카드모스가 계속 말을 하려고 했지만 혓바닥이 둘로 갈라졌다. 입에서 말은 나오지 않고 쉭쉭거리는
  소리만 새어 나왔다. 자연과 운명이 허락한 카드모스의 목소리였다. (오비디우스 『변신 이야기』)

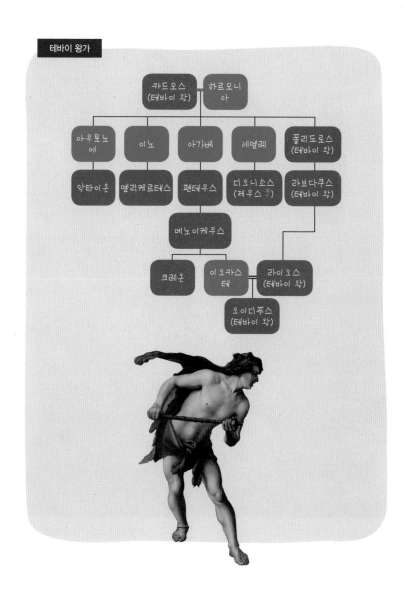

테바이 왕가

1 제우스, 에우로페를 납치하다

소로 변한 제우스: 나는 오래전부터 에우로페 같은 처녀를 찾고 있었다. 내가 어렸을 때 자란 크레타 섬의 여왕으로 삼으려고 말이다.

「**에우로페의 납치**」 16세기 이탈리아 화가 베첼리오 티치아노의 작품이다. 제우스는 아름다운 황소로 변신해 에우로페를 등에 태웠다. 에우로페(Europe)가 소를 타고 돌아다닌 지역을 유럽(Europe)이라고 부르게 되었다. 이사벨라 스튜어트 가드너 박물관 소장

지중해 동쪽 페니키아 지방에 시돈이라는 작은 나라가 있었다. 시돈의 왕 아게노르는 에우로페라는 예쁜 딸을 두었다.

어느 날 에우로페는 시녀들과 바닷가에서 꽃을 꺾고 있었다. 제우스가 올림포스에서 땅을 내려다보다가 에우로페를 보고 무릎을 쳤다. "바로 내가 찾던 처녀야."

제우스는 황소로 변신해 에우로페에게 다가갔다. 에우로페는 순한 황소에게 화환도 걸어주고 목도 쓰다듬어주었다. 황소가 큰 눈으로 에우로페를 쳐다보더니 몸을 숙였다. 등에 타라는 의미였다. 에우로페가 황소를 타자 황소는 갑자기 일어서서 바다를 향해 달렸다. 황소가 바다를 헤엄치더니 어디론가 사라졌다.

황소가 공주를 태우고 사라졌다는 소식을 듣자마자 아게노르 왕은 왕자를 불렀다. "카드모스, 어서 황소를 쫓아가 누이를 찾아오너라. 찾지 못하면 돌아오지도 말라."

카드모스는 병사들을 데리고 누이를 찾아 황소를 쫓기 시작했다.

황소는 헤엄치면서 말했다. "나는 오래전부터 당신 같은 처녀를 찾아왔소. 내가 어렸을 때 자란 크레타 섬의 여왕으로 삼으려고 말이오."

황소는 크레타 섬에 오르자 제우스의 모습으로 돌아왔다. 제우스는 에우로페의 머리에 아름다운 왕관을 씌웠다. 헤파이스토스에게 청동 로봇 탈로스를 만들게 하였고, 탈로스는 크레타 섬을 지켰다.

탈로스는 수상한 배가 크레타 섬에 다가오면 바위를 던져 배를 박살냈다. 나쁜 사람들이 섬에 올라오면 자신의 몸을 달군 후 껴안아 지져서 죽였다.

에우로페는 소아시아에서 처음으로 크레타 섬에 왔다. 훗날 사람들은 크레타 섬과 그리스 등지를 에우로페의 이름을 따서 유럽이라고 불렀다. 에우로페는 제우스와의 사이에서 미노스, 사르페돈, 라다만티스 삼형제를 낳았다. 삼형제 중 미노스가 왕이 되어 크레타 문명을 일으켰다.

2 카드모스, 큰 뱀을 죽이다

> 여 사제: 카드모스여, 누이는 행복하게 살고 있으니 찾을 생각하지 마라. 대신 들판에서 옆구리에 보름달 모양의 무늬가 있는 흰 암소 한 마리를 만나게 되면 어디로 가든 따라가야 한다. 암소가 걸음을 멈추는 곳에 도시를 세우고 테바이라고 불러라.

「신탁을 듣는 카드모스」 페니키아의 왕 아게노르와 텔레파사의 아들 카드모스가 델포이에서 신탁을 듣는 장면이다.

　　한편 에우로페를 찾아 나선 카드모스는 사방팔방을 찾아다녔지만 찾지 못했다. 돌아갈 수도 없는 처지여서 어느 나라에 정착해야 할지 묻기 위해 델포이의 아폴론 신전으로 갔다. 여 사제는 우렁찬 목소리로 흰 암소가 멈추는 곳에 도시를 세우라고 말했다.

　　카드모스는 신전에서 나와 들판을 걷다가 보름달 무늬가 있는 흰 암소를 발견했다. 암소는 계속 걸어가 평야로 나와서 멈추더니, 이마를 치켜들고 크게 울었다. 카드모스는 감사의 기도를 올린 다음 낯선 땅에 입을 맞췄다.

카드모스는 바로 병사들에게 일을 시켰다. "제우스에게 암소를 제물로 바쳐야겠으니 숲속의 샘을 찾아 깨끗한 물을 떠 오너라."

근처에 한 번도 도끼를 댄 적이 없는 나무들로 이루어진 오래된 숲이 있었다. 숲 한가운데에는 덤불로 수북하게 뒤덮인 동굴이 있었는데, 지붕이 낮은 아치를 이루고 있었다. 지붕 아래에 있는 샘에서는 깨끗한 물이 솟구쳤다.

동굴 안에는 머리에 볏이 달린 무시무시한 뱀이 한 마리 살고 있었다. 세 개의 혀가 한꺼번에 날름거렸고, 이빨도 세 줄이나 나 있었다.

병사들이 샘에 항아리를 담그자 뱀이 동굴 바깥으로 머리를 내밀며 쉬이익 소리를 냈다. 뱀은 똬리를 튼 다음 머리를 가장 키가 큰 나무보다도 더 위로 치켜들었다. 하인들은 공포에 질려 도망치지도 못했다.

뱀은 그 자리에 있는 하인을 독니로 물어 죽이고 어떤 하인은 칭칭 감아 죽였다. 독기 서린 숨결을 뿜어 질식시켜 죽이기도 했다.

카드모스는 병사들을 기다렸지만 한낮이 되어도 돌아오지 않자 직접 찾으러 나섰다. 사자 가죽으로 만든 겉옷을 입고, 손에는 투창 외에 긴 창도 하나 들었다. 숲에 들어서자 하인들의 시체가 보였다. 뱀의 턱은 피에 젖어 있었다. 분노한 카드모스가 커다란 돌을 들어 있는 힘을 다해 뱀에게 던졌지만 뱀은 꿈쩍도 하지 않았다.

카드모스는 창을 던졌다. 창이 뱀의 비늘을 뚫고 들어가 내장을 찌르자 뱀은 머리를 돌려 입으로 창을 빼내려고 했다. 하지만 창이 몸에 박힌 채 박혀 버렸다.

뱀과 싸우는 카드모스 카드모스가 샘 주변에서 병사들을 해친 뱀과 싸우는 장면이다. 루브르 박물관 소장

3 카드모스, 테바이를 세우고 하르모니아와 결혼하다

아테나: 네가 죽인 뱀은 전쟁의 신 아레스에게 바쳐진 성스러운 동물이다. 아레스가 언젠가는 앙갚음을 할 것이다. 카드모스여, 뱀의 이빨을 모두 뽑아 반은 밭을 갈고 땅에 심어라. 나머지 반은 아이에테스 왕에게 주어라.

「카드모스와 아테나」 17세기 플랑드르 화가 요르단스의 작품이다. 신화에 아테나가 카드모스에게 이빨을 던지라고 충고한 것으로 나온다. 테바이의 시조 카드모스는 그리스에 문자를 제일 처음 전한 사람으로 여겨진다. 프라도 미술관 소장

흥분한 뱀은 똬리를 틀었다가 몸을 쭉 펴며 앞으로 다가왔다. 카드모스는 뱀의 턱을 향해 창을 겨눴다. 뱀이 창을 낚아채려고 나무등치 쪽으로 머리를 젖히는 순간, 카드모스가 창을 날렸다. 창은 정확히 뱀을 꿴 채 나무등치에 꽂혔다. 뱀의 무게가 실리자 나무등치가 다 흔들렸다. 뱀은 버둥거리며 죽어갔다.

뱀을 무찌른 카드모스는 병에 물을 채워 암소가 있는 곳으로 돌아갔다. 암소를 제물로 바치고 기도했다. "신탁에 따라 이곳에 나라를 세우려 하니 도와주세요."

이때 아테나 여신이 나타나 할 일을 말해주었다. 카드모스는 아테나가 시킨 대로 땅에 고랑을 판 다음 이빨을 심었다. 땅에 이빨을 심기가 무섭게 땅덩어리를 가르고 무기를 든 사내들이 모습을 드러냈다. 이윽고 무장한 전사들이 부대를 이루었다. 깜짝 놀란 카드모스가 다시 싸울 자세를 취하자 전사 중 한 명이 자신들의 싸움에 끼어들지 말라고 말했다.

전사들은 서로 죽였고, 가장 강한 다섯 명이 살아남았다. 다섯 명 중 한 명이 무기를 버리며 외쳤다. "형제들아, 이제 그만 평화롭게 지내자!"

이들 다섯이 카드모스와 힘을 합쳐 테바이라는 도시를 세웠다. 테바이의 왕 카드모스는 신들을 잘 받들었다. 카드모스를 기특하게 생각한 제우스는 아프로디테의 딸인 하르모니아를 카드모스와 결혼하게 해주었다. 인간이 처음으로 여신과 결혼한 것이다.

테바이는 그리스에서 가장 위대한 도시 국가로 나날이 발전했다. 카드모스는 아버지에게 추방당한 덕분에 새로운 나라를 세운 것이다.

신들이 결혼식에 참석하기 위해 지상으로 내려왔다. 신들은 아름다운 하르모니아에게 많은 결혼 선물을 주었다. 특히 아름다움의 세 여신인 카

리테스가 만든 웨딩드레스와 헤파이스토스가 만든 황금 목걸이가 눈에 띄었다. '하르모니아의 목걸이'는 목에 걸고 다니면 평생 젊음과 아름다움을 지닐 수 있었다.

하르모니아 펜실베니아에 위치한 하모니 사회 공원 내 하르모니아 동상이다. ©Lee Paxton

4 카드모스와 하르모니아, 함께 뱀이 되다

세멜레: 내가 죽는 것은 헤라의 질투 때문인가요? 아버지 카드모스가 죽인 뱀의 저주 때문인가요?

「세멜레의 죽음」 17세기 플랑드르 화가 페테르 루벤스의 작품이다. 세멜레가 제우스의 번갯불에 타 죽기 직전의 장면이다. 카드모스의 자손들은 대대로 비극적인 결말을 맞는데, 그 가운데 가장 유명한 인물이 오이디푸스다. 벨기에 왕립 미술관 소장

카드모스 가족에게는 재앙이 기다리고 있었다. 카드모스가 전쟁의 신 아레스에게 바쳐진 뱀을 죽였기 때문이다.

두 딸 세멜레와 이노가 헤라의 질투로 죽임을 당한 뒤 손자 둘도 죽음을 맞았다. 그러자 카드모스와 하르모니아는 테바이가 싫어져 손자 펜테우스에게 왕위를 물려주고 테바이를 떠났다. 카드모스 일행이 도착한 곳은 엥켈레이스인들의 나라였는데, 이들은 카드모스를 왕으로 추대했다.

카드모스: 뱀의 목숨이 신들에게 그리도 소중한 것이라면 나도 뱀이 되겠노라.

하르모니아: 카드모스여, 저도 당신과 운명을 함께하겠어요

「**카드모스와 하르모니아**」 19세기 영국 화가 에블린 드 모건의 작품이다. 하르모니아는 조화의 여신이다. 불화의 여신인 에리스와 대척점에 있다.

어느 날 손자 펜테우스도 뜻밖의 죽음을 맞았다. 카드모스는 한숨을 쉬며 중얼거렸다. "아레스의 뱀을 죽인 벌을 내가 받는 게 낫겠다."

그러자 카드모스의 몸이 뱀으로 변하기 시작했다. 하르모니아도 남편과 운명을 함께하게 해달라고 기도했다. 곧이어 둘은 뱀으로 변했다. 두 뱀은 사람들의 눈에 띄지 않는 숲으로 들어가서 살았다.

카드모스는 페니키아인이 만든 알파벳 문자를 그리스에 처음 들여왔다고 전한다. 카드모스가 페니키아에서 목수로 일할 때 어느 날 연장을 집에 두고 오는 바람에 나무토막에 무언가를 적어 하인에게 주면서 아내에게 전해달라고 했다. 하인은 주인이 시키는 대로 했다. 카드모스의 아내는 나무토막을 보더니 한마디도 묻지 않고 하인에게 연장을 건네주었다. 깜짝 놀란 하인은 나무토막이 신비한 힘을 발휘해 주인의 말을 전한 것이라고 생각했다.

하인은 연장을 받아들고 카드모스에게 돌아가 나무토막을 달라고 졸랐다. 그는 나무토막을 목에 걸고 다니면서 주인처럼 마법을 부리려고 헛되이 노력했다고 한다. 나무토막에 글자가 새겨져 있는 것을 몰랐던 것이다.

1 케팔로스, 아이기나 섬의 아이아코스 왕을 찾다

> 아이기나: 제우스에게 납치당해 섬에서 아이아코스를 낳았어요. 그래서 아이아코스를 낳은 섬을 아이기나(에기나) 섬이라고 부르지요.

「**제우스의 방문을 받는 아이기나**」 18세기 프랑스 화가 장 바티스트 그뢰즈의 작품이다. 메트로폴리탄 미술관 소장

아이기나는 강의 신 아소포스의 딸이다. 제우스에게 납치당해 섬에서 아이아코스를 낳았다.

아테나이의 케팔로스 왕이 아이기나 섬을 찾아왔다. 오랜 벗인 아이아코스 왕에게 군대를 요청하려고 온 것이었다. 그때 아이아코스는 크레타의 미노스 왕과 전쟁을 치르고 있었다. 아이아코스는 "나에게는 백성들이 많지요. 내 나라를 지키는 병력을 빼고는 왕께서 필요한 만큼 군대를 빌려 드리리다."라고 약속했다.

「아이기나」 19세기 독일 화가 카를 로트만의 작품이다. 신화 속 아이기나는 지금의 아테네 남서쪽에 위치한 에기나 섬이다. 노이에 피나코테크 소장

에기나 섬 앞바다 아이기나의 현재 명칭은 에기나다. 바닷가에는 작고 아름다운 마을이 자리하고 고깃배와 요트가 정박하는 부두가 있다.

2 아이아코스, 개미 백성 미르미돈을 얻다

아이아코스의 아들 텔라몬: 아버지, 여기로 와 보세요. 아버지가 기도한 내용을 훨씬 능가하는 장관이 펼쳐지고 있어요! 참나무에서 내려온 생명체가 사람이 되었어요.

「아이아코스와 텔라몬」 18세기 프랑스 화가 장 미셸 모로 2세의 작품이다.

케팔로스는 고마움을 표하고 한 가지 질문을 던졌다.

"주위에 청년은 많은데 내가 예전에 알았던 사람들은 아무리 둘러봐도 찾을 길이 없군."

아이아코스는 탄식하며 이야기를 시작했다.

"이전에 아셨던 사람들은 지금은 모두 죽었습니다. 헤라 여신이 보낸 전염병이 온 나라를 휩쓸었거든요. 자기 남편과 바람을 피우던 애인의 이름인 아이기나를 나라 이름으로 정했기 때문이에요. 처음에는 여신의 분노 때문에 생긴 병인 줄도 몰랐지요. 우리는 병을 퇴치하려고 안간힘을 썼지만 전염병이 너무 강력해서 포기하고 말았어요.

시체들이 주변에 아무렇게나 널브러져 있어 공기는 독한 기운으로 가득 찼어요. 굶주린 늑대나 까마귀도 시체를 건드리지 않을 정도였어요. 헌신적인 의사일수록 먼저 죽었어요. 고통에서 벗어나는 길은 죽음밖에 없었지요. 나중에는 애통하며 울어주는 사람도 남지 않았습니다.

나는 제우스에게 백성들을 돌려주지 않으면 나도 함께 데려가 달라고 하소연했지요. 그러자 제우스의 천둥소리가 울렸고, 개미들이 곡식 알갱이를 문채 제우스에게 바쳐진 참나무 둥치를 오르는 게 보이더군요.

이윽고 밤이 찾아와 잠이 들었는데, 참나무에서 생명체들이 땅 위로 떨어져 사람으로 변하는 꿈을 꿨어요. 잠에서 깨어나자 얼마나 안타까웠던지 모릅니다. 그런데 아들 텔라몬이 신전의 문을 열어젖히며 '참나무에서 생명체가 내려오고 있으니 어서 나와보세요.'라고 외치는 게 아닙니까?

나가보니 꿈에서 보았던 대로 많은 사람들이 웅성거리고 있었어요. 어쩔 줄 몰라 서 있었더니 모두 내게 다가와 무릎을 꿇고 왕으로 받들겠노라고 소리쳤습니다. 저는 텅 빈 나라를 그들에게 배분했고 농사지을 땅도 나눠주었지요. 새로운 백성은 미르미돈이라고 이름 붙였어요. 개미(미르멕스)에서 나왔기 때문이죠.

아이아코스: 참나무에서 내려온 나의 새로운 백성 미르미돈이여, 그대들에게 이 나라를 나눠주겠노라. 부지런하고 근면한 그대들이 열심히 모을 것이고 모은 것은 끝내 지켜낼 것이라 믿는다.

「아이아코스 왕과 미르미돈」 17세기 플랑드르 화가 프란스 프란켄 2세의 작품이다. 참나무에서 인간들이 떨어지는 장면이다. 아이아코스는 죽은 후 정의감을 인정받아 저승의 3대 판관이 되었다.

개미를 닮은 부지런한 사람들을 왕께서도 보신 적이 있을 거예요. 부지런하고 근면하여 열심히 모으고, 모은 것은 끝끝내 지켜내지요. 그런 사람 중에서도 용맹스런 사람을 뽑아 장군으로 삼았습니다. 어떤 전쟁이든 백전백승하는 장군들이지요."

아이아코스는 탄식하며 이야기를 시작했지만 마지막에는 의기양양하게 이야기를 마쳤다.

아이아코스가 말한 미르미돈은 트로이 전쟁 때 아킬레우스가 이끌고 간 군대였다. 그런 까닭에 어떤 정치 지도자를 맹종하는 무리를 오늘날에도 미르미돈이라고 부른다. 하지만 미르미돈의 본래 이야기는 사납고 거친 느낌이 아니라 성실하고 평화로운 느낌을 준다.

당시의 전염병에 대한 이야기는 아테나이에서 발생한 전염병에 대해 그리스 역사가 투키디데스가 남긴 기록을 바탕으로 오비디우스가 쓴 것이다. 투키디데스는 실제 경험을 바탕으로 기록을 남겼다.

투키디데스는 아테네(아테나이)에서 태어난 그리스 역사가로 교훈적 역사가의 시조다. 저서 『펠로폰네소스 전쟁사』는 엄밀한 사료 비판과 인간 심리에 대한 깊은 통찰로 유명하다.

투키디데스 빈 미술사 박물관 소장

14 신을 두려워하지 않은 인간의 최후
| 아라크네, 니오베, 에리시크톤

　인간은 원하는 분야에서 최고의 솜씨를 갖추기 위해 노력한다. 이런 노력의 결과 인류 문명도 발전했다. 하지만 인간은 현재의 솜씨나 지식, 지위 등에 만족하지 않는다. 도를 넘는 인간의 오만함을 경고하는 이야기가 신화에도 담겨 있다.

　아라크네는 베 짜는 솜씨를 아테나와 겨루다 거미가 되었고 테바이의 왕비 니오베는 레토에게 자식 자랑을 하다 저주를 받아 자식들을 모두 잃었다.

　신을 두려워하지 않은 테살리아의 왕인 에리시크톤은 데메테르 여신의 신성한 숲에 있는 모든 나무들을 베어버리라고 명령했다. 에리시크톤은 데메테르 여신에게 바친 커다란 참나무를 직접 베어버려 나무에 살던 님프들이 죽었다. 분노한 데메테르 여신은 에리시크톤을 굶주림에 시달리게 했다. 에리시크톤은 딸인 메스트라까지 노예로 팔아서 먹을 것을 구했다. 마지막엔 자기 자신의 몸까지도 먹어버렸다.

- 못된 것아, 『누구 마음대로 네 목숨을 버리려 하느냐? 목숨을 보존해 이렇게 늘 매달려 있거라. 이 벌은 법이니 네 후손들도 두고두고 이 벌을 받으리라.』 (오비디우스 『변신 이야기』)

- 금실로 짠 프리기아풍 옷을 입고 등장한 니오베가 성을 내니 그녀의 아름다움이 더 돋보였다. (오비디우스 『변신 이야기』)

- 다마식톤이 연한 힘줄에 꽂힌 화살을 뽑으려고 하자 두 번째 화살이 깃이 잠길 때까지 목을 꿰뚫었다. (오비디우스 『변신 이야기』)

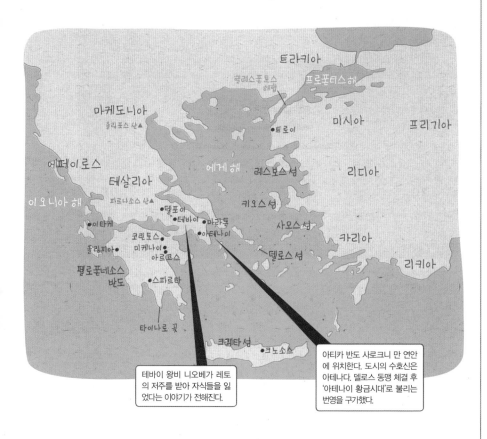

테바이 왕비 니오베가 레토의 저주를 받아 자식들을 잃었다는 이야기가 전해진다.

아티카 반도 사로크니 만 연안에 위치한다. 도시의 수호신은 아테나다. 델로스 동맹 체결 후 '아테나이 황금시대'로 불리는 번영을 구가했다.

1 아테나, 아테네의 수호신이 되다

포세이돈: 이런, 아테네 시민에게 물을 준다는 게 짠물을 주었구나!

아테나: 나는 꼭 필요한 올리브 나무를 선물로 줄게요.

「**아테나이를 차지하기 위한 아테나와 포세이돈의 경쟁**」 17세기 프랑스 화가 르네 앙투안 우아스의 작품이다. 아테나이(현대어로 아테네)는 고대 그리스 문명의 중심지였다. 황금기인 기원전 5세기에는 민주 정치가 발달하고 경제적으로 번영했다. 베르사유 궁전 소장

지혜의 여신 아테나는 실용적인 기술과 장식적인 기술을 관장했다. 남자에게 필요한 농사와 항해 기술, 여자에게 필요한 실잣기와 길쌈 그리고 바느질 기술을 관장했다.

아테나는 아테네의 영유권을 놓고 포세이돈과 경쟁하여 이기기도 했다. 아테네에는 큰 강이 없고 기후도 건조해 늘 물이 부족했다. 포세이돈과 아테나는 이 도시에 서로 자신의 이름을 달겠다며 다투었다. 다툼 끝에 두 신은 시민들에게 선물을 주고 시민들이 누구의 선물을 더 좋아하는지 내

기하기로 했다. 도시의 이름은 내기에서 이긴 자의 이름을 따기로 했다.

포세이돈은 물을 선물로 주기로 했다. 삼지창으로 바위를 힘껏 내리치자 물이 솟아났다. 하지만 물맛이 너무 짰다. 소금물이었던 것이다. 아테나도 방패로 땅을 내리쳤다. 신기하게도 그 자리에서 올리브 나무가 쑥쑥 자랐다. 시민들은 올리브유와 올리브 열매를 가졌다. 승리의 여신은 당연히 아테나를 보고 웃었다. 시민들은 아테나의 선물을 마음에 들어 했던 것이다.

아테나에게 아테네를 빼앗긴 포세이돈은 화가 나서 아티카의 들판을 바닷물로 휩쓸어 버렸다. 이 지방 사람들이 수니온 곳에 신전을 세우자 포세이돈은 화를 누그러뜨렸다.

아테네라는 도시 이름은 지혜의 여신 아테나에서 유래했다. 아테나가 아테네의 수호 여신이 된 것은 그리스 인에게 올리브 나무를 선물했기 때문이다.

파르테논 신전 19세기 미국 화가 프레더릭 에드윈 처치의 「파르테논」이다. 메트로폴리탄 미술관 소장

2 아라크네, 아테나에게 도전하다

아라크네: 직물 짜기와 바느질은 아테나에게 배운 기술이 아니에요. 내가 직접 터득했지요. 아테나와 솜씨를 겨루어 내가 지면 벌이라도 받겠어요.

「**아라크네**」 17세기 스페인 화가 디에고 벨라스케스의 작품이다. 아라크네(arachne)는 그리스어로 거미라는 뜻이다. 아라크네는 니오베와 같이 리디아 출신이다. 메도스 미술관 소장 아테네를 놓고 아테나와 경쟁을 벌인 포세이돈은 신이었다. 그런데 이번에는 인간에 불과한 한 처녀가 아테나와 겨루겠다고 대담하게 나섰다. 길쌈과 자수에 뛰어난 아라크네라는 처녀였다. 님프들도 숲과 샘에서 나와 처녀의 솜씨를 구경할 정도였다.

완성된 옷과 자수도 아름다웠지만, 일을 하는 아라크네의 모습도 그렇게 아름다울 수가 없었다. 아라크네가 실을 잣거나 직물을 짜고 수 놓는 모습을 본 사람들은 아테나에게서 직접 배우지 않고도 완벽하게 해내는 아라크네의 모습에 의아했다. "아테나님에게 배우지 않고서는 저렇게 베 짜기를 잘할 수 없어. 분명 아테나님에게 직접 배웠을 거야."

아테나는 공예의 여신이기도 해서 물레와 베틀을 발명하고 실 뽑는 방법, 베 짜는 법을 인간에게 널리 가르쳐주었다.

아테나에게 배웠을 거라는 구경꾼의 말을 들은 아라크네는 발끈했다. "나는 아무에게서도 배우지 않았어요. 내 재능은 타고났어요. 내 말을 믿을 수 없다면 아테나와 솜씨를 겨뤄서 증명하겠어요."

괘씸하게 여긴 아테나는 노파로 변신하여 아라크네를 찾아가 충고했다. "아가씨, 이 늙은이의 충고를 들으시오. 인간끼리는 경쟁해도 좋지만 여신에게는 덤비지 않는 게 좋지 않겠소? 아테나님에게 용서를 빌어요."

아라크네는 물레질을 멈추고 노파를 노려보며 되받았다. "그런 충고는 할머니 따님이나 하녀에게 하세요. 제가 겁낼 줄 아세요? 지금 당장에라도 솜씨를 겨루고 싶군요."

아테나는 변신을 풀고 정체를 드러냈다. 구경꾼들이 모두 경의를 표했지만 아라크네는 꼿꼿이 서 있었다. 놀라기는 했지만 결심을 바꾸지 않고 운명을 시험해 보기로 했다. "아테나님이 오실 줄은 몰랐어요. 기왕 이렇게 된 거 제 솜씨를 직접 보여드릴게요. 아테나님도 궁금해서 오신 거 아닌가요?"

아라크네는 아테나 여신 앞에서 좀처럼 주눅들지 않았다.

3 아라크네와 아테나, 베 짜기 시합을 벌이다

> 아테나: 감히 이 아테나와 겨루기에 나선 아라크네야, 내 작품을 보고도 포기하지 않을 것이냐!

아테나 여신 소매를 걷다 16세기 이탈리아 화가 자코포 틴토레토의 「아테나와 아라크네」다. 지혜의 여신이자 전쟁의 여신인 아테나는 공업의 여신이기도 하다. 그래서 아라크네와 베 짜기 실력을 겨루면서도 투구를 쓰고 있다. 우피치 미술관 소장

둘은 베틀 앞에 서서 베 짜기 시합을 벌였다. 둘 다 손놀림이 빨라 시합의 열기가 후끈 달아올랐다. 가느다란 북이 실 사이를 오가며 직물이 촘촘히 짜였다. 티로스에서 나는 염료로 물들인 실은 다른 실들과 연결되면서 놀랍도록 아름다운 색상으로 바뀌었다. 하늘을 물들이는 무지개 빛깔처럼 보이다가 조금 떨어져서 보면 전혀 다른 두 색으로 보였다. 구경꾼들은 눈을 부릅뜨고 베 짜는 모습을 지켜보았다.

아테나는 직물에 자신이 아테네를 놓고 포세이돈과 겨루던 때의 장면을 짜 넣었다. 열두 신 한가운데에는 제우스가 앉아 있었다. 바다의 신 포세이돈이 삼지창을 들고 땅을 내려치자 땅에서 말 한 마리가 뛰어나왔다. 아테나는 투구를 쓰고 방패를 들고 있었다. 네 귀퉁이에는 신들이 못마땅

해 하는 모습이 있었다. 인간들이 신들을 경합에 끌어들였기 때문이다. 이 장면은 너무 늦기 전에 시합을 포기하라는 경고의 의미를 담고 있다.

「아테네를 두고 싸우는 포세이돈과 아테나」 15세기 이탈리아 화가 벤베누토 가로팔로의 작품이다.

아라크네: 백조로 변신한 제우스가 스파르타의 왕비 레다를 껴안은 장면이에요.

「**레다와 백조**」 16세기 이탈리아 화가 프란체스코 멜치의 작품이다. 제우스는 백조로 변신해 레다와 사랑을 나누었다. 우피치 미술관 소장

아라크네: 제우스가 황금소나기로 변신해 청동 감옥에 갇힌 다나에를 찾아가는 장면은 어때요?

「**다나에**」 20세기 오스트리아 화가 구스타프 클림트의 작품이다. 개인 소장

아라크네는 신들의 허물을 교묘하게 드러내는 모습들을 직물에 가득 짜 넣었다. 백조와 레다가 껴안고 있는 장면에서 백조는 제우스가 변신한 것이었다. 스파르타의 왕비인 레다는 두 개의 알을 낳았는데, 그중 하나에서 딸 헬레네가 태어났다. 트로이 전쟁은 트로이 왕자 파리스가 헬레네를 납치하면서 시작됐다.

황금 소나기가 청동 감옥 속에 갇힌 다나에한테 쏟아져 들어가는 장면도 있었다. 다나에 아버지는 외손자에게 살해당할 것이라는 신탁이 두려워 딸을 청동 감옥에 가뒀다. 제우스는 황금 소나기로 변해 다나에의 무릎 사이로 스며들었다. 다나에는 페르세우스를 낳았다.

제우스에게 납치당하는 에우로페 18세기 프랑스 화가 장 밥티스트 마리 피에르의 「에우로페의 납치」다. 소더비 소장

  다른 장면에는 제우스가 황소로 변신해 온순한 척하며 에우로페를 등에 태운 모습이 담겨 있었다. 제우스는 에우로페를 등에 태운 채 크레타 섬으로 헤엄쳤다. 황소도 바닷물도 진짜처럼 보였다. 에우로페가 바들바들 떨며 발을 오므리는 모습이 어찌나 생생했던지 구경꾼들도 에우로페처럼 발을 오므렸다. 아라크네의 작품은 하나같이 훌륭했지만 신의 입장에서는 불경스러웠다.

4 아라크네, 아테나의 주문에 걸려 거미가 되다

아테나: 솜씨 좋은 아라크네여, 신에게 도전한 대가가 어떤 것인지 그 교훈을 잊지 말라. 앞으로 너와 네 자손들은 영원토록 매달려 살게 되리라.

아테나와 아라크네 17세기 프랑스 화가 르네 앙투안 우아스의 작품이다. 베르사유 궁전 소장

아테나는 아라크네에게 모욕을 당했다고 여겨 직물을 북으로 내리쳐 찢어버렸다. 이어서 아라크네의 이마에 손을 대고 아라크네가 죄책감과 수치심을 느끼도록 주문을 걸었다. 주술에 걸린 아라크네는 괴로워하다가 목을 매 자살했다. 아테나는 아라크네가 가여워졌다. "다시 살아나라! 그리고 너와 너의 자손은 영원히 나뭇가지에 매달려 있어라."

아테나가 독한 식물의 즙을 아라크네에게 뿌리자 아라크네는 거미로 변했고 평생 실에 매달려 살았다.

거미로 변한 아라크네 19세기 프랑스 화가 귀스타브 도레의 작품이다. 단테의 『신곡』「연옥편」에 들어간 삽화다. 단테는 교만함에 대한 벌로 무거운 바위를 진 사람들을 아라크네에 빗댔다.

1 니오베, 레토를 무시하며 자식 자랑을 하다

니오베: 눈앞에 서 있는 나를 내팽개치고 생전 본 적도 없는 레토를 숭배하다니··· 너희는 참으로 어리석구나!

내 아버지 탄탈로스는 신들의 식탁에 초대받았고, 내 어머니는 여신이었다. 내 남편 암피온은 이 나라 헤바이를 다스리고 있다.

게다가 일곱 아들과 일곱 딸을 두었다. 그런데도 너희는 아폴론과 아르테미스 둘만 낳은 티탄의 딸 레토를 나보다 더 숭배한단 말이냐? 나에게는 레토보다 7배나 더 많은 자식이 있다. 운명의 여신 티케도 나를 어쩌지 못할 것이다. 그러니 다들 여신을 숭배하는 행동을 그만두어라!

「니오베의 오만」 17세기 프랑스 섬유 예술가 프랑수아 스피어링의 작품이다.
암스테르담 국립 미술관 소장

암피온: 내 아내 니오베는 남편인 나를 자랑스럽게 여겼고, 자랑할 만한 자식이 많아 스스로 행복한 여자라고 늘 생각했어요.

「**암피온**」 오스트리아 빈 쇤브룬 정원에 있는 암피온 동상이다. 암피온은 니오베의 남편이자 테바이의 왕이다. 헤르메스에게 리라를 받았다. 암피온이 리라를 연주하자 테바이 성벽이 완성되었다고 신화에 전한다.

테바이의 왕비 니오베는 신 앞에서도 기세등등했다. 훌륭한 남편, 자신의 미모, 왕국의 위세도 내세울 만했지만 무엇보다 자식들 자랑이 대단했다.

여신 레토 그리고 두 자녀 아폴론과 아르테미스를 기념하는 축제가 열렸을 때 일이었다. 테바이 사람들이 머리에 월계관을 쓴 채 신전에 모여 기도를 올렸다. 이때 니오베가 군중 속에서 걸어 나와 화난 표정으로 말했다. "본 적도 없는 레토를 숭배하는 짓을 그만두고 눈앞에 서 있는 나를 숭배하라."

백성들이 니오베의 기세에 눌려 떠나자 의식은 중단되었다. 사실 그럴 만도 한 게 니오베에게는 자랑할 만한 자식들이 많았다. 니오베는 세상에서 가장 행복한 여인이었지만, 떠벌리고 다닌 것이 화근이 되었다.

2 레토, 아폴론과 아르테미스를 시켜 복수하다

레토: 내 아들 아폴론아, 그리고 내 딸 아르테미스야, 이 어미는 너희 둘을 무척 자랑스럽게 여긴단다. 그런데 니오베가 자식 자랑을 하고 다니며 이 레토를 무시하니 내가 여신인지 아닌지 헷갈릴 지경이다. 너희가 나를 지켜주지 않으면 아무도 나를 숭배하지 않을 듯하구나.

아폴론과 아르테미스: 어머니, 걱정 마세요. 우리가 바로 응징할게요.

레토, 아폴론, 아르테미스 기원전 4세기 경의 작품이다. 왼쪽부터 제우스, 레토, 아폴론, 아르테미스이다. 브라우론 고고학 박물관 소장

　노발대발한 여신 레토가 아들과 딸에게 하소연하자 아폴론과 아르테미스는 어머니의 걱정을 덜어주기 위해 나섰다.

　아폴론과 아르테미스는 도시의 탑 위로 올라가서는 구름으로 몸을 가렸다. 성문 앞에 펼쳐진 넓은 평야에서 청년들이 전쟁놀이를 하고 있었는데, 니오베의 아들들도 있었다. 일부는 말을 탔고 일부는 이륜마차를 몰았다.

니오베의 아들 니오비데: **도와주세요. 아폴론의 화살에 맞았어요.**

「**니오베의 아들: 상처 입은 니오비데**」 19세기 프랑스 조각가 장 자크 프라디에의 작품이다. 니오베의 아들이 등에 꽂힌 화살을 뽑아내려 하고 있다. '니오비데'란 니오베의 자식을 소재로 삼은 조각품을 뜻한다. 루브르 박물관 소장

니오베의 맏아들 이스메노스는 말을 타고 질주하다 하늘에서 날아온 화살에 맞았다. 이내 외마디 비명을 지르며 말에서 떨어져 죽었다. 둘째는 말고삐를 풀고 도망을 쳤지만 등에 화살을 맞았다. 셋째는 말에서 내려 달아나다 고꾸라져 죽었다.

다섯째와 여섯째는 놀이터에서 씨름을 하고 있었는데, 화살 한 개가 둘의 몸통을 동시에 관통했다. 형인 알페노르는 두 동생을 도와주러 달려왔다가 그만 자신도 화살에 맞아 죽고 말았다. 이제 아들이라고는 일리오네우스만 남았다. 하늘로 팔을 치켜들고 신들에게 살려달라고 외쳤지만 이미 화살이 시위를 떠난 뒤였다.

니오베도 무슨 일이 벌어졌는지 곧 알게 되었다. 니오베로서는 상상조차 할 수 없었던 일이었다. 남편 암피온은 충격을 이기지 못하고 자살하고 말았다.

3 니오베의 자식이 모두 죽다

니오베: 피도 눈물도 없는 레토야. 이제 속이 시원하냐? 아들과 남편을 잃었지만 나는 여전히 너보다 자식이 많다.

「**니오베의 아이들을 살해하는 아폴론과 아르테미스**」 프랑스 화가 피에르 샤를 좀베르의 작품 이다. 니오베가 자신의 아이와 신들 사이에 서 있다. 니오베 곁에서 죽거나 죽어 가는 사람들 은 니오베의 자식들이다.

니오베: 이 애는 마지막으로 남은 막내딸입니다. 한 명은 살려주세요!

딸을 감싸는 니오베 로마 제국 시기에 제작된 조각상을 조르조 좀머가 찍은 사진이다. 피렌체 우피치 미술관의 '니오베의 방'에는 니오베와 니오베의 자식들의 최후를 형상화한 대리석 작품들이 있다. 우피치 미술관 소장

니오베는 아들을 모두 잃었지만 여전히 자식이 일곱이나 있다고 내뱉었다. 말이 끝나기가 무섭게 화살이 날아들었다. 죽은 아들들 앞에 서 있던 딸 중 한 명이 화살에 맞아 쓰러졌다. 또 한 명은 어머니를 위로하려다가 말도 못 맺은 채 땅에 쓰러졌다. 셋째는 도망치려 했고, 넷째는 숨어보려 했으나 허사였다. 부들부들 떨고 있던 다른 두 딸까지 결국엔 죽고 말았다.

니오베는 마지막 남은 딸을 품에 안고 온몸으로 지켰다. 이제야 정신을 차린 니오베는 마지막 딸만은 살려달라고 울부짖었다. 하지만 막내딸마저 쓰러져 싸늘한 시체가 되었다. 넋을 잃은 니오베는 아들과 딸과 남편의 시체 더미 속에서 주저앉고 말았다.

생명의 기운이 모두 빠져나간 니오베는 겉도 속도 모조리 돌로 변했다. 그런데도 눈물만은 계속 흘러내렸다. 거센 회오리바람이 불어와 바위로 변한 니오베를 고향 산으로 옮겼다. 지금도 니오베는 바윗덩어리로 남아 있는데, 바위에서는 쉴 새 없이 물방울이 똑똑 떨어진다. 물방울은 니오베의 끝없는 슬픔이라고 한다.

1 숲의 님프들, 나무와 함께 살다

사티로스: 오, 사랑스런 숲의 님프들이여!

님프들: 호기심 많은 판이여, 춤을 가르쳐주세요.

「**님프들과 사티로스**」19세기 프랑스 화가 윌리엄 아돌프 부그로의 작품이다. 판은 숲과 들의 신이자 양 떼와 목동의 신이다. 작은 동굴에 살면서 산과 계곡을 누비며 사냥을 하거나 님프들에게 춤을 가르치는 것을 좋아했다. 판은 반은 사람, 반은 염소의 모습을 하고 있다. 반인반수의 괴물을 사티로스라고 부른다. 클락 박물관 소장

숲과 들의 신인 판은 음악을 좋아해서 시링크스라는 피리를 발명해 멋들어지게 불었다. 사람들은 어두운 숲속을 홀로 지나갈 때 별 이유 없이 갑자기 공포가 몰려오면 판 때문이라고 여겼다. 여기서 극심한 공포나 공황을 뜻하는 영어 단어 패닉(panic)이 유래했다.

자연을 대표하는 판은 그리스어로 '모두', '전체'를 의미한다. 그래서 옛 사람들은 판을 우주 혹은 인격화된 자연으로 받아들였다. 후세에는 모든 신과 (기독교 입장에서 본) 이교도를 대표하는 존재로 받아들였다.

숲에 사는 님프들은 판과 곧잘 춤을 추었다. 님프에는 숲의 님프 외에도 시내와 샘을 관장하는 나이아스, 산과 동굴의 님프인 오레이아스, 그리고 바다의 님프 네레이스가 있었다. 이 세 님프들은 불멸의 존재였다.

하지만 드리아스 또는 하마드리아스라고 불리던 숲의 님프들은 나무가 죽으면 함께 죽었다. 나무는 태어난 곳이자 살아가는 곳이기 때문이다. 따라서 나무를 함부로 베면 신성을 모독한 죄로 큰 벌을 받기도 했다.

◐ 팬파이프 고대 그리스의 관악기로, 이름에는 판이 발명한 피리라는 뜻이 담겨 있다. 길이가 다른 몇 개의 피리를 가로로 묶어 만든다.

◐ 「판과 시링크스」 17세기 프랑스 화가 니콜라 푸생의 작품이다. 님프 시링크스는 판의 구애를 피하기 위해 갈대로 변신했다. 판은 슬퍼하며 갈대로 시링크스(箸, 관)라 불리는 피리를 만들었다. 게멜데 갤러리 소장

2 에리시크톤, 데메테르의 숲을 난도질하다

나무의 님프: 제발 그 도끼질은 그만하세요. 우리의 살 곳이 없어지니까요.

에리시크톤: 신들이 우리에게 무슨 의미가 있나? 내가 데메테르 여신의 숲을 난도질해 보이겠다.

「**하마드리아데스**」 19세기 프랑스 화가 에밀 장 밥 티스트 필립 빈의 작품이다.

　테살리아의 왕 에리시크톤은 신을 두려워하지 않았다. 어느 날 에리시크톤은 데메테르 여신에게 바쳐진 숲을 도끼로 난도질했다.

　이 숲에는 신성한 참나무가 한 그루가 있었는데 어찌나 크던지 나무 한 그루만으로도 숲처럼 보였다. 줄기에는 데메테르 여신에게 바쳐진 꽃다발이 걸려 있었고 나무의 님프들에게 감사를 표하는 기원자들의 이름도 새겨져 있었다.

　숲의 님프인 하마드리아스들은 손에 손을 잡고 참나무 주위를 빙빙 돌며 춤을 추었다. 하지만 에리시크톤은 하인들에게 참나무를 베라고 명령

「**숲에서 춤을 추는 님프들**」19세기 프랑스 화가 장 밥티스트 카미유 코로의 작품이다. 신화 속에서 님프들은 춤과 음악을 즐기는 젊고 아름다운 아가씨로 묘사된다. 오르세 미술관 소장

했다. 하인들이 머뭇거리자 직접 도끼를 들고 내리쳤다. 도끼날이 참나무 둥치에 박히자 나무 상처에서 피가 줄줄 흘러나왔다. 구경꾼들은 기겁했다. 한 명이 나서서 말리자 에리시크톤은 되레 도끼로 그 사람을 찍어 죽

여 버렸다. 곧이어 참나무 속에서 님프의 목소리가 들려왔다.

"나는 이 나무 안에 사는 님프다. 비록 지금은 너의 손에 죽는다만 데메테르 여신님이 그냥 보고 있지는 않으실 거다."

그런데도 에리시크톤은 기어코 참나무를 쓰러뜨렸다. 거대한 참나무가 쓰러지자 작은 나무들은 대부분 그 밑에 깔렸다.

데메테르 이탈리아 조각가 데모크리토 간돌피의 작품이다.

3 데메테르, 에리시크톤을 영원한 굶주림에 빠뜨리다

데메테르: **오레이아스여, 내 이륜마차를 빌려줄 테니 얼음으로 뒤덮인 스키티아로 가서 굶주림의 여신에게 에리시크톤의 창자를 차지하라고 일러라. 어떤 곡식의 유혹에도 넘어가지 말라고 신신당부하여라.**

데메테르 19세기 말 경 프랑스 남서부 오트 피레네 주에 세워진 건물에 조각되어 있는 데메테르의 조각상이다.

숲의 님프들이 데메테르에게 몰려가서 참나무를 쓰러뜨린 에리시크톤에게 벌을 내리길 간청했다. 여신은 산속에 있던 오레이아스를 불러 지시했다. "굶주림의 여신을 찾아가 에리시크톤의 창자를 차지하라고 전하여라."

오레이아스가 카우카소스 산에 도착하자 자갈밭에 피골이 상접한 굶주림의 여신이 웅크리고 있었다. 드문드문 보이는 풀을 허겁지겁 입에 쑤셔 넣고 있었다. 오레이아스는 멀찍이 떨어져서 데메테르의 지시를 전했다. 잠시 머물렀는데도 오레이아스는 금세 허기가 져 서둘러 테살리아로 돌아왔다. 굶주림의 여신은 곧장 에리시크톤의 집으로 날아가 잠들어 있는 에리시크톤을 날개로 감싸고는 몸속으로 스며들었다. 굶주림의 독이 에리시크톤의 핏줄 속으로 퍼졌다. 에리시크톤은 잠에서 깨어나자 견딜 수 없는 허기를 느꼈다. 온갖 산해진미를 먹었지만 먹고 있을 때도 배가 고프다고 투덜거렸다. 먹으면 먹을수록 더욱 배가 고파졌다.

4 에리시크톤, 딸 메스트라를 팔다

「딸 메스트라를 파는 에리시크톤」 17세기 네덜란드 화가 얀 스테인의 작품이다. 에리시크톤의 운명을 나타내는 여러가지 요소를 그림 속에서 찾아볼 수 있다. 암스테르담 국립 미술관 소장

　에리시크톤은 온갖 것을 먹어치우느라 재산을 탕진하고 딸 메스트라마저 팔았다. 딸은 바다의 신 포세이돈에게 도와달라고 기도했다. 포세이돈은 메스트라를 어부로 변신시켰다. 노예 아가씨는 보이지 않고 어부만 보이자 새 주인은 아가씨가 도망친 줄 알고 자리를 떴다. 그러자 메스트라는 제 모습으로 되돌아왔다. 에리시크톤은 끝없이 먹어도 허기를 채우지 못해 자기 팔다리까지 먹어 치웠고 결국 죽음을 맞았다.

15 신을 우롱한 인간에게 내려진 형벌
| 시시포스, 벨레로폰, 탄탈로스와 펠롭스

시시포스는 신을 기만한 죄로 바위를 언덕 위로 끝없이 굴려 올리는 형벌을 받았다. 바위를 언덕 위에 올리면 도로 굴러서 내려왔다. 시시포스는 아무 의미도 없는 힘든 일을 영원히 계속하게 된 것이다.

손자 벨레로폰은 천마 페가수스를 타고 감히 올림포스에 오르려 했다. 하지만 제우스의 노여움을 사서 땅에 떨어져 절름발이가 되었다.

신의 사랑을 받았던 탄탈로스는 아들 펠롭스를 토막 내 국을 끓여 신들에게 대접했다. 신들을 기만한 탄탈로스는 영원히 굶는 형벌을 받았다.

시시포스와 탄탈로스가 신을 시험한 것은 인간 존재의 새로운 자각으로 볼 수도 있을 것이다.

• 이 사람이 무겁지만 한결같은 걸음걸이로, 아무리해도 끝장 볼 수 없을 고통을 향하여 다시 걸어 내려오는 것을 나는 본다. 마치 내쉬는 숨과도 같은 이 시간, 또한 불행처럼 어김없이 되찾아오는 이 시간은 곧 의식의 시간이다. 그가 산꼭대기를 떠나 제신의 소굴을 향하여 조금씩 더 깊숙이 내려가는 그 순간 순간 시시포스는 자신의 운명보다 더 우월하다. (알베르 카뮈의 『시시포스 신화』)

시시포스 왕이 세운 왕국. 왕궁에 물이 나오지 않자 시시포스는 아소포스에게 물이 나오게 해달라고 부탁했다. 아소포스가 뜰에 있는 바위에 손을 대자 물이 솟았다.

코린토스에서 쫓겨난 벨레로폰이 찾아간 곳. 벨레로폰은 티린스 왕 프로이토스의 환영을 받았지만 왕비의 계략으로 결국 비참한 죽음을 맞았다.

1 시시포스, 신을 농락하다

시시포스: 제우스가 아이기나와 바람 피우는 것을 아버지인 강의 신에게 고자질 한 게 마음에 걸려. 제우스가 나를 죽이려 할지도 몰라.

『시시포스』 17~18세기 화가 안토니오 잔키의 작품이다.

코린토스를 세운 시시포스왕은 궁전을 화려하게 지었다. 그런데 성에는 물이 나오지 않아 멀리서 길어 와야 했다.

어느 날 시시포스 왕은 제우스가 강의 신 아소포스의 딸 아이기나를 납치해 숲속으로 데려가는 것을 목격했다. 아소포스는 성문 밖에서 애타게 아이기나를 찾고 있었다.

시시포스는 성 밖으로 나가 아소포스를 불러 세웠다. "아소포스, 혹시 딸 아이기나를 찾고 있소? 아이기나가 어디에 있는지 나는 알고 있소. 우리 성에 물이 나오게 하면 딸이 있는 곳을 가르쳐주겠소."

아소포스는 궁전으로 들어가 뜰에 있는 바위를 손으로 만졌다. 그러자 바위틈에서 물이 쏟아져 나왔다. 이 샘을 페이레네 샘이라고도 한다. 고대 그리스인들은 이곳에 영감의 원천인 뮤즈 여신이 머문다고 생각해 먼 길을 마다하지 않고 샘물을 마시러 왔다. 페이레네 샘에 가면 날개 달린 천마(天馬) 페가수스를 볼 수 있다고 믿었다.

약속대로 시시포스는 아소포스에게 딸이 있는 곳을 가르쳐주었다. 제우스가 바람을 피우는 장소를 아소포스가 덮치자 아이기나와 함께 있던 제우스는 깜짝 놀랐다.

제우스는 얼른 바위로 변신했고 아이기나를 섬으로 만들었다. 아소포스는 벼락을 맞았다. 그런 까닭에 아소포스 강의 바닥에는 탄화된 물질이 있다.

페이레네 샘 그리스 코린토스에 위치한 샘이다. 고대 그리스인들은 이곳에 영감의 원천인 뮤즈 여신이 머문다고 여겼다. ©Carole Raddato

에기나 섬 아이기나의 현재 명칭이다. 그리스 아테네 남서 사로니카 만 중앙 가까이에 있다.

시시포스: 여보, 내가 고자질했다고 제우스가 나를 어떻게 할지도 모르니 내가 죽거든 장례를 치르지 마시오. 죽음의 신은 내가 붙들어두겠소.

타나토스: 교활한 시시포스에게 붙잡혀 지하실에 갇히다니. 죽음의 신 체면에 부끄러워 고개를 들 수 없구나.

죽음의 신 타나토스 기원전 1세기 경의 작품이다. 타나토스는 죽음이 의인화된 신으로 자주 언급되지만 신화에서 인격을 갖춘 신으로 등장하는 일은 거의 없다. 아테네 국립 고고학 박물관 소장

시시포스는 제우스가 고자질한 자신을 죽이려 할 것이라고 생각했다. 가만히 앉아 죽기만 기다릴 수는 없는 노릇. 시시포스는 한 가지 꾀를 생각해 냈다. 그리고 부인에게 당부했다. "여보 내가 갑자기 죽거든 절대 장례를 치르지 마시오. 내 시체에는 손도 대면 안 되오."

시시포스의 예상대로 제우스는 죽음의 신 타나토스에게 시시포스를 지하 세계로 데려가라고 명령했다. "저 교활한 시시포스에게 죽음의 맛을 보여주어라!"

시시포스는 밧줄을 들고 궁전 정문 뒤에 숨어서 죽음의 신 타나토스가 나타나기를 기다렸다. 타나토스가 시시포스를 지하 세계로 데려가려고 궁전 정문으로 들어왔다. 시시포스는 때를 놓치지 않고 뒤에서 타나토스를 잡아 밧줄로 꽁꽁 묶었다. 그러고는 자신을 잡아가지 못하도록 지하실에 가뒀다.

죽음의 신이 지하실에 갇히자 세상에는 큰 소란이 벌어졌다. 죽음이 사라져버린 것이다. 전쟁터에서 창에 찔린 병사가 죽지 않고 걸어 다녔고, 부엌에서는 고깃덩어리가 살아 움직였다. 곧 죽을 운명이던 노인이 병만 앓을 뿐 죽을 기미를 보이지 않았다.

운명의 여신들은 제 역할을 할 수 없었다. 생명의 실을 잣는 여신, 그 실의 길이를 정하는 여신, 그 실을 잘라 생명을 끊는 여신 모두 당황했다. "이 것 봐! 운명의 실이 모두 엉켜버렸어."

죽어서 지하 세계로 오는 사람이 없자 하데스도 하릴없이 빈둥거렸다. "도대체 지상에서 무슨 일이 일어난 거야? 지하 세계에 새롭게 들어온 사람이 없다니, 이런 일은 처음이야."

제우스가 전쟁의 신 아레스에게 타나토스를 구해주라고 명령했다. 아레스는 궁전 지하실 문을 깨고 타나토스를 묶은 밧줄을 끊어주었다. 그제야 창에 맞은 병사도 죽고 고깃덩어리도 죽고 병든 노인도 죽었다.

2 시시포스, 끝없는 형벌을 받다

시시포스: 끝나지 않는 고통을 향해 다시 걸어 내려오는 것은 마치 내쉬는 숨과도 같다오. 불행처럼 어김없이 되찾아오는 이 시간을 피할 수 없다는 사실을 나는 알고 있소.

「시시포스」 16세기 이탈리아 화가 베첼리오 티치아노의 작품이다. 프라도 미술관 소장

타나토스는 시시포스를 끌고 하데스 앞으로 데려갔다. 하데스가 죄를 추궁했다. "세상의 질서를 흩뜨려 놓았으니 네 죄를 네가 알렸다."

시시포스는 억울하다며 변명을 늘어놓았다. "제가 잘못을 저질렀습니다. 그렇지만 억울합니다. 사람이 죽으면 장례를 치르고 지하 세계의 강을 건널 때 뱃삯으로 쓸 동전 한 개를 혀 밑에 넣어두어야 하는데 제 아내는 저를 그냥 내버려뒀습니다. 그런 아내를 어떻게 그냥 둘 수 있습니까?"

하데스는 시시포스의 말에도 일리가 있다고 생각했다. "그렇다면 하루 동안 시간을 줄 테니 이승으로 돌아가서 장례식을 치르게 하고 불손한 아내를 혼내주고 오너라."

시시포스는 이승으로 돌아가서는 아내와 잘 살다가 늙어서 죽었다. 시시포스의 망령이 늦게 나타나자 하데스는 화를 내며 소리쳤다. "저놈이 감히 신을 기망했다. 타르타로스로 데려가서 가파른 언덕 위로 끝없이 바위를 굴려 올리게 하라."

그때부터 시시포스는 바위를 힘들게 언덕 위로 굴려 올려야 했다. 바위를 언덕 위에 올리면 도로 굴러서 내려왔다. 그러면 바위를 언덕 위로 또 굴려 올렸다. 형벌은 영원히 되풀이되었다. 지금도 시시포스는 바위를 굴려 올리고 있을 것이다. 아무 의미도 없는 헛된 수고를 시시포스의 바위라고 부른다.

시시포스가 신들에게 속임수를 썼지만 인간이 신을 움직인 것은 의미 있는 일이라고 보기도 한다.

프랑스 작가 알베르 카뮈는 1942년 『시시포스 신화』라는 평론을 썼다. 카뮈는 시시포스가 부조리한 삶을 사는 인간의 전형을 보여준다고 생각했다. 시시포스는 인간 존재의 무의미성을 자각하고 이 부조리에 맞서는 인간형이라는 것이다.

시시포스의 끊임없는 노동은 현대인의 삶과도 닮았다. 현대인도 매일 똑같은 일을 반복해야 한다. 노동의 부질없음과 어쩔 수 없는 운명을 깨달을 때 오히려 인생의 비참함에서 자유로워질 수 있을지도 모른다. 어쩌면 시시포스의 자각은 일상적이고 무반성적인 습관과는 다른 의미를 지닌다.

지하 세계에서 페르세포네의 감독을 받는 시시포스
기원전 500년 경의 큰 항아리 암포라

1 벨레로폰, 아버지 글라우코스를 죽게 하다

아프로디테: 글라우쿄스 네놈이 나의 축제일을 무시했겠다! 페가소스를 좋아하는 너의 아들 벨레로폰 의 머리 위에 떠 있는 구름으로 페가소스를 만들 것이다. 벨레로폰이 페가수스를 잡으려는 화살로 조련사를 죽여서 말들을 날뛰게 해 네놈을 죽이겠다. 신을 무시한 대가가 어떤 것인지 깨닫게 해주마.

시시포스가 타르타로스에 떨어진 후 아들 글라우코스가 코린토스의 왕이 되었다. 경마를 즐긴 왕은 좋은 말을 많이 가지고 있었다.

사람들은 사랑의 여신 아프로디테 축제일에 말들을 짝짓기시키면 좋은 새끼를 낳는다고 믿고 있었다. 하지만 축제일에 왕이 혼자 중얼거렸다. "말 조련사가 알아서 하면 되는 것이지 그런 미신이 무슨 의미가 있나?"

왕의 빈정거림을 들은 아프로디테는 왕을 혼내주기로 했다. 그래서 왕의 아들을 이용해 건방진 왕에게 벌을 내리기로 했다.

글라우코스 왕의 아들 벨레로폰은 용모와 용맹을 겸비한 영웅이었다. 괴물 메두사의 목을 벤 페르세우스를 숭배했다. 말을 좋아한 벨레로폰은 페가수스를 타고 싶어 했다.

페르세우스가 메두사의 머리를 잘랐을 때 피가 땅속으로 스며들었는데, 이 피에서 태어난 날개 달린 말이 페가수스다. 아테나가 페가수스를 길들여 무사 여신들에게 선물로 주었다. 무사 여신들이 사는 헬리콘 산에는 히포크레네라는 샘이 있었는데, 페가수스가 발굽으로 차서 솟아난 샘이었다.

아프로디테는 벨레로폰의 머리 위에 떠 있는 구름으로 페가수스를 만들었다. 벨레로폰이 구름 페가수스를 보자 사로잡으려고 다리를 겨냥해 화살을 쏘았다. 아프로디테가 입바람을 불어서 화살의 방향을 바꾸었다. 화살은 말 조련사의 가슴에 박혔다.

조련사가 비명을 지르며 쓰러지자 말들이 놀라 날뛰었다. 근처에 있던 왕이 말에 차여 죽었다. 화살에 줄이 매여 있었는데, 그 줄을 따라가 보니 벨레로폰이 화살을 들고 서 있었다.

뜻하지 않은 사건으로 벨레로폰은 코린토스에서 쫓겨나 티린스의 왕 프로이토스를 찾아갔다.

페가수스 베를린 포츠담 광장에 있는 소니 센터에 설치된 페가수스다.

2 벨레로폰, 키마이라를 죽이라는 제안을 수락하다

폴리이도스: 페가수스를 타고 가면 키마이라를 무찌를 수 있을 것이오.

「**키마이라와 싸우러 가는 벨레로폰**」 러시아 화가 알렉산드르 안드레예비치 이바노프의 작품이다. 벨레로폰은 페가수스의 황금 고삐를 쥐고 있다. 아테나가 수호하듯 벨레로폰의 뒤에 서 있다.

프로이토스 왕은 반갑게 맞아주었다. 왕 옆에 서 있던 왕비 안테이아가 벨레로폰을 예사롭지 않게 쳐다보았다.

어느 날 왕비가 벨레로폰의 방으로 찾아와 다가가며 속삭였다. "어쩜 이렇게 잘생겼을까? 벨레로폰, 사랑해요."

안테이아가 벨레로폰을 안으려 하자 벨레로폰은 왕비를 밀어내며 말했다. "은혜를 베풀어주신 프로이토스 왕을 배신할 수는 없습니다."

벨레로폰에게 무안을 당한 안테이아는 왕에게 달려가 거짓말을 했다. "벨레로폰이 저를 사랑한다며 껴안으려고 해서 도망쳤어요. 그를 당장 죽이세요."

손님을 해치면 안 된다는 관습이 있어 왕은 잠시 고민하더니 편지를 썼다. 리키아의 왕인 장인 이오바테스에게 보내는 편지였다. "이 편지를 가지고 가는 벨레로폰은 비록 영웅이지만 내 아내를 껴안으려 했습니다. 도착하는 대로 죽이셔야 합니다."

왕은 편지를 봉해 벨레로폰에게 주며 장인에게 전해달라고 부탁했다. 벨레로폰이 리키아에 가서 왕에게 편지를 전달하고는 손님방으로 갔다. 이 이야기에서 '벨레로폰의 편지'라는 말이 생겼다. 편지를 가지고 간 사람에게 불리한 내용이 담긴 편지를 말한다.

편지를 읽은 왕은 고민했다. 사위의 부탁을 외면할 수는 없지만 그렇다고 손님을 해치기도 싫었다. 그래서 왕은 괴물을 이용해 벨레로폰을 죽이기로 마음먹었다.

이튿날 왕은 벨레로폰을 불렀다. "지금 키마이라는 괴물이 이 나라의 사람과 가축을 해치고 있소. 키마이라는 불을 내뿜는 무시무시한 괴물이오. 몸의 앞쪽은 사자와 양을 합친 모습이고 뒤쪽은 용의 모습을 하고 있소. 그 괴물을 없애주면 내 막내딸도 주고 이 나라도 주겠소."

벨레로폰도 왕의 제안을 흔쾌히 수락하고 싸우러 나가기 전에 예언자 폴리이도스의 의견을 물었다. "제가 키마이라를 없앨 수 있을까요?"

예언자가 조언했다. "페가수스를 타고 가면 되오. 페가수를 얻으려면 오늘 밤 아테나 신전에 가서 하룻밤 묵으시오."

3 벨레로폰, 키마이라를 죽이다

벨레로폰: **키마이라, 오늘이 마지막인 줄 알아라.**

「**페가수스에 탄 벨레로폰**」 18세기 이탈리아 화가 티에폴로의 작품이다. 벨레로폰은 신화에서 헤라클레스 이전의 위대한 영웅 가운데 하나다. 라비아 궁전 소장

그날 밤 벨레로폰은 예언자가 시킨 대로 아테나 신전에 가서 잠을 잤다. 꿈에 아테나 여신이 나타났다. "이것은 페가수스에게 씌울 황금 굴레와 고삐다. 페가수스는 페이레네 샘에서 물을 마시고 있을 것이다."

잠에서 깬 벨레로폰은 손에 황금 굴레와 고삐를 쥐고 있었다. 벨레로폰은 무장을 하고 창끝에 납덩어리를 꿰었다. 키마이라가 내뿜는 불을 막기 위해서였다.

페이레네 샘으로 가니 과연 여신이 말한 그대로 페가수스가 물을 마시고 있었다. 그런데 황금 고삐와 굴레를 보자 페가수스는 제 발로 찾아와 얌전히 잡혔다.

벨레로폰은 말의 등에 올라타 하늘 높이 날아올랐다. 멀리서 키마이라

가 입에서 불을 뿜으며 사람들을 쫓아가는 모습이 보였다. 벨레로폰은 키마이라 위로 날아가 화살을 날렸지만 화살은 키마이라의 머리를 맞고 튕겨 나왔다. 가슴에 쏜 화살도 튕겨 나왔다.

화살로는 소용이 없자 불을 내뿜는 입속으로 납덩이를 꿴 창을 던졌다. 납이 불에 녹아 괴물은 몸부림치다 죽었다.

키마이라를 무찌른 후에도 고약한 왕은 벨레로폰에게 또 한 가지 어려운 부탁을 했다. "갑자기 이웃나라에서 쳐들어왔으니 물리쳐주게나."

벨레로폰은 페가수스를 타고 적진으로 날아갔다. 성문을 부수려는 병사를 향해 활을 쏘았다. 병사들도 하늘에서 나타난 적에게 일제히 화살을 쏘아댔다. 화살은 페가수스에 미치지 못하고 도로 땅으로 떨어져 도리어 병사들을 맞혔다. 벨레로폰이 계속 화살을 날리자 병사들은 스스로 물러났다.

마침내 이오바테스 왕은 벨레로폰이 신들의 총애를 받는 인물임을 깨닫고는 편지를 보여주며 진실을 밝혔다. 왕은 약속대로 벨레로폰을 사위로 삼은 후 나라를 물려주었다.

왕이 된 벨레로폰의 자만심은 날로 높아갔다. 벨레로폰은 페가수스를 타고 신들이 사는 천상으로 올라가려고까지 했다. 하지만 제우스가 등에 한 마리를 보내 페가수스를 물어뜯게 했다. 페가수스가 몸을 뒤틀자 벨레로폰은 말에서 떨어져 다리가 부러지고 한쪽 눈을 잃고 말았다. 그 후 벨레로폰은 사람들의 눈을 피해 들판을 외로이 떠돌다가 비참하게 죽었다.

「아레초의 키마이라」 아레초에서 발견된 청동상이다. 기원전 400년경에 제작된 것으로 추정한다. 예부터 그리스인들은 키마이라가 리키아에 있던 화산인 키마이라산을 의인화한 괴물이라고 여겼다. ⓒSailko 피렌체 국립 고고학 박물관 소장

1 탄탈로스, 아들 펠롭스로 국을 끓여 신에게 바치다

> 제우스: 내 자식이라 어여삐 봐주었더니 감히 신들의 음식을 훔치고 아들로 국을 끓여 신들의 능력을 시험하다니! 탄탈로스를 당장 타르타로스에 처박아 영원히 목마르고 배고프게 하라.

탄탈로스를 타르타로스로 보내는 제우스

에게 해 동쪽에 있는 리디아의 왕 탄탈로스는 제우스와 님프의 아들이다. 탄탈로스는 제우스의 피를 이어받았을 뿐 아니라 올림포스의 신들을 잘 받들어 신들의 사랑을 받아왔다.

신들은 탄탈로스를 가끔 올림포스 궁전으로 초대해 신들이 마시는 넥타르나 신들의 음식 암브로시아를 맛보게 했다.

암브로시아와 넥타르는 늘 먹고 마셔야 늙지 않고 죽지 않는 신이 될 수 있었다. 하지만 탄탈로스는 이따금 먹었기 때문에 신이 될 수는 없었다.

탄탈로스는 신들의 초대를 받은 것을 친구들에게 자랑했다. 친구들은 그 사실을 믿지 않았다. 탄탈로스는 올림포스 궁전의 만찬에 갈 때마다 넥타르와 암브로시아를 조금씩 몰래 훔쳐 친구들에게 나눠줬다.

친구들이 부러워하자 탄탈로스는 우쭐해졌다. "나는 제우스의 아들로서 신들의 초대를 받아 만찬에 참석하니 신이나 다름없지."

어느 날 탄탈로스는 신들을 집으로 초대했다. 올림포스에서 대접받은 것에 대한 답례 성격이었지만 세상 사람들에게 신들과의 관계를 과시하고 싶은 마음도 없지 않았다. 음식을 충분히 준비했는데도 신들이 오랜만에 지상의 음식을 얼마나 맛있게 먹던지 음식이 금방 동났다.

탄탈로스는 음식을 더 장만하다가 불현듯 신들을 시험하고 싶은 생각이 들었다. 넥타르와 암브로시아를 훔쳤는데도 아무 일 없었기에 신들이 그 사실을 모를 거라고 생각한 것이다.

탄탈로스는 외아들 펠롭스를 짐승처럼 잡아 토막을 내고 국을 끓여 신들에게 내놓았다. "이 국은 신들께서 한 번도 맛본 적 없는 특별한 음식입니다. 특별히 준비했으니 많이 드십시오."

신들이 탄탈로스의 의도를 알고는 표정이 일그러졌다. 농사의 여신 데메테르만 무심코 펠롭스의 어깻죽지 고기 한 점을 먹었다. 납치당한 딸 페르세포네 생각 때문에 정신이 없었던 것이다. 상황을 알아 챈 데메테르는 얼른 입안에 든 살점을 뱉었다.

이 모습을 본 제우스는 분노하며 헤르메스를 불러 명령했다. "신들을 기만하고 은혜도 모르는 탄탈로스를 타르타로스에 처박아라. 탄탈로스는 그곳에서 영원히 목마르고 배고플 것이다!"

2 탄탈로스, 영원히 굶주리는 형벌을 받다

탄탈로스: 과일에 손을 뻗으면 나뭇가지가 뒤로 멀어지니 과일을 딸 수가 없구나.

「**탄탈로스의 형벌**」 17세기 이탈리아 화가 지오아치노 아세레토의 작품이다. 오클랜드 아트 갤러리 소장

탄탈로스는 지하 감옥 타르타로스에서 목마름과 배고픔에 시달렸다. 타르타로스에 있는 호수에서 물이 가슴까지 차는 곳에 들어가도 물을 마시려고 고개를 숙이면 호수는 금방 바닥을 드러내 진흙만 남았다. 물 마시기를 포기하고 고개를 들면 물은 이내 가슴까지 차올랐다.

호숫가에는 과일이 열린 과일나무들이 즐비했다. 배가 고파 과일에 손을 뻗으면 가지가 손에서 멀어졌다.

그 후 사람들은 포도주 병을 전시해 놓은 진열장을 '탄탈로스'라고 불렀다. 보기만 하고 꺼내 먹지 못하는 술이었기 때문이다. '감질나게 하다'를 의미하는 영어 단어 탠털라이즈(tantalize)는 탄탈로스에서 유래했다.

신들은 탄탈로스의 외아들 펠롭스가 불쌍하다고 생각하여 국을 모두 솥에 부어 다시 살려냈다. 그런데 데메테르가 먹은 왼쪽 어깨살이 푹 파여 있었다. 데메테르는 하얀 상아로 어깻죽지의 살을 채워주었다. 그래서 펠롭스의 자손들은 왼쪽 어깨에 하얀 부분이 있었다.

1 다시 살아난 펠롭스, 피사의 왕과 마차 경기를 하다

펠롭스: 아니, 뒤에 오던 왕이 벌써 내 옆에 오다니!

오이노마오스: 경기에서 지면 목숨을 내놓아야 할 것이다.

펠롭스와 오이노마오스의 전차 경기

포세이돈은 펠롭스에게 조언했다. "이 땅은 신들의 저주를 받았으니 그리스로 가서 새로운 나라를 세우도록 하라."

펠롭스는 포세이돈이 내려준 사륜마차를 타고 그리스 남부에 있는 '피사'라는 나라에 도착했다. 펠롭스는 피사의 궁전 앞을 지나면서 열두 개의 기둥에 젊은 남자의 머리가 매달려 있는 것을 목격했다. 공주에게 청혼했다가 목숨을 잃은 젊은이들의 머리였다. 피사의 왕 오이노마오스에게는 '히포다메이아'라는 아름다운 공주가 있었다. 훌륭한 젊은이들이 청혼했지만 왕은 결혼을 못하게 했다. 사위가 자기를 죽일 것이라는 신탁을 받았기 때문이다. 왕은 구혼자들을 물리치기 위해 조건을 달았다. "나와 전차 경주를 하여 이기면 결혼하고 지면 목숨을 내놓아야 한다."

많은 젊은이들이 도전했지만 전쟁의 신 아레스의 아들인 오이노마오스를 이길 수 없었다. 오이노마오스는 구혼자들에게 먼저 출발하게 하는 여유를 보이기도 했다.

2 펠롭스, 장인을 죽이고 결혼하다

펠롭스는 포세이돈이 준 말을 믿고 도전해보기로 했다. 펠롭스는 왕을 접견했다. "공주님께 청혼하러 왔습니다."

왕 옆에 서 있던 공주는 늠름한 펠롭스가 접견실로 들어오는 것을 보고 그만 반해버렸다. 왕은 펠롭스를 죽이기는 아까워 청혼을 취소하라고 충고했지만 펠롭스는 왕과 전차 경기를 하겠다고 말했다.

히포다메이아는 펠롭스를 구하기 위해 오이노마오스의 마부 미르틸로스를 매수했다. 미르틸로스는 시합 전날 밤 왕의 마차 바퀴 하나에서 마차축을 빼고 밀랍을 집어넣었다.

시합 날 펠롭스가 먼저 출발했다. 오이노마오스는 한참 후에 펠롭스의 뒤를 추격했다. 오이노마오스는 거세게 달려와 펠롭스와 거의 나란히 달렸다. 그때 갑자기 왕의 마차 바퀴 하나가 빠지는 바람에 오이노마오스는 채찍에 휘감긴 채 마차에서 떨어졌다. 그는 마차에 끌려가다가 이내 바위에 부딪혀 즉사했다.

전차 경기에서 이긴 펠롭스는 히포다메이아와 결혼식을 치렀다. 공주는 아버지를 죽여 남편감을 구한 것이다.

펠롭스는 장인의 마부 미르틸로스를 신혼여행에 데리고 갔다. 펠롭스는 달리는 마차에서 마부를 발로 밀어서 떨어뜨려 죽였다. 미르틸로스는 고통스럽게 죽어 가면서 아버지 헤르메스 신에게 원수를 갚아달라고 기도했다. 마부의 기도가 통했던

「원반던지는 사람」 로마국립박물관 소장

지 탄탈로스의 후손은 혈족 간의 복수극에 휘말렸다.

펠롭스는 전차 경기 승리를 기념하려고 올림피아 평원에서 운동 경기를 벌였다. 아시아와 아프리카에서도 선수와 구경꾼이 몰려왔을 정도로 성대했다. 경기 종목은 달리기, 높이뛰기, 레슬링, 원반던지기 등이었다.

승리의 여신 니케는 우승한 선수 위를 날며 축하했다. 스포츠 브랜드 '나이키'는 승리의 여신 니케의 영어 이름이다. 로마에서는 '빅토리아'라고 부른다. 영어 빅토리(victory)는 빅토리아에서 유래했다.

올림피아 경기는 그 후 4년마다 열렸는데, 올림픽 경기의 기원이 됐다.

「**사모트라케의 니케**」에게 해 사모트라케 섬에서 발견된 '승리의 여신상'이다. 나이키 사는 니케 상의 날개를 보고 나이키 마크를 생각해냈다고 한다. 루브르 박물관 소장

16 오이디푸스 콤플렉스
| 오이디푸스와 스핑크스, 안티고네

테바이의 왕 라이오스는 아들이 자신을 죽이고 어미를 범할 것이라는 신탁을 받았다. 신탁을 굳게 믿은 라이오스는 신하에게 자신의 아들 오이디푸스를 산으로 데려가 죽이게 했다. 신하는 오이디푸스를 불쌍하게 여겨 나무에 매달아 두었고, 이를 발견한 코린토스의 폴리보스 왕과 왕비가 오이디푸스를 데려다 길렀다.

오이디푸스는 델포이 신전을 찾아갔다가 자신이 아버지를 죽이고 어머니와 결혼할 것이라는 신탁을 들었다. 폴리보스를 친아버지로 알고 있던 오이디푸스는 가혹한 운명을 피하고자 코린토스를 떠났다. 테바이로 가는 좁은 길목에서 오이디푸스는 라이오스 왕과 마주쳤다. 왕의 시종이 길을 비키라면서 자신의 말을 죽이자 분노한 오이디푸스는 왕과 시종을 모두 죽였다.

테바이에 도착한 오이디푸스는 테바이의 왕이 되었고 어머니 이오카스테 왕비를 아내로 삼아 자식들까지 낳았다. 그러나 진실을 전해 들은 오이디푸스 왕은 스스로 두 눈을 뽑았다. 왕비는 참담함을 이기지 못해 자살했다. 오이디푸스는 딸 안티고네와 함께 방랑의 길을 떠났다가 아테네 근처에서 죽음을 맞았다.

이 이야기에서 '오이디푸스 콤플렉스'라는 심리학 용어가 나왔다. 사내아이가 유아기 때 이성인 어머니에게 독점욕과 성적 애착을 가지며, 동성인 아버지는 경쟁자로 인식해 반감을 갖는다는 이론이다.

- 크레온: "안티고네야, 빨리 내 아들 하이몬과 결혼하여 행복하게 살아라. 인생이란 네가 생각하는 것과 같은 것이 아니다. 인생이란 그래도 행복한 것이라는 사실을 깨닫게 되면 노년에 위안을 받을 것이다!"
- 안티고네: "외삼촌, 내 행복이 어떻단 말입니까? 어린 안티고네에게 어떻게 행복한 여자가 되라고 말씀하십니까? 하루하루 저에게 돌아온 행복의 작은 누더기를 이빨로 물어뜯으란 말입니까? 안티고네에게 거짓을 말하고 미소를 지으며, 창녀 노릇을 하라고 시키는 건가요?" (장 아누이 『안티고네』)

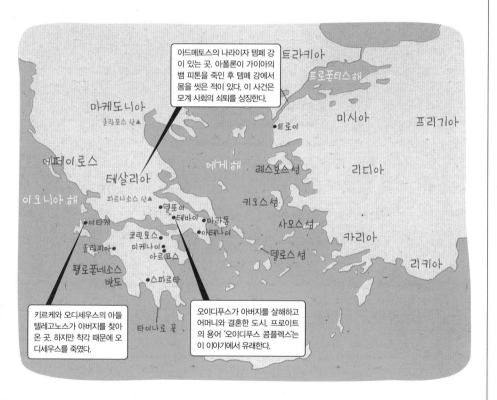

아드메토스의 나라이자 템페 강이 있는 곳. 아폴론이 가이아의 뱀 피톤을 죽인 후 템페 강에서 몸을 씻은 적이 있다. 이 사건은 모계 사회의 쇠퇴를 상징한다.

키르케와 오디세우스의 아들 텔레고노스가 아버지를 찾아온 곳. 하지만 착각 때문에 오디세우스를 죽였다.

오이디푸스가 아버지를 살해하고 어머니와 결혼한 도시. 프로이트의 용어 '오이디푸스 콤플렉스'는 이 이야기에서 유래한다.

1 양치기, 나무에 묶인 오이디푸스를 구하다

양치기: 누가 아기를 나무에 묶어 놓았지? 아들이 없어 고민하시는 코린토스의 폴리보스 왕에게 갖다 드려야지.

나무에 묶여 있던 어린 오이디푸스를 구한 목동 19세기 프랑스 화가 포르바스 앙투안 드니 쇼데의 작품이다. 루브르 박물관 소장

테바이의 라이오스 왕에게 어느 날 무서운 신탁이 내려졌다. 갓 태어난 아들이 크면, 아버지를 죽이고 어머니와 결혼한다는 내용이었다. 왕은 이오카스테 왕비로부터 아기를 빼앗아 신하에게 아기를 주면서 산속에서 죽이라고 지시했다.

신하는 왕의 지시대로 아기를 산속으로 데리고 갔다. 하지만 가여운 마음에 차마 아기를 죽일 수 없었다. 그렇다고 왕의 뜻을 거스를 수도 없어 아기의 발을 묶은 다음 나무에 매달았다.

매달려 있는 아기를 어느 양치기가 발견해 아기가 없어 고민하던 코린토스의 왕 폴리보스와 왕비 멜로페에게 데려갔다. 왕과 왕비는 아기를 양자로 삼고 오이디푸스라는 이름을 지어주었다. 오이디푸스는 '부푼 발'을 의미한다. 나무에 발이 묶인 채 거꾸로 매달려 있어서 여린 아기의 발이 부은 것이다.

라이오스 왕이 왕비를 거들떠보지도 않고 다른 여자와 바람을 피우자 헤라 여신이 버릇을 고쳐주기로 했다. 헤라는 테바이에 스핑크스를 보냈다. 스핑크스는 윗몸은 여자이고 아랫몸은 사자인 괴물이다.

스핑크스는 테바이 성문 밖 바위 꼭대기에 웅크리고 있다가 지나가는 행인들을 붙잡고 수수께끼를 냈다. 정답을 맞히지 못하면 잡아먹혔는데 이제껏 수수께끼를 푼 사람은 아무도 없었다. 누구도 성에 드나들려고 하지 않아 성 안 사람들은 먹고 살기 힘들었다.

스핑크스의 기원은 이집트라고 알려졌다. 이후 시리아, 페니키아, 바빌로니아, 그리스 등지에 퍼졌다. 스핑크스는 사자에 대한 숭배에서 비롯했다고 알려져 있다.

기자의 스핑크스 스핑크스는 왕자의 권력을 상징적으로 표현한 조각상이다. ©pastaitaken

2 오이디푸스, 아버지 라이오스 왕을 죽이다

델포이 신전 오이디푸스가 아버지를 죽이고 어머니와 결혼할 것이라는 신탁을 들은 신전이다.
ⓒArian Zwegers

한편 청년이 된 오이디푸스는 자신의 운명을 알아보려고 델포이에 갔다. 신탁의 내용은 너무 가혹했다. "너는 아버지를 죽이고 어머니와 결혼할 것이다!"

오이디푸스는 고민에 빠졌다. 폴리보스를 자신의 친아버지로 알고 있던 오이디푸스는 가혹한 운명을 피하고자 코린토스를 떠났다. 테바이로 가는 좁은 길목에서 그는 라이오스 일행과 마주쳤다.

스핑크스 때문에 고민하던 라이오스 왕이 신탁을 들으러 시종 한 명만 거느린 채 이륜마차를 타고 델포이로 가고 있었던 것이다. 누가 먼저 지나갈 것인가를 두고 시비가 붙었다. 오이디푸스는 라이오스 왕의 시종 하나가 자신의 말을 죽이는 것을 보고 분노해 라이오스와 시종을 한꺼번에 죽여버렸다. 오이디푸스는 라이오스가 친아버지인 줄 모르고 죽인 것이다.

3 오이디푸스, 스핑크스를 죽이고 테바이의 왕이 되다

스핑크스: 아침에는 네 발로 걷고, 점심에는 두 발로 걷고, 저녁에는 세 발로 걷는 동물이 무엇이냐?

오이디푸스: 바로 인간이다. 어렸을 때는 두 손과 두 무릎으로 기어 다니고, 자라서는 똑바로 서서 걷다가, 늙으면 지팡이를 짚고 다니기 때문이다.

「**스핑크스의 수수께끼를 푸는 오이디푸스**」 19세기 초 화가 앵그르의 작품이다. 루브르 박물관 소장

왕이 죽자 왕비의 남동생인 크레온이 어린 두 왕자 대신 섭정에 나섰다. 크레온은 "스핑크스를 없애는 사람이 왕이 되고 왕비와 결혼하게 될 것이다."라고 선언했다.

길을 가던 오이디푸스는 스핑크스에 대한 무시무시한 소식을 접했다. 하지만 당당히 스핑크스에게 갔다. 스핑크스는 오이디푸스를 가로막으며 수수께끼를 던졌고 오이디푸스는 손쉽게 대답했다.

스핑크스는 자기가 낸 수수께끼가 풀리자 치욕을 견디지 못하고 벼랑 아래로 몸을 던져 죽어버렸다.

성문 안 사람들이 환호하며 몰려나와 오이디푸스를 에워쌌다. 크레온이 오이디푸스에게 감사를 표하고 약속대로 왕으로 추대했다. 테바이의 왕이 된 오이디푸스는 어머니인지도 모르고 이오카스테 왕비와 결혼했다.

4 이오카스테, 아들과 결혼한 것을 알고 자결하다

이오카스테: 남편 오이디푸스가 내 아들이라니··· 말도 안 돼!

「'오이디푸스 왕'에서 이오카스테로 분한 릴라 매카시」
19~20세기 영국 화가 해롤드 스피드의 작품이다. 이오카스테로 분장한 연극배우를 그린 그림이다. 이오카스테는 신화에 등장하는 인물로 오이디푸스의 어머니이면서 아내가 되는 비극적 인물이다.

부모가 누구인지 몰랐던 오이디푸스는 이미 아버지를 죽였고 이제는 자기 어머니와 결혼하고 말았다. 누구도 이런 비극적인 상황을 모른 채 세월이 흘렀다.

어느 날 코린토스에서 사신이 왔다. 사신은 코린토스의 폴리보스 왕이 죽었으니 돌아가서 왕위를 계승해야 한다고 전했다. 오이디푸스는 자신이 이미 테바이를 다스리고 있으므로 돌아갈 수 없다고 말했다.

그러던 어느 날 테바이에 굶주림과 돌림병이 퍼졌다. 신탁을 들어 보니 테바이에 라이오스 왕을 죽인 자가 있어서 재앙이 닥쳤다는 것이다. 오이디푸스는 살인자를 찾으면 두 눈을 뽑고 추방하겠다고 결심했다.

안티고네: 아버지라고 불러야 하나요, 오라버니라고 불러야 하나요? 같은 어머니에게서 태어났잖아요.

오이디푸스가 예언자 테이레시아스에게 살인자가 누구냐고 물었다. 그러자 테이레시아스는 대답했다. "살인자는 바로 오이디푸스 당신입니다."

아기를 산속에 버리러 갔던 신하와 나무에 매달린 아기를 폴리보스 왕에게 데려간 양치기가 증인이었다. 오이디푸스의 두 가지 죄상이 낱낱이 드러나자 이오카스테는 아들과 재혼했다는 사실에 충격을 받아 자결하고 말았다.

「오이디푸스와 안티고네」 19세기 작가 알렉산더 코쿨라의 작품이다. 자신이 살인자라는 사실을 안 오이디푸스는 스스로 자신의 눈을 찔렀다. 앞을 보지 못하는 오이디푸스를 부축하는 안티고네의 모습이다.

1 오이디푸스, 테바이를 떠나다

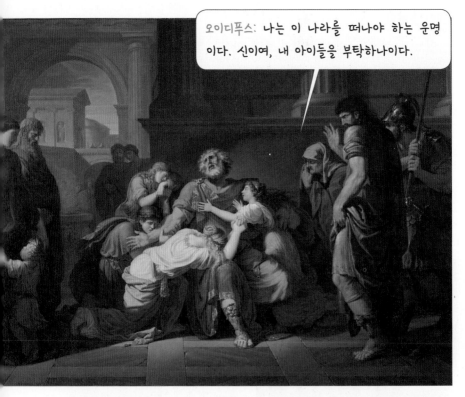

오이디푸스: 나는 이 나라를 떠나야 하는 운명이다. 신이여, 내 아이들을 부탁하나이다.

「신에게 자녀들을 맡기는 눈 먼 오이디푸스」 18세기 프랑스 화가 베니녜 가녜로의 작품이다.
스톡홀름 국립 미술관 소장

안티고네: 아! 저는 가엾은 아버지와 함께 죽기만을 바랐어요. 싫은 일이라도 아버지와 함께라면 좋게만 여겨졌지요. 오, 이제는 지하 깊은 곳에서 잠들어 계시는 아버지, 당신이 늙고 병들어 있을 때도 제겐 소중했고 앞으로도 그럴 거예요.(소포클레스의 시 중에서)

「안티고네」 19세기 영국 화가 프레데릭 레이튼의 작품이다. 개인 소장

프로이트와 융 1909년 미국 여행 중 촬영한 기념사진이다. 앞줄 왼쪽부터 프로이트, 미국의 심리학자이며 클라크 대학의 총장인 G. 스탠리 홀, 그리고 융이다. ©Wellcome Library, London

오이디푸스는 미쳐 날뛰다가 왕비의 가슴에서 브로치를 떼어 그 핀으로 두 눈을 찔렀다. 두 딸과 두 아들이 달려와 울부짖었다. 큰 딸 안티고네는 오이디푸스의 눈이 되어주기로 하고 함께 테바이를 떠났다. 오이디푸스는 떠돌이 생활을 하다가 기구한 인생을 마쳤다. 아버지가 죽자 그제야 안티고네는 테바이로 돌아갔다.

이 이야기에서 '오이디푸스 콤플렉스'라는 심리학 용어가 생겼다. '오이디푸스 콤플렉스'는 남자 아이가 어렸을 때 아버지를 꺼려하고 어머니를 좋아하는 현상을 의미한다. 정신분석학자인 프로이트가 처음 사용한 용어다. 이와 반대로 여자아이가 어렸을 때 어머니를 꺼려하고 아버지를 좋아하는 현상을 '엘렉트라 콤플렉스'라고 한다. 이 용어는 심리학자 융이 처음 사용했다.

2 오이디푸스의 두 아들, 싸우다 둘 다 죽다

> 오이디푸스: 착한 안티고네야, 이 늙은 애비를 보호하겠다고 나서다니 고맙구나. 이렇게 내 스스로 두 눈을 찌르고 나라 밖으로 떠돌기는 하지만 두 아들이 나라를 잘 이끌어가길 빌고 있다.

「오이디푸스와 안티고네」 19세기 프랑스 화가 샤를 프랑수아 잘라베르의 작품이다. 오이디푸스가 안티고네와 함께 테바이를 떠나고 있다. 마르세유 미술관 소장

　오이디푸스 왕이 장님이 되어 테바이를 떠났다. 왕비의 남동생 크레온이 오이디푸스의 두 아들 에테오클레스와 폴리네이케스에게 제안했다.
"일 년씩 번갈아 나라를 다스리는 게 어떠냐?"

　첫 해를 맡은 동생 에테오클레스는 기간이 끝났지만 형에게 왕국을 내놓으려 하지 않았다. 그러자 형 폴리네이케스는 테바이의 두 보물을 지니고 아르고스의 왕 아드라스토스에게 도망쳤다. 두 보물은 선조인 카드모스와 하르모니아가 결혼할 때 헤파이스토스가 결혼 선물로 신부에게 준 '하르모니아의 목걸이'와 웨딩드레스였다.

왕은 폴리네이케스를 사위로 삼고 나라를 되찾게끔 군대도 내주었다. 왕의 처남인 암피아라오스가 이 계획에 반대했다. 예언자였던 암피아라오스는 왕 외에는 어떤 장수도 살아 돌아올 수 없음을 알고 있었던 것이다.

하지만 암피아라오스는 왕의 누이인 에리필레와 결혼할 때 서로 의견이 다를 때면 아내의 결정을 따르기로 했었다. 그런 사실을 알게 된 폴리네이케스는 에리필레에게 '하르모니아의 목걸이'를 선물했다. 에리필레는 뇌물이 탐나서 전쟁을 치르는 계획에 찬성했다.

폴리네이케스: 에테오클레스, 네가 왕위를 내놓지 않는 바람에 많은 병사들이 다치고 있다. 이 형과 1대 1로 승부를 가르자!

폴리네이케스는 청동제 갑옷과 둥근 방패, 창으로 중무장한 군대와 일곱 명의 아르고스 장군들(테바이의 일곱 용사)을 보내 테바이 왕위를 빼앗으려고 했다.

암피아라오스는 싸움터에서 용감히 싸웠지만 운명을 거스를 수는 없었다. 적군에게 쫓겨 강가로 달아났는데, 마침 제우스가 번개를 던져 땅이 갈라지고 말았다. 암피아라오스는 타고 있던 이륜전차와 함께 낭떠러지로 곤두박질쳤다.

이후로 포위전이 계속됐지만 승패가 확실히 나지 않았다. 마침내 두 형제가 맞붙어 승패를 판가름 내기로 했다. 하지만 둘 다 서로의 손에 죽고 말았다. 두 군대는 다시 전투를 치렀고 결국 침입자들이 패하여 도망쳤다.

「서로를 동시에 찔러 죽이는 에테오클레스와 폴리네이케스」 18세기 이탈리아 화가 조반니 바티스타 티에폴로의 작품이다. 빈 미술사 박물관 소장

3 안티고네, 동생 폴리네이케스의 장례를 치러주다

안티고네: 오빠 폴리네이케스가 비록 다른 나라의 군대를 끌어들이기는 했지만 장례를 치러주지 않으면 편히 잠들 수 없을 거야.

「**죽은 폴리네이케스 앞에 선 안티고네**」 19세기 그리스 화가 니키포로스 리트라스의 작품이다. 안티고네가 왕의 명령을 어기고 혈육인 폴리네이케스의 장례를 치르려 하고 있다. 안티고네와 크레온의 대립은 신의 법(또는 개인의 양심)과 국법의 대립을 잘 보여준다. 그리스 국립 미술관 소장

오이디푸스의 두 아들이 죽자 외삼촌인 크레온이 테바이의 왕이 되었다. 크레온은 에테오클레스의 장례식은 성대하게 치렀다. 하지만 조국을 배신한 폴리네이케스의 장례를 치르려는 자는 사형에 처한다고 선포했다.

안티고네는 오라버니의 시신이 개와 독수리의 밥이 되는 꼴을 지켜볼 수 없어 시신을 제 손으로 묻으려다 그만 붙잡히고 말았다. 크레온은 나라의 법을 무시한 안티고네를 산 채로 묻었다. 크레온의 아들이자 안티고네의 연인인 하이몬은 아버지를 원망하며 스스로 목숨을 끊었다.

크레온은 대다수의 선을 따르는 존 스튜어트 밀의 실용주의를 대변하

고 안티고네는 이상적 도리를 중시하는 칸트의 원칙주의를 대변한다. 안티고네 이야기에 영향을 받은 고대 그리스 시인 소포클레스는 두 편의 훌륭한 비극을 지었다.

이상을 추구하는 안티고네를 셰익스피어의 『리어 왕』에 등장하는 코델리아와 비교하기도 한다. 리어 왕은 자신이 다스리던 왕국을 세 딸에게 물려주려고 그들을 불러 자신을 얼마나 사랑하는지 묻는다. 첫째 딸 고너릴과 둘째 딸 리건은 온갖 미사여구를 늘어놓았지만, 늘 옳은 말만 하는 셋째 딸 코델리아는 자식으로서 효를 다할 뿐이라고 덤덤하게 말한다. 코델리아의 대답에 화가 난 리어 왕은 두 딸에게만 권력을 나눠준다.

결국 코델리아는 무일푼으로 프랑스 왕과 결혼해 나라를 떠난다. 왕에게 권력과 재산을 물려받은 두 딸은 늙어서 아무 힘없는 아버지를 내쫓았다. 이 사실을 안 코델리아는 프랑스군을 이끌고 쳐들어왔으나 영국군의 반격을 받아 패배하고 아버지와 함께 옥에 갇힌다. 코델리아는 사형에 처해지고 비통에 빠진 리어 왕은 막내딸의 뒤를 따라 스스로 목숨을 끊는다.

「코델리아의 작별인사」 19세기 미국 화가 에드윈 오스틴 애비의 작품이다. 『리어왕』 중 코델리아가 추방당하는 장면을 그린 작품이다. 프랑스 왕을 따라 빈 몸으로 나서는 코델리아와 권력을 가진 두 언니의 기고만장한 모습이 대조된다. 뒷모습을 보이며 물러나는 리어 왕의 모습은 그의 어두운 미래를 나타낸다.

17 언제나 애꿎은 여자 탓

| 아탈란테, 멜레아그로스, 히포메네스

아르고 원정대 영웅 중 한 명이었던 멜레아그로스가 멧돼지 사냥의 전리품 다툼으로 두 외삼촌을 죽였다. 멜레아그로스가 외삼촌을 죽인 죄는 매력적인 여자 사냥꾼 아탈란테에게 멧돼지 가죽을 준 데서 비롯됐다며 아탈란테에게 죄를 돌리는 경향이 있다. 남자들은 트로이 전쟁의 원인도 절세 미녀 헬레네 탓으로 돌리지 않았는가? 나쁜 일이 생기면 여자 탓으로 돌려 싸움을 일으킨 남성의 폭력성과 약탈 야욕을 숨기려는 것이다.

나중에 아탈란테는 달리기에서 자신을 이긴 히포마네스와 결혼했다. 둘은 키벨레 여신의 신전에서 사랑을 나누다 키벨레의 노여움을 사서 마차를 모는 사자가 되었다. 이것도 여자 탓인가?

- 여인이여, 그 선물을 내려놓으시오. 우리가 받을 명예를 가로채지 마시오! 그대의 아름다움을 과신하지 않는 게 좋을 거요. 사랑에 눈먼 저 녀석이 그대를 지켜주지 못할 수도 있소! (오비디우스 『변신 이야기』)

- 그는 아내와 함께 이곳에 들어가 금지된 욕망으로 성소를 욕보였다. 신상들은 그들을 차마 쳐다보지 못했고, 탑 모양 관을 쓴 어머니는 그들을 스틱스 강물에 넣으려다 주저하셨다. 가벼운 벌이라고 생각한 것이다. (오비디우스 『변신 이야기』)

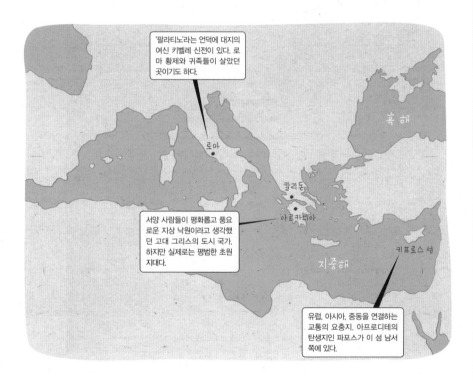

1 알타이아, 아들을 위해 불타는 장작을 꺼내다

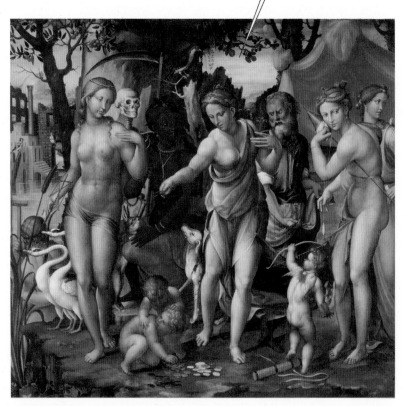

운명의 여신: 난로 속에서 라고 있는 장작이 다 라면 아들의 생명도 다할 것이다.

「**운명의 세 여신**」 16세기 이탈리아 화가 소도마의 작품이다. 라케시스(왼쪽)는 인생의 길이를 정하고, 아트로포스(가운데)는 가위로 실을 잘라 생명을 거두고, 클로토(오른쪽)는 실패를 들고 운명의 실을 잣는다. 로마 국립 미술관 소장

아르고 원정대에 참여한 영웅 가운데 멜레아그로스라는 청년이 있었다. 칼리돈의 오이네우스 왕과 알타이아 왕비 사이에서 태어난 아들이었다.

알타이아 왕비는 아기를 애지중지했다. 방 한가운데에 있는 난로에서는

장작이 타고 있었다.

이때 운명의 세 여신이 모녀 앞에 어렴풋이 나타났는데, 한 여신이 예언했다. "난로 속에서 타고 있는 장작이 다 타면 아들의 생명도 다할 것이다."

알타이아는 부리나케 장작을 꺼내 불을 껐고 장작을 상자에 조심스레 보관해 두었다. 청년이 된 멜레아그로스는 창을 잘 쓰는 영웅이 되었고, 아르고 원정대에 참여하여 활약했다.

아르고 원정대에서 돌아온 지 얼마 되지 않았을 때의 일이다. 어느 날 신들에게 산 제물을 바치던 오이네우스 왕이 아르테미스에게는 제물 바치는 것을 깜빡 잊었다.

홀대 받은 아르테미스는 크게 화를 냈다. "나를 무시한 대가를 치를 것이다."

아르테미스는 어마어마한 크기의 멧돼지를 칼리돈으로 보냈다.

멧돼지의 눈은 이글거렸고, 털은 창끝처럼 빳빳이 서 있었으며 엄니는 인도코끼리의 상아처럼 길쭉했다. 멧돼지는 들판으로 가서 곡식을 짓밟고 포도밭을 뒤엎었다. 양과 소는 엄니로 받아 죽였다. 사람도 엄니에 찔려 죽었다.

멜레아그로스는 미쳐 날뛰는 괴물을 때려잡자고 호소했다. "그리스의 영웅들에게 멧돼지 사냥에 참가해 달라고 요청해야겠소. 주민들의 힘만으로는 저 멧돼지를 처리할 수 없소. 우리에겐 전쟁과 싸움에 능숙한 용사들이 필요하오."

미노타우로스를 죽인 테세우스와 그의 친구 페이리토스, 아르고 원정대 대장이었던 이아손, 훗날 아킬레우스의 아버지가 되는 펠레우스, 아이아스의 아버지 텔라몬, 당시에는 젊었던 트로이 전쟁의 노장 네스토르, 이런 영웅들이 멧돼지 사냥에 동참했다. 아르카디아의 이아소스 왕의 딸 아탈란테도 참가했다.

2 멜레아그로스, 아탈란테의 도움으로 멧돼지를 잡다

케이론: 그리스의 영웅들이여, 다 함께 나서서 괴물 멧돼지를 잡아라!

「칼리돈의 멧돼지 사냥」 17세기 플랑드르 화가 페테르 루벤스의 작품이다. 그리스 각지의 유명한 영웅들과 활을 든 아탈란테가 흉포한 멧돼지를 잡기 위해 달려들고 있다. 빈 미술사 박물관 소장

아탈란테가 황금 혁대를 차고, 상아로 만든 화살 통을 매고 나타났다. 멜레아그로스는 아탈란테의 어여쁘면서 늠름한 모습에 반했다. 여자의 아름다움과 남자의 씩씩함을 두루 지닌 아탈란테는 그리스에서 가장 빠른 달리기 선수이자 가장 뛰어난 사냥꾼이었다.

멜레아그로스의 두 외삼촌이 아탈란테가 참여하는 것을 반대했다. "여자가 사냥에 끼어드는 것은 좋지 않아. 집에서 길쌈이나 하는 게 보기가 좋지."

멜레아그로스는 삼촌을 설득해 아탈란테를 참여시키기로 했다. 영웅 일행은 괴물 멧돼지가 사는 동굴 가까이 갔다.

사냥개들이 갈대밭 근처에서 짖기 시작했다. 병사들이 사냥개를 풀자

갈대밭으로 몰려갔다. 이때 갈대밭에서 거대한 멧돼지가 나타나더니 개들을 엄니로 찔러 죽였다. 병사들도 몇 명 목숨을 잃었다.

이아손은 창으로 멧돼지를 겨누며 아르테미스에게 기도를 올렸다. 창은 멧돼지를 살짝 비켜가 한 병사의 가슴에 꽂혔다.

멧돼지가 달려들자 네스토르는 나무를 타고 올라가 활을 쏘았다. 화살은 멧돼지 대신 사냥개의 배에 박혔다. 텔라몬은 멧돼지를 쫓았지만, 튀어나온 나무뿌리에 걸려 고꾸라졌다.

멧돼지는 아탈란테가 쏜 화살에 맞아 처음으로 피를 흘렸다. 테세우스가 던진 긴 창은 나뭇가지를 맞고 빗나갔고 이아손이 쏜 화살도 빗나갔다. 결국 멜레아그로스가 던진 창이 괴물의 옆구리에 박혔다. 멜레아그로스는 또 다른 창으로 멧돼지의 목을 찔러 괴물 멧돼지의 숨통을 끊었다. 이 광경을 본 주변 사람들이 환호했다.

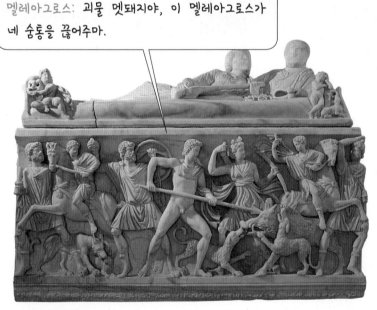

괴물 멧돼지의 숨통을 끊는 멜레아그로스 영웅 멜레아그로스의 칼리돈 사냥이 표현된 석관이다. 카피톨리니 박물관 소장

3 전리품을 가로챈 두 외삼촌을 죽이다

멜레아그로스: 아탈란테여, 그대에게 멧돼지 머리와 털 가죽을 전리품으로 주노라.

두 외삼촌: 아니, 한낱 여자에게 영광스런 전리품을 주다니!

「멜레아그로스와 아탈란테」 17세기 플랑드르 화가 야콥 요르단스의 작품이다. 멜레아그로스가 아탈란테에게 전리품을 건네자 불만스러운 표정으로 항의를 하는 남자들의 모습이 인상적으로 그려져 있다. 빈 미술사 박물관 소장

영웅 멜레아그로스는 아탈란테에게 멧돼지 머리와 털가죽을 전리품으로 건넸다. "아탈란테 당신이 멧돼지를 활로 맞혀서 내가 멧돼지를 죽일 수 있었소. 그러니 이 가죽은 당신 것이오."

외삼촌 플렉시포스와 톡세우스는 아탈란테가 받은 전리품을 빼앗으며 말했다. "영광스런 전리품을 여자가 차지하는 것은 말이 안 된다."

눈이 뒤집힌 멜레아그로스는 외삼촌이란 사실도 잊고서 둘의 심장을 칼로 찔렀다.

알타이아는 아들의 승리에 보답하는 선물을 바치러 신전에 갔다가 두 오

알타이아: 복수의 여신들이시여, 죄는 벌로 갚아야 하는 법 아닌가요. 제 친정 집안 오라비가 둘이나 죽었는데, 오이네우스는 어찌 아들의 승리에만 도취해 있나이까? 아들은 죽어 마땅하지만, 내 손으로는 차마 못할 짓이네요. 하지만 두 오라비는 황천을 헤매는데 내 아들은 살아남아 이 나라의 주인이 될 수는 없지 않나요?

너를 낳을 때 한 번, 불길 속에서 나무를 꺼낼 때 또 한 번, 이렇게 두 번이나 생명을 주었으나 이제는 그 생명을 거두마. 아들아, 너의 목숨은 내가 준 선물이니 지금 죽어 죄를 씻어라. 아, 승리란 악한 것이로구나.

「아들 멜레아그로스를 죽이려고 장작을 태우는 알타이아」 17세기 독일 화가 요한 빌헬름 바우어의 동판화. 1659년판 오비디우스의 『변신 이야기』 삽화

라비의 시신이 신전에 덩그러니 놓여 있는 것을 보고는 울부짖었다. "멜레아그로스가 멧돼지를 죽였다는 소식을 듣고서 좋아했는데. 계집년 하나 때문에 내 오라비들을 죽이다니. 아들이라도 죄를 지었으면 벌을 받아야지."

알타이아는 상자에서 타다 만 장작을 꺼내 가지고 난로 앞으로 다가갔다. 장작을 난로에 던지려다가 여러 번 멈칫거리며 갈등했다. 하지만 문득 패씸한 생각이 들어 등 뒤로 장작을 불구덩이 속에 던져 넣었다. 장작은 순식간에 타올랐다.

4 장작이 다 타자 멜레아그로스의 목숨도 끊어지다

멜레아그로스: 아버지, 형, 아탈란테, 그리고 어머니! 이 원인 모를 고통은 어디서 온 겁니까?

「**멜레아그로스의 죽음**」 18세기 프랑스 화가 프랑수아 부셰의 작품이다. 멜레아그로스는 누이들에게 둘러싸여 천천히 죽어가고 있다. 오른쪽에는 슬픔과 충격에 휩싸여 실신한 아탈란테의 모습이 보인다. 렌 미술관 소장

알타이아의 귀에는 장작 타는 소리가 신음 소리로 들렸다. 장작이 불타오르자 멀리 떨어져 있던 멜레아그로스는 원인 모를 고통을 느꼈다. 순식간에 몸이 불길에 휩싸였다. 멜레아그로스는 죽을 만큼 고통스러웠지만 자신은 누구보다 용감하고 싸움을 잘하는 용사라는 자긍심 하나만으로 견뎠다.

죽음은 용사도 이길 수 없는 법. 멜레아그로스는 마지막 숨을 헐떡이면서 늙은 아버지, 형제, 누이들, 그리고 사랑하는 아탈란테를 불렀다. 그리고 자신을 죽음으로 내몬 당사자가 누구인지도 모른 채 어머니를 불렀다. 이윽고 장작은 재가 되었고 멜레아그로스의 목숨도 때마침 불어온 바람에 실려 사라졌다.

누이들은 멜레아그로스를 둘러싸고 탄식의 눈물을 흘렸다. 이 모습을 지켜보던 아탈란테는 충격에 휩싸여 실신했다.

알타이아는 운명의 장작을 불더미에 던져 넣은 후 스스로 목숨을 끊었다. 억울한 오라버니의 죽음을 외면할 수도 없었지만 아들의 목숨을 제 손으로 끊었다는 사실을 견딜 수 없었던 것이다.

아르테미스는 한때 자신을 분노하게 한 집안이 이제는 가엽게 느껴졌다. 아르테미스는 이 집안의 죽은 자들을 모두 하늘을 나는 새로 변하게 해주었다.

이 이야기에서 '알타이아의 장작'이라는 말이 생겼다. 어떤 사람의 목숨이나 명예, 사업 등에 치명적인 영향을 주는 것을 의미한다.

알타이아가 오빠들의 복수를 위해 아들을 죽인 것은 지금 시대에는 이해하기 힘들지도 모른다. 하지만 당시에는 모권제의 영향이 강했다. 모권이 강한 사회에서는 외삼촌이 부권제 사회의 아버지나 다름없었다. 모권제 사회에서는 어머니의 남자 형제, 즉 아이의 외삼촌들이 아이에 대한 권리를 가졌다.

1 히포메네스, 죽음의 달리기 시합에 나서다

히포메네스: 아, 아탈란테는 달리는 모습이 더 요염하구나! 시합에서 지면 목숨을 내놓아야 하는데도 시합에 나선 자들을 이해할 만하다.

○ **「히포메네스」** 17세기 프랑스 조각가 기욤 쿠스토의 작품이다.
○ **「달리기 시합을 하는 아탈란테」** 18세기 프랑스 조각가 피에르 르포트르의 작품이다. 루브르 박물관 소장

　한때 아탈란테는 자신의 운명을 신에게 물은 적이 있다. 신탁의 내용은 다음과 같았다. "결혼하지 말지어다. 결혼이 너의 무덤이 되리라."

　신탁이 두려워 아탈란테는 숲속에서 사냥에 빠져 살았지만 숱한 사내들이 몰려와 사랑을 고백했다. 아탈란테는 사내들의 끈질긴 구애를 물리치기 위해 조건을 내걸었다. 달리기 시합을 해서 자신을 이기면 사랑을 받

관중들: 히포메네스여, 최선을 다해라! 더 빨리, 더 빨리! 다 따라잡았다! 조금만 더, 조금만 더!

「히포메네스와 아탈란테」 플랑드르 화가 제이콥 피터 고위의 작품이다. 아탈란테와의 달리기 경주에서 많은 구혼자들이 목숨을 잃자, 히포메네스는 아프로디테 여신이 준 황금 사과를 사용해 경주에서 승리한다. 프라도 미술관 소장

아주겠지만 자신에게 지면 목숨을 내놓아야 한다는 조건이었다.

이런 무시무시한 조건에도 시합을 청한 자가 몇 명 있었다. 심판을 맡기로 한 히포메네스는 여자 하나 얻겠다고 이런 모험에 나서는 사람들을 명청하다고 생각했다.

하지만 시합을 위해 아탈란테가 겉옷을 벗자 그 모습을 본 히포메네스의 마음이 설레기 시작했다. 아탈란테가 내달릴 때는 더욱 요염해 보였다. 산들바람까지 불자 발에 날개가 달린 듯했다. 긴 머리카락이 어깨 위에서 춤추듯 휘날리고 화사한 옷자락이 뒤로 나부꼈다. 시합에 참가한 사내들은 모조리 뒤처졌고 아탈란테는 이들을 모두 죽여버렸다.

「**히포메네스와 아탈란테의 경주**」18세기 프랑스 화가 노엘 알의 작품이다. 아탈란테와의 달리기 경주에서 많은 구혼자들이 목숨을 잃자, 히포메네스는 아프로디테 여신이 준 황금 사과를 사용해 경주에서 승리한다. 루브르 박물관 소장

히포메네스는 아탈란테에게 시합을 청했다. 아탈란테는 젊고 잘생긴 청년이 시합을 단념하기를 바랐지만 어쩔 수 없었다. 히포메네스는 아프로디테에게 간절한 기도를 올렸고 아프로디테는 기도에 응답했다.

아프로디테는 키프로스 섬에 있는 자신의 신전에서 사과를 세 개 딴 다음 아무도 몰래 히포메네스에게 사과를 건네주고 사용법을 알려주었다. 경주가 시작되자 구경꾼들은 큰소리로 히포메네스를 응원했다.

결승점은 아직 멀었는데 벌써 히포메네스의 숨은 거칠어지기 시작했다. 바로 그때 황금 사과 한 개를 던졌다. 아탈란테가 깜짝 놀라 달리기를 멈추고 사과를 주웠다. 이틈에 히포메네스가 앞질렀다. 사방에서 환호성이 터졌다.

아탈란테가 다시 달려 히포메네스를 따라잡았다. 히포메네스는 두 번째 사과를 던졌다. 이번에도 아탈란테는 달리기를 멈췄으나 이내 따라잡았다.

결승선이 다가오자 히포메네스는 마지막 사과를 멀리 던졌다. 아탈란테는 주춤했지만 결국 사과를 주우러 가는 바람에 시합에 졌고 히포메네스가 아탈란테를 차지했다.

아프로디테: 이 무례한 히포메네스와 아탈란테야! 네놈들이 정욕을 못 이겨 감히 내 신전에서 사랑을 나누다니! 성스러운 곳을 더럽힌 너희를 사자로 바꾸어 나의 수레를 끌게 하리라!

키벨레와 한 쌍의 사자 아프로디테는 감사 인사를 하지 않은 히포메네스와 아탈란테에게 화가 나 그들이 키벨레 여신의 신전에서 사랑을 나누게 한다. 키벨레는 둘을 사자로 만들고 자신의 수레를 끌게 하는 벌을 내린다. ⓒCarlos Delgado

히포마네스와 아탈란테는 행복한 나날에 빠져 아프로디테에게 경배를 올리는 것을 잊고 말았다. 둘의 배은망덕에 벼르고 있던 아프로디테는 둘이 키벨레에게 무례한 짓을 하게 만들었다. 키벨라가 그런 짓을 그냥 보아 넘길 리가 없었다. 키벨레는 그리스인들이 레아라고 부르던 여신의 라틴어 이름이다. 레아는 크로노스의 아내이자 제우스의 어머니였다.

아탈란테는 구혼자들의 피에 굶주린 사냥의 여왕답게 암사자로 바꾸었고, 아탈란테를 차지한 남자 히포메네스는 수사자로 바꾸었다. 키벨라는 이 한 쌍의 사자에게 고삐를 맨 다음 자신의 마차를 몰게 했다.

18 일탈에 열광하다

| 디오니소스, 아리아드네

제우스와 세멜레의 아들 디오니 소스는 '어머니가 둘인 자'를 의미한 다. 헤라는 제우스의 사랑을 받는 세 멜레에게 유모로 변신하여 나타나 제우스의 정체를 확인하라고 부추 겼다. "헤라에게 접근할 때와 똑같 은 모습으로 나타나 달라고 해보세

요. 그래야 진짜 제우스인지 알 수 있지요."

제우스는 어떤 소원이라도 들어주기로 약속하는 바람에 자신의 원래 모 습으로 나타났다. 세멜레는 제우스의 광채에 못 이겨 그 자리에서 타죽었다.

디오니소스는 제우스의 넓적다리 속에서 달이 찰 때까지 자란 끝에 태어 났다. 디오니소스는 어릴 때부터 여러 곳을 떠돌아다녔다. 헤라가 광기(狂 氣)를 불어넣었기 때문이다. 디오니소스는 이집트, 시리아에 이어 아시아 전역을 떠돌아다니며 포도 재배법을 보급했다. 인간의 연인을 빼앗기도 했 다. 디오니소스는 아테네로 가는 테세우스에게 아리아드네를 낙소스 섬에 두고 가도록 꿈에서 계시하여 아리아드네를 아내로 삼았다.

우리는 세상의 규칙에 순응하면서도 일상의 속박에서 벗어나 본능대로 살 아가기를 갈망한다. 술은 인간의 이성을 마비시키지만 술이 주는 황홀함은 고통과 한계를 벗어나게 도와주기도 한다. 하지만 엄격한 규칙과 제도로 나 라를 다스리려는 왕들은 인간의 자유로운 해방감을 탐탁지 않게 여겼다. 창 조의 자유와 절제는 함께 가야 하지 않을까?

- 디오니소스는 테바이 사람들에게 자신이 신이라는 것을 보여준 후 아르고스로 갔다. 그곳 사람들의 존중을 받지 못하자 여인들을 미치게 했다. 여인들은 젖먹이들을 산으로 데려가 그 고기를 먹었다. (아폴로도로스 『도서관』)

- 섬에 홀로 남아 하염없이 한탄하던 공주 앞에 디오니소스 신이 나타나 도움을 주었다. 신은 그녀가 머리에 쓴 관을 벗겨 하늘로 올렸다. 공주는 영원한 별들 사이에서 빛나게 되었다. (오비디우스 『변신 이야기』)

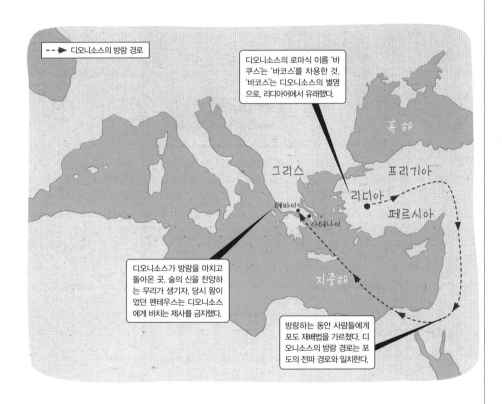

- - ▶ 디오니소스의 방랑 경로

디오니소스의 로마식 이름 '바쿠스'는 '바코스'를 차용한 것. '바코스'는 디오니소스의 별명으로, 리디아어에서 유래했다.

흑해

그리스

프리기아

리디아

페르시아

테바이

아테나이

지중해

디오니소스가 방랑을 마치고 돌아온 곳. 술의 신을 찬양하는 무리가 생기자, 당시 왕이었던 펜테우스는 디오니소스에게 바치는 제사를 금지했다.

방랑하는 동안 사람들에게 포도 재배법을 가르쳤다. 디오니소스의 방랑 경로는 포도의 전파 경로와 일치한다.

1 세멜레, 제우스의 광채에 못 이겨 타 죽다

제우스: 내가 돌이킬 수 없는 약속을 했군. 세멜레, 가벼운 갑옷의 광채에도 견디지 못하는구려. 배 속에 있는 아이는 급한대로 내 넓적다리에 넣어 산달을 채우겠소.

디오니소스는 제우스와 세멜레 사이에서 태어났다. 세멜레는 테베의 왕 카드모스와 하르모니아의 딸이다. 질투의 여신 헤라는 아이가 태어나기 전에 세멜레를 죽이려고 음모를 꾸몄다. 헤라는 세멜레의 유모였던 늙은 베로에로 둔갑해 세멜레 앞에 나타나 연인이 정말 제우스가 맞는지 확인해보라고 부추겼다.

"사람들은 겉모습하고 다를 수도 있는 법입니다. 그 사내가 정말 제우스라고 하거든 증거를 보여주라고 하세요. 천상에서처럼 휘황찬란한 갑옷을 몸에 두르고 오라고 해보세요."

솔깃해진 세멜레는 제우스를 만났을 때 무조건 소원을 하나 들어달라고 간청했다. 제우스는 증오의 강인 스틱스 강을 걸고 무슨 소원이든 들어주겠다고 약속했다. 결코 돌이킬 수 없는 약속을 한 것이다. 세멜레는 제우스에게 원래 모습을 보여달라고 했다.

하늘나라로 돌아간 제우스는 거인족을 물리칠 때 입었던 무시무시한 갑옷보다 가벼운 갑옷을 입었다. 그런 갑옷 차림으로 제우스는 세멜레의 방으로 들어갔다. 인간인 세멜레의 몸이 휘황찬란한 갑옷의 광채를 감당해 낼 리 만무했다. 제우스에게서 나오는 눈부신 빛과 뜨거운 열 때문에 세멜레는 눈 깜빡할 사이에 한줌의 재가 되고 말았다.

제우스는 세멜레의 배 속에서 여섯 달 된 아기를 꺼내 자기의 넓적다리 속에 넣고 금실로 꿰맸다. 넉달이 되자 넓적다리에서 남자아이를 꺼냈다. 이 아기가 포도주의 신인 디오니소스다. 어머니는 인간이었지만 디오니소스는 제우스의 넓적다리에서 태아기를 보내 신이 되었다.

❂ 「**제우스와 세멜레**」 19세기 프랑스 화가 귀스타브 모로의 작품이다. 제우스의 광채를 견디지 못하고 죽었을 때, 세멜레는 6개월 된 아이를 품고 있었다. 제우스는 세멜레의 몸에서 디오니소스를 거두어들이려 하고 있다. 검은 새의 날갯짓이 비극적 상황을 암시하고 있다. 귀스타브 모로 미술관 소장

2 디오니소스, 포도 재배법을 알아내다

제우스: 아기야, 헤르메스에게 시켜 너를 님프에게 맡기도록 하겠다. 님프들이 헤라 몰래 디오니소스 너를 안전하게 키울 것이다.

제우스는 자신의 넓적다리에서 태어난 갓난아기를 헤르메스에게 건네주며 당부했다. "헤라의 눈길이 닿지 않는 곳에서 숨겨 기르도록 하라."

헤르메스는 아기를 니사 산의 님프들에게 맡겼다. 디오니소스는 님프들의 젖을 먹고 자랐다. 그 보답으로 제우스는 님프들을 하늘로 올려 히아데스 성단으로 만들어주었다.

소년 디오니소스는 어느 날 산비탈에서 포도 덩굴을 보았다. 디오니소스는 포도를 따서 먹고 씨를 땅에 뱉었다.

시간이 지난 후 또 포도를 따 먹으러 갔더니 여기저기에서 새싹이 자라고 있었다. 디오니소스는 덩굴이 감고 올라갈 수 있도록 포도나무 옆에 막대기를 세우고 덩굴을 줄기로 묶었다.

포도 덩굴이 막대기를 감으며 자라서 포도 열매를 맺었다. 포도밭에서 포도를 거두어 큰 그릇에 담아두었다.

어느 날 바구니를 선반에 얹다가 잘못하여 그릇 속의 포도를 밟아 으깨버렸다. 며칠 후 와봤더니 그릇 속의 포도가 발효되어 독특한 향이 났다. 발효된 포도즙을 마시니 기분이 좋아졌다. 디오니소스가 포도 재배법과 포도주 담그는 법을 알아낸 것이다.

디오니소스는 여러 나라를 돌아다니며 사람들에게 포도 재배법과 포도주를 만드는 방법을 가르쳐주었다. 포도주 맛에 취한 사람들은 디오니소스에 열광했다. 술에 취해 싸우거나 살인하는 사람도 나타났다.

디오니소스는 술에 취해 사람을 죽인 남자를 벌주기 위해 손가락으로 가리켰다. 손가락에서 나온 빛이 살인자에게 비치자 살인자는 돼지로 변했다.

❂ 「디오니소스를 거두는 제우스」 17세기 프랑스 화가 봉 불로뉴의 작품이다. 임신한 세멜레가 디오니소스를 데려가는 제우스를 안타까운 듯이 바라보는 장면이 한 화폭에 담겨 있다. 테세 미술관 소장

3 포도주를 마시고 취하다, 디오니소스 제전

디오니소스 신도들: 숲의 신과 포도밭의 신도들이여, 어서 나와서 북과 피리를 불며 다 함께 행진하세나.

「**목신상 앞 디오니소스의 제전**」 17세기 프랑스 화가 니콜라 푸생의 작품이다. 디오니소스의 추종자들은 마이나데스(광란하는 여자들)라 불리는 여신도들과 반은 사람이고 반은 염소인 사티로스들이었다. 이들은 술잔과 팀파논이라는 작은 북을 들고 광란의 축제를 즐겼다. 내셔널 갤러리 소장

디오니소스: 포도나무를 키우는 법과 귀중한 포도즙을 짜내는 법을 알아내서 사람들에게 가르쳤어요.

「**디오니소스**」 16세기 이탈리아 화가 카라바조의 작품이다. 디오니소스의 볼은 술에 취해 발그레하다. 미묘한 표정으로 포도주 잔을 건네는 듯한 모습에서 관능미가 느껴진다. 우피치 미술관 소장

「**디오니소스**」 16세기 이탈리아 조각가이자 건축가인 미켈란젤로 부오나로티의 작품이다. 디오니소스는 '어머니가 둘인 자'를 의미한다. ⓒshakko 푸시킨 미술관 소장

1 디오니소스, 무례한 뱃사람들을 돌고래로 만들다

디오니소스: 나를 어떻게 하시려는 건가요? 도대체 누가 절 여기 데려왔지요? 이제는 어디로 데려가시는 거예요? 제 고향은 낙소스입니다. 거기로 데려다주시면 꼭 보답할게요.

배를 탄 디오니소스와 돌고래가 된 뱃사공들 고대 그리스의 접시에 배를 탄 디오니소스가 그려져 있다. 돛대를 타고 포도 덩굴이 자라 지붕처럼 드리웠다. 돌고래로 몸이 바뀐 못된 뱃사공들이 바다의 물결을 가르고 있다. 뮌헨 고전 박물관 소장

    테베의 왕 펜테우스에게 부하들이 광란의 행진에 대해 보고했다. "많은 사람들이 디오니소스를 따라가 축제를 연다고 합니다."

    펜테우스 왕은 부하에게 명했다. "우리나라 사람들을 술주정뱅이로 만들 수는 없다. 제우스의 아들이라고 떠벌이는 미치광이 술주정뱅이를 잡

아들여라."

지혜로운 신하들이 나서서 신에게 맞서지 말라고 간청했지만 펜테우스 왕은 고집을 꺾지 않았다. 디오니소스를 잡으러 간 부하들은 신도들이 나서는 바람에 허탕을 쳤다.

대신 신도 한 명을 포로로 잡아왔다. 왕은 끌려온 사내에게 버럭 고함을 질렀다. "네가 누군지 말하여라! 새로운 종교가 도대체 무엇을 숭배하는 지도 밝혀라."

포로는 펜테우스 왕 앞에서 태연하게 대답했다.

"내 이름은 아코이테스이고, 고향은 마이오니아입니다. 가난한 어부 생활이 지겨워져서 뱃길을 안내하는 뱃사람으로 나섰지요. 언젠가 델로스 섬으로 가는 길에 잠시 디아 섬에 상륙했지요. 이튿날 아침에 물을 길러 갔던 동료들이 잠자고 있던 소년 한 명을 데리고 왔습니다.

선원들은 '용모가 기품이 넘치는 걸 보니 몸값을 톡톡히 받아 낼 수 있겠어.'라고 이구동성으로 수군댔지요.

저는 인간과는 다른 비범한 무언가가 느껴져 '당신은 틀림없이 신이십니다. 우리의 무례를 용서해주세요.'라고 말했어요.

동료들은 욕심에 눈이 멀어 아이를 배에 태우려 했지요. 저는 극구 말렸지만 소용없었지요.

소년 디오니소스가 고향 낙소스로 데려가 달라고 애원했지만 뱃사람들은 그러겠다고 약속해놓고 저더러 반대 방향으로 뱃길을 잡으라고 했어요. 사실은 아이를 이집트로 데려가 노예로 팔아먹으려는 속셈이었지요. 내가 거부했더니 누군가가 대신 키를 잡고 낙소스의 반대 방향으로 배를 몰았어요.

노예로 팔려가는 것을 알게 된 디오니소스는 약속한 방향과는 다르다 며 구슬프게 울었어요."

디오니소스: 감히 내가 누군 줄 알고 나를 노예로 팔려고 하느냐? 아코이테스는 두려워 말고 내 고향 낙소스로 배를 몰아라. 못된 뱃사람들은 내가 처리하겠다.

아코이테스: 디오니소스 신이시여! 분부대로 낙소스를 향해 노를 젓겠습니다. 그곳에 도착하면 당신을 위해 제사를 지내겠습니다.

「돌고래로 변하는 뱃사람들과 디오니소스」 포도 덩굴이 감긴 창을 들고 머리에 포도 덩굴 관을 쓴 디오니소스가 배 위에 서 있다. 주변에 맹수가 디오니소스를 지킨다. 못된 뱃사람들은 돌고래로 변해 바다에 빠졌다. 디오니소스를 도운 아코이테스도 어느덧 머리에 포도 덩굴로 만든 관을 쓰고 있다. 튀니스 바르도 박물관 소장

포로는 말을 이었다.

"소년 디오니소스가 엉뚱한 방향으로 배를 모는 뱃사람들을 원망하자

갑자기 배가 멈춰버리는 게 아닙니까? 뱃사람들은 힘껏 노를 저었지만 아무 소용이 없었지요.

갑자기 포도 덩굴이 노를 칭칭 감아 돛을 감고 올라갔어요. 급기야 포도 송이가 주렁주렁 달린 덩굴이 돛대를 휘감았지요. 문득 피리 소리가 들렸고 향기로운 포도주 냄새가 퍼졌습니다. 그제야 디오니소스 신께서 포도나무 이파리로 만든 관을 쓰고 포도 넝쿨이 감긴 창을 쥔 모습으로 변신하셨어요. 주위에는 호랑이들이 웅크리고 있었고, 스라소니와 얼룩무늬 표범들이 어슬렁대고 있었지요.

갑자기 표범이 뱃사람들에게 덤벼들었어요. 뱃사람들은 공포에 사로잡혀 바닷물로 뛰어들었지요. 디오니소스는 뱃사람들이 빠져 죽지 않도록 돌고래로 만들었습니다. 돌고래를 자세히 보십시오. 소리를 주고받으며 대화하는 모습이나, 새끼를 낳는 모습이 사람을 닮았어요.

뱃사람들은 잇달아 돌고래로 바뀌어 배 주위를 헤엄쳤어요. 스무 명의 뱃사람들 중 나 혼자만 온전했어요.

신께서는 나에게 '낙소스로 배를 몰라.'라고 지시하셨어요. 분부에 따라 낙소스로 갔지요. 거기서 저는 제단에 불을 밝히고 디오니소스의 제전을 거행했습니다."

「디오니소스」 네덜란드 화가 폴러스 보르의 작품이다. 얼굴의 그늘은 불행한 출생의 운명과 고독한 방랑 생활을 짐작하게 한다. 고주망태의 술의 신 이미지가 아닌 수려하지만 고독한 청년의 이미지다. 뱃사람들은 디오니소스의 수려한 외모를 보고 노예로 팔려고 했다. 포즈난 국립 박물관 소장

1 펜테우스, 디오니소스 신자에게 공격당하다

왕의 어머니와 이모: 멧돼지 한 마리가 숲을 어지럽히고 있다. 자매들이여, 가서 저 멧돼지를 때려잡자!

펜테우스 왕: 내가 잘못했으니 용서해주시오!

「펜테우스를 공격하는 어머니와 군중」 폼페이의 베티 저택 벽에 그려져 있는 프레스코화다. 펜테우스가 마이나데스에게 찢기고 있다.

펜테우스 왕은 더 이상 이야기를 듣지 않고 아코이테스를 처형하라고 지시했다. 신하들이 처형 도구를 챙겨서 감옥으로 돌아와 보니 감옥 문이 열려 있고, 팔과 다리에 묶어 놓은 사슬도 풀려 있었으며 포로는 흔적도 없이 사라졌다.

이번에는 왕이 신하를 데리고 직접 축제 장소에 가보기로 마음먹었다. 키타이론 산은 신자들로 흘러넘쳤고 여기저기 나팔 부는 소리가 시끄럽게 울렸다. 왕이 벌판에 다다르자 축제의 모습이 눈에 들어왔다.

왕이 말에서 내리며 소리쳤다. "축제를 멈춰라."

여자들이 왕을 쳐다봤다. 여자들 가운데 왕의 어머니인 아가우에도 끼어 있었다. 정신이 이상해진 아가우에는 왕을 보자 멧돼지를 때려잡자고 외쳤다.

곧이어 모두들 펜테우스에게로 달려들었다. 왕은 용서해 달라고 사정했지만 모두 무자비하게 왕을 짓밟았다. 이모들까지 양쪽에서 왕의 두 팔을 잡아당기는 바람에 사지가 갈가리 찢겼다.

그 후 그리스 사람들은 마음 놓고 디오니소스를 섬기며 축제를 열었다. 디오니소스 신앙은 이런 처절한 사연과 함께 그리스에 자리 잡았다.

연극은 디오니소스 축제에서 비롯됐다. 축제는 이성과는 반대되는 감성을 표현하는 의식이다. 예술의 경지도 규격에서 벗어나 일탈, 더 나아가 입신의 상태를 거쳐서 나타나는 경우가 많다.

디오니소스가 많은 사람들에게 즐거움을 주자 제우스는 디오니소스를 올림포스로 불러 올렸다. 헤스티아는 황금 의자를 디오니소스에게 양보했다. 그래서 올림포스 12신에 헤스티아가 포함되기도 하고 디오니소스가 포함되기도 한다.

디오니소스는 지하 세계로 가서 어머니 세멜레를 올림포스로 모셔와 함께 살았다.

2 디오니소스, 아리아드네를 아내로 맞다

디오니소스 : 어찌하여 내 섬에서 구슬프게 울고 계시오? 아리아드네 당신은 신이 나에게 보낸 배필임에 틀림없소. 이제 울음을 거두시오!

「**디오니소스와 아리아드네**」 18세기 이탈리아 화가 야코포 아미고니의 작품이다. 뉴 사우스 웨일스 주립 미술관 소장

아리아드네는 테세우스가 미궁을 탈출할 수 있도록 도운 후 함께 배를 타고 아테나이로 향하다 낙소스 섬에 잠시 머물렀다. 테세우스는 아리아드네가 잠든 사이에 혼자 떠나버렸다. 디오니소스가 테세우스의 꿈에 나타나 "아리아드네를 놓아두고 혼자 떠나라."고 말했기 때문에 테세우스가 신의 뜻을 거역할 수 없어 떠났다고 한다.

잠에서 깨어난 아리아드네는 자신이 홀로 버려졌다는 것을 깨닫자 목 놓아 울었다. 아프로디테 여신이 버려진 아리아드네를 가엾게 여겨 '다음

에는 인간이 아닌 신을 애인으로 삼게 해 주겠다'라고 약속했다는 이야기
도 있다.

아리아드네가 남게 된 낙소스 섬은 디오니소스가 마음에 들어 하던 섬
이었다. 디오니소스가 몸값에 눈이 먼 뱃사람들에게 붙잡혔을 때 데려다
주면 은혜를 잊지 않겠다고 한 곳도 바로 낙소스 섬이었다.

디오니소스가 신세를 한탄하는 아리아드네를 위로해 주고 아내로 삼았
다. 결혼 선물로는 보석이 주렁주렁 달린 황금관을 주었다. 훗날 아리아드
네가 죽자 디오니소스는 황금 관을 벗겨 하늘에다 던졌다. 하늘로 날아 올
라가면서 보석들은 더욱 밝아지더니 마침내 별이 되었다. 아리아드네의
황금관은 무릎을 꿇은 헤라클레스 별자리와 뱀을 쥐고 있는 사내 모습의
뱀자리 사이에서 빛나고 있다.

「**아리아드네와 디오니소스**」 16세기 이탈리아 화가 베첼리오 티치아노의 작품이다. 디오니소
스가 아리아드네에게 다가가자 슬픔에 잠겨 있던 아리아드네가 깜짝 놀라고 있다. 디오니소스
뒤에는 추종자들이 춤을 추며 따라오고 있다.
내셔널 갤러리 소장